本书编委会 编著

DIANLI YINGXIAO XINXIHUA XIANGMU
JIANSHE GUANLI SHIZHAN

电力营销信息化项目建设管理实战

浙江人民出版社
ZHEJIANG PEOPLE'S PUBLISHING HOUSE

国家能源局主管
中国电力传媒集团
CHINA ELECTRIC POWER MEDIA GROUP

图书在版编目（CIP）数据

电力营销信息化项目建设管理实战 /《电力营销信息化项目建设管理实战》编委会编著. —杭州：浙江人民出版社，2015.12

ISBN 978-7-213-07006-8

Ⅰ. ①电… Ⅱ. ①电… Ⅲ. ①电力工业－市场营销－信息化－研究 Ⅳ. ①F407.615-39

中国版本图书馆 CIP 数据核字（2015）第 301092 号

电力营销信息化项目建设管理实战

作　　者：本书编委会

出版发行：浙江人民出版社　中国电力传媒集团

经　　销：中电联合（北京）图书销售有限公司
　　　　　销售部电话：（010）52238170　52238190

印　　刷：三河市百盛印装有限公司

责任编辑：杜启孟　于子浩　宗　合

责任印制：郭福宾

网　　址：http://www.cpnn.com.cn/tsyxzx/

版　　次：2015 年 12 月第 1 版·2015 年 12 月第 1 次印刷

规　　格：710mm×1000mm　　16 开本·17.75 印张·290 千字

书　　号：ISBN 978-7-213-07006-8

定　　价：45.00 元

本书编委会

主　任　罗　辑

副主任　杨骏伟　陈　军

委　员　王国瑞　张俊宇　杜礼锋　潘沪明

　　　　　钱正浩　陈　宋　苏　凯　陈珊珊

　　　　　唐俏丹　林振晓　李　锐　宋才华

　　　　　曾家杰　廖曼宁　徐　峰　罗智青

　　　　　杜　宁　马发轩　彭　策　黄　龙

　　　　　李智强　黄妙红　陈振华　柯文彬

　　　　　乔嘉赓　于　涛　叶慧萍　潘肇宇

前　言

电力营销管理信息系统承担着全天候为广大用电客户提供实时响应和全业务支撑服务的任务，具有不可中断、性能要求高和外部接口复杂等特点，是电力行业各业务系统中最为复杂的系统之一。作为南方电网公司的创先排头兵，广东电网公司在创建国际先进、国内领先的省级电网公司过程中，通过实施流程再造和系统固化，在 2009 年建成业务模型统一、需求集中管控、数据分散存储的省级集中营销管理系统，探索形成了相对完善的运维管理模式，有效支撑了营销业务管理和客户服务能力，为南方电网公司建设企业级营销系统总结了经验。在系统的应用、管理、运行、维护及持续优化过程中，也培养了一批懂业务、通信息的复合型"跨界"人才。

2014 年 3 月，南方电网公司确定广东电网公司作为全网企业级营销管理系统试点建设单位，并确定在 2014 年底实现双轨上线、2015 年底实现全公司单轨上线的目标。时间紧迫、任务艰巨，广东电网公司集聚全公司骨干力量，迅速启动、迎难而上，夜以继日努力奋战，最终在 2015 年 9 月 1 日实现了全公司单轨上线的目标，比原计划提前 4 个月。在完成系统试点建设任务的同时，广东电网公司一直以创造可推广复制经验、为系统在全网推广应用做出更大贡献为己任，将系统建设经验与成果"边建设、边整理、边沉淀"。

本书主要从项目建设的实战角度出发，围绕南方电网公司营销信息化项目各建设阶段的管理实战展开，介绍了每个阶段的工作目标、工作方法、主要的经验体会，并将解决重点问题的方法作为案例进行了实战场景再现，给读者提供了一个项目建设的全景展现。全书共分为三个部分：第一部分介绍了央企及电力行业信息化发展趋势及南方电网公司的应对要求；第二部分介绍了项目管理基础理论及其在营销管理系统中的实践；第三部分按时间维度分六个阶段描述了项目建设管理实战，特别是如何在资源、条件有限的情况下，创造性地实现项目高效推进。本书第一部分由苏凯、李智强执笔，第二部分由杜礼锋、苏凯执笔，第三部分由张俊宇、潘沪明、钱正浩执笔，全书由王国瑞、杜礼锋统稿。

希望本书内容能够为兄弟单位和业内同行的信息化建设提供一些可供借鉴的经验。同时，对于大型企业 CIO（首席信息官）、DIO（部门信息官）、IT 项目负责人，以及从事大型企业软件开发管理的相关人员来说，这也是一本值得借鉴的参考书。

本书在编写过程中得到了南方电网公司营销管理系统建设管控组，广东电网公司信息部、信息中心，佛山、中山、清远供电局，烟台海颐软件股份有限公司的大力支持，在此表示衷心感谢！

限于编者水平有限，书中难免有疏漏与不足之处，敬请读者批评指正。

本书编委会

2015 年 12 月

目　录

1　电力营销信息化系统项目概述

电力营销管理是电力企业的核心工作，是电力企业走可持续发展道路的重要保证。当前，整个经济社会形势正在发生剧烈变化，国家、社会对电网企业提出来越来越高的要求，这需要电力企业站在更高层面思考企业管理，通过提高核心能力来提升企业运营的管理水平与效益，而电力营销则需要站在更高的层面来谋划，特别是通过信息化来助力客户服务能力的提高，我国对电力营销信息化的要求主要表现在以下几个方面：

一是经济新常态对营销信息化发展提出了更高要求。习近平总书记在近期召开的中央经济工作会议上，系统阐述了经济新常态的基本特征、趋势、应该抓的工作等内容。认识新常态，适应新常态，引领新常态，是当前和今后一个时期我国经济发展的大趋势。过去我们习惯了连续二三十年的高速增长，当 GDP 增长从两位数降到中高水平增速，电力增长也相应降到中高速或者更低的时候，我们在心理上、管理上要有一个适应的过程，这也要求我们转变发展思路，大力实施降本增效、优化投资、改进服务、提升管理、自主创新，从过去的规模速度型粗放增长转到质量效率型集约增长上来，全面提升企业核心竞争力，提升管理与服务的效率。创建国际先进电网企业的战略目标能否实现，全方位客服服务体系、客户全生命周期管理等先进的管理理念，能否真正落地，关键着有没有一个成熟的一体化、现代化、智能化的企业级信息系统。

二是全面深化改革对营销信息化发展提出了新的要求。面对世界能源供需格局新变化、国际能源发展新趋势，中央提出必须推动能源生产和消费革命，重点是"四革命一合作"（能源消费、能源供给、能源技术、能源体制革命，以及加强国际合作）。同时，国家新一轮的电力体制改革，要求电网更加智能、更加灵活，这对改变电网企业的服务范围、服务内容、服务方式与服务效率都提出了新的要求，也需要一个理念先进、功能完善与性能良好的信息系统支持。在发电侧，需要接纳多元化的发电形式，更好地解决间歇性的可再生能源大规模接入的问题；在用户侧需要解决多元化的用电需求，和用户实现良好的双向互动，给消费者更多选择。必须改变传统的思想观念和商业理念，借鉴互联网企业创新理念，需要更加深入、更加广泛地与客户互联，包括地理位置的互联，和其他资源体系的互联，以及充分利用移动终端的互联等，通过逐步实现这些目标，创新出适合电网营销信息化应用模式，支撑企业营销客服工作的转型升级。

1.1 中央企业信息化发展概况

近年来，中央企业信息化工作取得了明显成效，许多中央企业处于全国企业信息化的前列，基本具备了大力全面推进信息化的基础。但从总体上来看，中央企业的信息化水平与企业做强做大、具备国际竞争力的要求相比仍存在较大差距，为加快推进中央企业信息化，促进中央企业做强做大，提高核心竞争力，确保国有资产保值增值，国资委提出了对中央企业信息化工作的指导方针。

1.1.1 中央企业信息化发展现状

（1）支撑企业做强主业。

中央企业通过集成共享的主营业务信息系统，进一步提高了主营业务的自动化、智能化及网络化水平。大部分中央企业的主营业务信息系统在提高生产效率、降低生产经营成本、节约能耗、快速响应市场、提升服务质量等方面均发挥了重要作用，为主业做强做大提供了坚强的支撑。

（2）支撑企业发展战略转型作用明显。

面对全球化竞争，中央企业积极主动以信息化支撑企业战略转型，推动企业发展方式转变。一大批企业充分利用信息化手段，不断提高集团化运作、集约化发展和精益化管理水平，有效推动了企业发展方式的转变。

（3）支撑企业决策水平进一步提高。

信息化进一步提升了中央企业决策支撑水平，使企业的决策更加及时、科学、有效，提高了决策质量和效率。部分企业建成了集成、共享的综合性企业级综合管理与决策支撑平台，有效提高了操作层面的工作效率、管理层面的管理分析能力、决策层面的决策质量和效率。

（4）支撑企业集团管控和科学发展。

集团企业综合管理信息系统的建设和应用有效降低了企业运营成本，提升了集团管控能力，支撑集团企业科学、持续、健康发展。通过信息化系统集合集团生产运营各个环节的所有信息数据，通过对信息数据的综合分析，为集团管控和科学决策做支撑，企业管理水平明显提高。

1.1.2　中央企业信息化发展趋势

（1）加强全面管控，实现集约化管理。

中央企业对资产、财务、安全、生产、营销等方面的管理，都逐步呈现了集约化的特点，信息科技的发展和网络的普及都为集团集约化管理提供了有力支撑，中央企业利用专业信息系统不仅能管控计划、合同、资金等价值因素，也可以对生产指标实现实时监控，全局掌握。中央企业信息化发展更注重于集合人力、物力、财力、管理等生产要素，进行统一配置。在集中、统一配置生产要素的过程中，以节俭、约束、高效为价值取向，进而使企业集中核心力量，获得可持续竞争的优势。同时，以往中央企业信息化建设都是"分散"式的，下属各企业根据自己的需求采购或者研发应用，这为集团层面信息化整合造成了困难。在总结信息化建设的经验后，各中央企业的信息化建设都开始坚持"统一"的原则：统一领导、统一规划、统一标准、统一建设、统一管理。尤其是统一领导、统一标准、统一规划的趋势，在信息化建设中要求越来越强。

（2）建设一体化信息平台，实现信息的整合、集成、使用。

中央企业为实现孤立系统融合的管理目的，形成了以数据中心、数据总线、数据交换为核心的一体化信息平台建设趋势，以期满足集团管理决策和综合分析的需要。在最大限度的保留原建设成果，最大限度地满足业务需要的前提下，充分挖掘信息系统数据的关联作用，全面体现信息系统的管理效能，通过建设一体化信息平台在集团层实现信息的整合、集成、使用。

（3）加强信息化建设和综合应用，实现信息资源共享。

随着信息化应用的不断深化，中央企业的领导和各业务部门对跨业务数据的综合分析需求越来越强烈。中央企业的信息化建设已从初期的信息收集，逐步转向信息应用，侧重于提供数据分析与决策支持。信息化建设重点也发生转变，从以往注重信息化建设向信息化建设和综合应用进行转变。

（4）深化信息技术集成应用，加快智能化发展。

中央企业的管理信息系统，最初是管理者在流程上实现管理，同时辅助一些数据作为提供决策的依据。目前，通过深化信息技术集成应用，信息系统已逐步向智能化发展，例如对中央企业的指标管控已能从大指标异常分析到引起此指标异常的小指标归类，进而指出引起小指标异常的设备及设备异常的时段，对提升经济效益有了明显的掌控作用。此外，还出现了信息化与智能化设备结合应用的趋势。

（5）加强风险管控，风险分析和内控系统建设逐步完善。

国资委出台《中央企业全面风险管理指引》，中央企业初步制定了《内部控制管理手册》、《风险控制手册》和《内部控制评价手册》等。随着企业经营风险加大，中央企业对风险与内控的要求也逐步加强，相应的风险与内控信息化系统建设也在逐步展开，协助企业实现对风险的动态管控、实时监控。

1.2 电力行业信息化发展概况

1.2.1 电力行业信息化发展现状

电力行业是技术密集和装备密集型产业，其独特的生产与经营方式决定了其信息化发展的模式。中国电力系统的信息化从 20 世纪 60 年代起步，最初主要集中在发电厂和变电站自动监测方面，20 世纪 80 至 90 年代开始进入电力系统专项业务应用，涉及电网调度自动化、电力负荷控制、计算机辅助设计、计算机仿真系统等的使用。20 世纪末，电力信息技术进一步发展到综合应用，由操作层向管理层延伸，各级电力企业建立管理信息系统，实现管理信息化。

（1）深化信息技术应用，形成企业发展新的生产力。

随着电力工业的发展，智能电网和数字化电力、信息化企业正在深化电力新技术革命，信息技术在这场电力产业革命和革新中，发挥着重要作用，有力地提升了整个行业产业信息化水平。各企业信息化建设已经列入电力企业生产和管理的核心业务序列；企业信息化战略已经成为电力企业发展战略的重要组成部分。电力企业已基本完成业务的全覆盖，电力行业两化融合开始向深层发展。各类信息化应用系统与企业生产、管理密切融合，并且系列化、系统化。无论是火电、水电，还是核电、风能；无论是发电、输电，还是供电、配电、变电，信息技术已经深入到电力企业的电力生产、电力调度、公司经营、企业管理、工程项目、建设施工、规划设计、服务和决策的各个环节。电力行业的两化融合正向深层发展，信息化建设已经成为电力行业具有强大生命力的新生产力。

（2）推进电力企业效能建设，提升服务水平。

电力行业中两家大型电网公司正在转型，强调以客户为中心，提供优质服务。其企业运作和经营管理模式都发生了相应的变化，信息化建设也呈现新的应用变化；建设的重点从调度自动化系统转向了营销管理系统、生产管理系统和资产管理系统。强调系统性和全局性，办公自动化系统和营销管理系统建设走向县级应用。为方便用户缴费，加大了营销管理系统的覆盖范围，丰富了缴费手段，这些都给营销管理系统提出了新的要求；通过加大需求侧信息化的进程，为用户更好地提供服务，增加用户的满意度，把生产调度信息融入到营销系统中，以便及时将停电信息利用多种手段通知用户。同时采用集抄系统实现营销数据的自动采集，并实现与财务、电力市场的集成。

（3）围绕输配售电信息化，促进绿色电力发展。

当前，信息化应用是推进产业结构优化升级、促进资源整合，促进经济快速发展的一支重要力量。推进信息技术应用已得到中国各行业的高度关注。在电力行业，信息化建设与信息技术应用为电力企业生产、经营、管理提供了有力支撑，成为电力企业运营不可缺少的部分。电力行业生产的产品是电力，电力生产和分配要经历发、输、配、售等环节，在每个环节都有信息技术的应用。信息技术的应用将主要在技术进步和管理优化方面促进电力行业节能减排。在输电环节，信息技术应用促进电网优化运行，促进网损下降。生产控制系统、调度自动化系统是电网安全、稳定、优化运行重要的支撑，是电力企业应用最广泛，技术发展最成熟的信息平台。生产控制系统的应用有助于正确掌握系统运行状态、加快决策、快速诊断出系统故障状态等，已经成为电力调度生产不可缺少的工具。它对提高电网运行的可靠性、安全性，降低电网运行损耗，减少生产运营成本，实现电力调度自动化与现代化，提高调度的效率和水平都有着不可替代的作用。在配售电环节，信息技术应用支持计量管理，提高电能计量准确性。电能计量是电力企业电能供应的度量标准，是电力企业经济效益重要体现。电能计量管理系统广泛应用信息技术，通过电能计量管理系统对电能计量设备进行全生命周期管理，提高电能计量设备的技术监督和管理水平，对各计量点的电能计量装置进行定期轮换、检验和技术监督，确保设备可靠运行和准确计量，对各关口计量点母线进行电能平衡的在（离）线计算，分析母线电能不平衡率超标的原因，提出解决措施和技术改进方案，保证电网供电质量和运行效率。

1.2.2 电力行业信息化发展趋势

智能电网下，新一代信息技术引领与业务变革促使整个电网业务实现全面融合创新，相应的信息技术体系也需要根据电网业务的重构与创新而转变和发展。

（1）面向服务的信息化一体化架构是未来方向。

目前，电力企业信息化建设正在从专业级应用向企业级应用转变，信息集成建设成为当前电力企业解决信息孤岛、实现信息资源共享的重要手段。电网业务未来发展的方向是全数字化，信息资源能够得到充分的共享和应用，实现业务的协同化运作，因此智能电网下的电网企业将采用信息一体化架构。由于未来会有各种类型的智能设备在不同时期进入网络环境，并且使智能电网的环境产生各种应用需求，因此，需要企业的信息集成平台是一个面向服务的、能够提供标准化接口的平台，兼容分散和集中式的信息系统。

（2）技术引领与业务驱动并重，信息化与业务创新深度融合。

未来信息化建设将会促使电网企业进行大量的业务创新和管理创新。信息技术的发展将带动业务与管理创新能力的提升，促使研发更多新的应用和面向用户的增值服务；同时，管理能力的创新也将对信息化技术提出更高的要求，两者互相促进，形成螺旋式上升的良性发展状态。

（3）加快向电网企业业务价值链各环节渗透。

目前，电网企业信息技术应用主要关注跨区电网管理、营销收费、企业资源管理以及办公自动化等领域，而在调度管理、电网优化、生产管理、需求侧管理方面的应用水平则相对滞后。智能电网的建设将覆盖从电源、输配电、售电和用电管理的各个环节，信息技术也将成为各业务环节实现智能化的手段，信息化将为更多的业务需求提供支撑和服务，如提供基于智能设备的应用功能、为设备安全交互提供可监测的数字宽带网络等，通过更加深入业务，紧跟电网建设与发展带来的业务变革。

（4）管理信息化与自动化结合更加紧密。

在建设智能电网的环境下，调度自动化与管理信息化的结合将更加紧密。由于大批的智能设备、仪器仪表、传感器等将被置入各级电网以及终端用户侧，届时将有大量的设备状态数据、生产实时数据、负荷数据在各类设备之间、系统之间传递，企业的生产管理和经营决策都需要依赖这些数据来完成，管理决策信息也需要有效地反馈到电网运行中，并进行调节。信息化需要提供自动化与管理信息化交互的平台，为更多实时数据的安全传输、科学管理和分析应用提供环境和工具。

（5）信息资源的集成仍是未来信息技术应用建设的重点。

电力企业信息资源集成建设主要用于开发利用电力系统内部信息资源，有效整合电力企业现有信息资源，积极搜集各类电力信息，完善全国电力信息资源开发利用的保障体系，形成集中、统一、稳定的信息采集渠道，基本形成覆盖全行业各门类的信息资源共享机制。在新一代信息技术集成信息资源的基础上，逐步建立多种形式的决策咨询机制和完善的企业辅助决策支持系统；研究典型电力企业的业务流程重组，塑造科学合理的电力企业业务流程，为顺利实施企业核心信息系统奠定坚实的基础。

1.3 南方电网公司信息化发展概述

作为国有骨干中央企业，南方电网公司在"强基固本、转型升级"，促进营销服务水平提升的道路上一路前行。提升营销信息化装备以及实用化水平就是这一探索的成果，是南方电网公司在长期坚持以客户为中心的实践中结出的硕果。

1.3.1　南方电网公司中长期发展战略要求

南方电网公司于 2002 年 12 月 29 日正式挂牌成立并开始运作,担负起了通过西电东输改善电力资源配置,为南方广东、广西、贵州、云南、海南五省区提供电力保障的任务,10 年来,南方五省区的社会经济快速发展离不开南方电网公司 30 多万员工的汗水和心血。

南方电网公司自成立以来,从战略高度,树立了以客户为中心的企业理念,坚持"万家灯火,南网情深"的核心价值观,走过了融合、创先、协同三个战略探索阶段。在探索中,南方电网公司坚定了推进"两型两化",实现"两个转变",成为国际先进电网企业的发展战略。为实现这一战略构想,南方电网公司依据自身的实际能力和客户的迫切需求,遵循顶层设计与基层首创相结合的原则,进行了卓有成效的实践。

南方电网公司最初提出"万家灯火,南网情深"作为企业的主题形象词,后来又提出"服务永无止境",以客户为中心的定位更为清晰,再后来正式确立"万家灯火,南网情深"为企业的核心价值观。"万家灯火",生动而具体地体现了南方电网对于客户、社会、国家的责任。"万家灯火",是人民安居乐业的生动画面,是电网的成绩,是电力人价值的体现,是工作和服务的落脚点。"万家灯火",寄托了希望,凝聚了追求。

基于这一价值观,在大的时代背景下,南方电网公司制定了自身的战略目标:成为服务好、管理好、形象好的国际先进电网企业。服务好,即在保障安全、可靠供电的基础上,持续提升优质服务水平,让客户满意、利益相关方满意、社会满意。管理好,即公司核心价值观深入人心,基础管理过硬,制度完备有效,流程清晰流畅,机制科学配套,现代化手段先进适用,价值创造能力和经济效益不断提升,经营合法合规,管控高效。形象好,即建立与政府、社会和公众长久和谐的公共关系,树立安全、可靠、诚信、负责的企业形象,持续提升"万家灯火、南网情深"的品牌。国际先进电网企业,即在安全、可靠、客户满意和绿色环保等方面成为国际先进的电网企业。

要实现这个宏伟目标,就必须推进"两型两化",实现"两个转变"。"两型两化"指服务型定位、经营型管控、集团化运作、一体化管理;"两个转变"

指电网发展向更加智能、高效、可靠、绿色方向转变，企业管理依托信息化的强力支持，向精益化方向转变。

企业管理的方向转变是指以提高公司综合效益为目标，对核心业务的全过程实行精细控制，更加注重细节管理，将具体、明确的量化标准渗透到管理的各个环节，使公司的经营管理活动始终处于受控状态。提高管理的成本意识，讲求管理效益，靠管理控成本，向管理要效益，达到经济效益与社会效益、当前效益和长远效益的最优综合。

1.3.2 南方电网公司对营销系统的总体要求

营销管理系统是南方电网公司"十二五"信息化规划中"6+1"工程的重要组成，系统建设采用全网统一版本开发、省级集中部署的方式，以客户为中心，实现营销管理标准化、集约化、精益化以及"纵向贯通、横向协同"，打造国内领先、国际先进的企业级系统，满足南方电网公司相关技术规范要求，满足南方电网公司全网推广应用的要求。按公司"十二五"信息化规划要求，在2011年启动营销一体化信息系统建设工作，计划用4年时间，通过需求分析、典型设计、试点开发、推广应用四个阶段，完成系统建设，2011年完成需求分析和系统典型设计，2012—2013年完成系统试点开发，2014—2015年完成系统推广应用。坚持先进性与实用性相结合、服务与效益相结合、管理创新与技术创新相结合，为营销现代化和管理智能化奠定坚实的基础。

（1）以客户为首位，实施营销一体化管理。

客户为营销管理工作的重中之重，通过运用先进技术和理念，开发出先进的营销管理体系，全面支持营销服务工作标准化、一体化，建成营销一体化管理体系。支持客户全方位服务和营销资产全生命周期管理，为客户价值有效传递和客户服务快速响应提供技术支撑，打造国内领先、国际先进的企业级营销管理系统，提升营销一体化管理水平，强化营销核心竞争力，有效提升支撑"服务型定位、经营型管控、集团化运作、一体化管理"发展战略目标的保障能力。

通过营销管理系统建设实现营销服务流程的全面信息化管理，整合多种服务方式、服务渠道的服务资源，优化上下、内外、集约与分布等多种服务功能配置，提高客户服务能力及效益分析支持能力。同时，充分利用相关的系统，跟踪分析市场变化趋势，探索电力市场的发展规律，建立以市场需求为导向、满足客户需求为目的的快速响应机制，持续提升市场拓展能力、供电服务能力、运营管控能力，全面实现营销服务手段的自动化和信息化。

（2）增强营销业务管控能力，实现业务集约化管理。

围绕管理流程规范和优化、班组规范化管理、作业标准体系建设等工作，通过信息化支撑，将南网"一体化、标准化、流程化"的管理思想落实到班组，使班组达到"规范—减负—高效"的目标。以此为基础进行管理优化和业务提升，有效支撑营销业务集约化、营销管控实时化，促进管理扁平化，满足营销管理精益化要求。

通过开发和实施统一版本的营销管理系统，实现对客户服务和营销业务处理的监控，帮助管理人员直接获取最原始的营销经营数据，确保信息的及时、准确、可靠，实行对关键指标考核的过程管控，实现实时监督，支持全面风险管理工作，努力降低经营活动中的风险，提升营销经营业绩和客户服务水平。

（3）范围全覆盖，精益化管理。

系统业务功能涵盖市场营销策划、电力交易、市场开发、营业管理、客户服务、需求侧管理、电能计量管理、营销分析与稽查监控、相关外部集成和系统支撑功能等方面，满足南方电网公司"功能全具备、流程全覆盖、客户全管理、全方位支持营销业务"的专业化、精益化管理需求，实现对营销"一部四中心"全业务、全过程的支撑。

营销管理系统通过试点实施和全网推广应用，将实现应用面向全公司，覆盖公司总部及超高压输电公司、调峰调频公司、综合能源公司、广东电网、广西电网、云南电网、贵州电网、海南电网及其下属供电单位，满足公司"网点全应用"的需求。

（4）协同化服务，提升跨专业协作能力。

打造全网版本统一的营销管理系统，实现营销标准化、服务协同化，结合南方电网公司"十二五"信息化规划中提出的"综合技术平台"和 SOA 信息集成、数据资源管理实际工作进展，落实客户全方位服务工作要求，实现南方电网公司各层级、各专业流程的无缝对接，规范跨专业间的横向协同，构建"上下贯通、左右协同"的一体化流程体系，提升"以客户为中心"的跨专业协同作业能力。

统一版本的营销管理系统的设计、开发、实施以及运维等集中完成，可避免重复的人力、物力、财力投入，凸显标准化、集约化、精益化以及协同化的优势，实现"集成、共享、协同"，形成营销业务联动、服务实时响应的高效运作机制，全面支持"纵向贯通、横向协同"管理的要求。

（5）前瞻化管控，实现营销业务智能化管理。

遵循全网专家形成的营销业务模型和顶层设计、典型设计成果，借鉴国内外营销管理系统的建设经验，通过系统的开发实施实现全网营销服务信息的共享，结合数据挖掘分析和知识推理等技术的应用，形成可自优化专家知识库。进而智能化地支撑决策层和管理层，进行电力市场宏观环境分析、关键指标分析、营销在线稽查、客户服务监控、市场发展预测等管理要求，实现分析监控的前瞻化，促进营销管理的现代化和智能化。

这样，在一个相对较短的时间内，完成建设企业级的电力营销系统的任务就摆在了我们面前，如何完成这一光荣而艰巨的任务，需要我们全力以赴去探索与践行。

2 项目管理基础理论及电力营销信息化系统管理实践

广东电网公司作为南方电网营销管理系统的试点单位，面对如此庞大、复杂的工程，如何才能顺利推进项目建设，保质保量按时地完成试点建设任务是一项极具挑战性的考验。

本章主要对项目管理的组织管理、范围管理、时间管理、质量管理、人员管理、沟通管理、风险管理等管理要素的理论及实践进行阐述。

2.1 项目管理概论

2.1.1 项目与项目管理

（1）项目。

项目是一个组织为实现既定的目标，在一定的时间、人员和其他资源的约束条件下，所开展的一种有一定独特性、一次性的工作。项目具有目的性、独特性、一次性、制约性、创新性和风险性等特点。项目的分类主要有业务项目和自我开发项目，企业项目、政府项目和非营利机构的项目，营利性项目和非营利性项目等。

（2）项目管理。

项目管理是指项目活动中运用各种知识、技能、方法和工具开展各种管理活动，项目管理的根本目的是满足或超越项目有关各方对项目的需求与期望。

（3）电力营销信息化项目管理。

电力营销信息化项目管理是通过综合运用各种知识、技能、方法和工具来满足南网及客户对项目的需求与期望。电力营销信息化项目管理包括项目管理的创新特性与具体内容。电力营销信息化项目管理的创新特性是由项目本身的独特性和创造性决定的，项目中的创新和创新过程也是电力营销信息化项目管理的对象和核心内容之一。电力营销信息化项目管理的具体内容包括了项目管理知识、技能、方法和工具的全部内容，如项目组织管理、项目范围管理、项目时间管理、项目质量管理、项目人员管理、项目沟通管理、项目风险管理等。

2.1.2 项目生命周期管理

（1）项目生命周期的定义。

项目是分阶段完成的一项独特性的任务，一个组织在完成一个项目时会将项目划分成一系列的项目阶段，以便更好地管理和控制项目，更好地将组织的日常运作与项目管理结合在一起。项目的各个阶段放一起就构成了一个项目的生命周期。这从项目管理和控制的角度，强调了项目过程的阶段性和由项目阶段所构成的项目生命周期，对于开展项目管理是非常有利的。

（2）项目生命周期的内容。

一个项目从始到终的整个过程构成了项目生命周期，项目生命周期包括下述几个方面：

1）项目的时限。

项目生命周期的首要内容是给出了一个具体项目的时限。这包括一个项目的起点和终点，以及一个项目各个阶段的起点和终点。这些项目或项目阶段的起点和终点，既给出了与项目有关的时点数据（项目开始和结束的时点），也给出了与项目有关的时期数据（项目持续的时期长度）。例如，营销管理系统开发项目不但需要给定整个项目的起点和终点，而且要给出项目各个阶段的起点和终点，从而界定出项目的具体时限，特别是里程碑节点等重要时限的确定。

2）项目的阶段。

项目生命周期的另一项主要内容是项目各个阶段的划分。这包括一个项目的主要阶段划分和各个主要阶段中具体阶段的划分，这种阶段划分将一个项目分解成一系列前后接续、便于管理的项目阶段，而每个项目阶段都是由这一阶段的可交付成果所标识的。例如，营销管理系统建设项目通常需要划分成项目的定义阶段、设计计划阶段、系统开发阶段和试点实施阶段，而需求分析报告、业务详细设计方案、项目试点实施报告和项目竣工验收报告等都属于项目阶段的可交付成果。

3）项目的任务。

项目生命周期还定义出了项目各阶段的任务，这包括项目各个阶段的主要任务和项目各阶段主要任务中的主要活动等。例如，营销管理系统建设项目的生命周期要给出项目准备阶段、系统开发阶段、试点实施阶段和推广应用阶段的各项主要任务，以及各个项目阶段主要任务及其主要活动。

4）项目的成果。

项目生命周期同时还需要明确给定项目各阶段的可交付成果，包括项目各个阶段和项目各个阶段中主要活动的成果。例如，营销管理系统建设项目的准备阶段的成果包括业务设计说明书、编制营销业务系统业务场景等。

（3）项目生命周期的描述。

一般项目生命周期的描述包括文字、图、表以及核检表（Check List）等方式。项目生命周期一般包括需求设计、开发测试及上线实施阶段。

图 2-1 展示的是一般系统试点建设的过程。在需求设计阶段，主要的工作是编制业务模型、编制需求规格说明书、编制系统详细设计、需求及详细设计评审等；在开发测试阶段，具体工作室现场开发、出厂前测试、功能测试及集成测试等；在上线实施阶段，涵盖上线准备、双轨运行、单轨运行等工作。

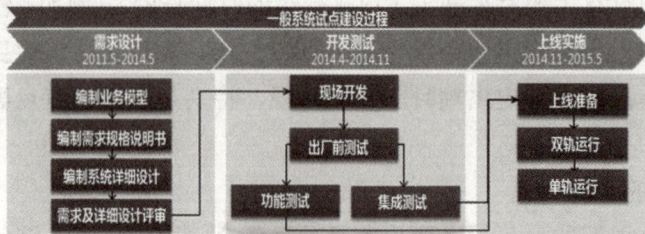

图 2-1　一般系统试点建设过程

2.2 项目管理知识体系及实践

2.2.1 项目管理知识体系及实践总述

一般的项目管理知识体系包括以下方面：项目整体管理、项目组织管理、项目范围管理、项目时间管理、项目成本管理、项目质量管理、项目人力资源管理、项目沟通管理、项目风险管理和项目采购管理等。

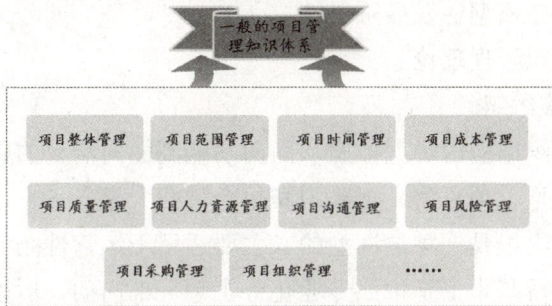

图 2-2　一般项目管理知识体系

基于营销管理系统特点，在营销管理系统建设的过程中，结合系统建设实际情况，按时间维度划分为工作准备、系统设计等六个阶段，采用 PDCA 闭环方法，指导时间维的六个阶段工作的有效开展。将国际通用的项目管理理论和实践经验应用到系统建设的每一个工作阶段和环节，具体包括项目组织管理、项目整体管理、项目范围管理、项目时间管理、项目质量管理、项目人力资源管理、项目沟通管理、项目风险管理等内容。

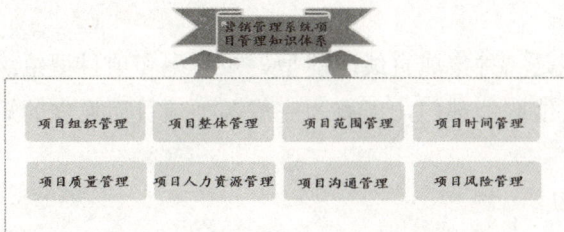

图 2-3　营销管理系统项目管理知识体系

2.2.2 营销管理系统建设项目组织管理

（1）项目组织管理概述。

项目组织是项目有效的运行平台，管理职能的实现都将依托于项目组织来执行，合理的项目组织结构是项目顺利、高效运行的基本保证。项目组织的特点是不完全受现存职能组织构造的束缚，但也不能完全替代各种职能组织的职能活动。项目组织管理经历了从矩阵型组织、虚拟型组织、学习型组织到项目管理办公室、项目导向型组织和社会以及战略项目管理办公室和组织项目管理成熟度模型等发展阶段。

（2）项目组织管理理论。

1）项目实施组织。

项目实施组织结构的类型按照从面向功能到面向活动的程度进行划分，可分为直线职能型、项目型、矩阵型和组合型四大类。

直线职能型组织是一种层次型的、主要适用于运营性企业的组织结构。这种组织中的雇员基本上是按照专业化分工划分部门的，所以在这种组织中除了直线指挥系统之外，还有一系列的职能管理部门，它们负责企业或组织各方面的职能管理工作。

项目型组织是一种模块式的组织结构，它主要适合于开展各种业务项目的企业，是一种专门为开展一次性和独特性的项目任务而建立的组织结构。

矩阵型组织是一种直线职能型组织和项目型组织的混合物，它适合于既有日常运营业务，又有项目工作的企业或组织。矩阵型组织从不同职能部门抽调各种专业人员组成一个个项目团队，当这些项目团队的任务结束以后，项目团队的人员又可以回到原来的专业职能部门中去，具有很大的灵活性。

组合型组织是一种集成直线职能型、矩阵型和项目型组织的全面组合。这种组织既有直线职能部门，又有为完成各类项目而设立的矩阵型组织和项目型组织。

2）项目团队。

项目团队是由一组个体成员，为实现一个具体项目的目标而组建的协同工作队伍。项目团队的特性包括：目的性、临时性、团队性、渐进性、灵活性和项目团队成员的双重领导特性。

3）项目经理。

项目经理是一个项目团队的核心人物，他的能力、素质和工作绩效直接关系项目的成败。项目经理在整个项目管理中处于核心地位，在项目管理中项目经理所承担的主要角色和职责包括：项目团队的领导者和决策人；项目的计划者和分析师；项目的组织者与合作者；项目的控制者和评价者；项目利益的协调人和促进者。

4）项目管理办公室。

项目管理办公室（Project Management Office，PMO）是企业设立的一个职能机构名称。PMO是组织内部项目管理最优实践的中心，是组织提高项目分析、设计、管理、检查等方面能力的关键资源。

（3）组织管理应用与实践。

1）项目组织结构设计。

鉴于矩阵型组织从不同职能部门抽调各种专业人员组成一个个项目团队，当这些项目团队的任务结束以后，项目团队的人员又可以回到原来的专业职能部门，它具有很大的灵活性。电力营销管理系统试点建设项目建设应用矩阵项目组织，促进各信息化项目建设一体化管理。电力营销管理系统试点建设项目建设管理主要涉及南方电网公司项目管理办公室、广东省电网公司信息部、业务管理部门、公司信息中心测评部、IT客户服务部门、建设单位、开发商等七类管理组织。

①组织的分工与协作。

按照《项目建设管理办法》规定，成立项目领导小组，项目工作小组、项目管理办公室、工作小组（见表2-1）。

表2-1　　　营销管理系统的组织分工小组与工作职责

组织分工小组	工 作 职 责
项目领导小组	负责对项目实施中的重大问题进行决策 负责向公司信息化领导小组汇报工作
项目工作小组	审核和批复项目关键里程碑节点的工作方案和工作成果 监督检查和推进项目的建设进展 负责向项目领导小组汇报工作 定期召开例会，听取项目管理办公室工作汇报，及时协调项目相关工作

组织分工小组	工 作 职 责
项目管理办公室	负责管理系统建设的全过程，组织编制项目的总体建设方案，主要包括：重点里程碑节点计划、资源安排等；负责审核项目过程的各类成果 负责各类资料及系统的版本控制管理职责 负责协调、解决项目建设过程中的重大问题 定期（周）召开例会，听取四个工作小组汇报，及时协调项目相关工作

②组织结构形成（如图2-4所示）。

南方电网公司市场部确立广东电网公司为营销管理系统的试点建设单位，为落实试点建设任务，广东电网成立了营销管理系统——建设业主项目部，由副总经理担任经理。业主项目部在网公司营销管理系统建设管控领导组、工作组和公司管理信息化推进领导小组领导下，负责具体承接营销管理系统建设工作部署，实施试点建设任务。地市局成立项目实施组，在业主项目部的领导下完成营销管理系统建设实施工作（见表2-2）。

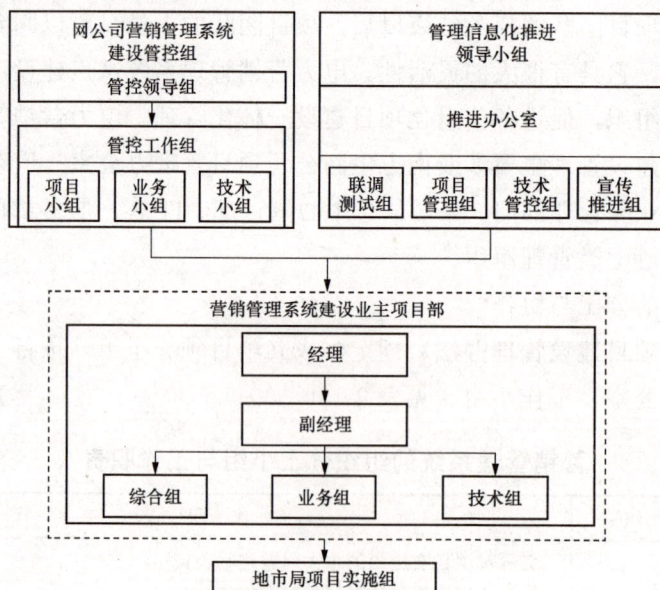

图2-4 广东电网营销管理系统的组织分工与协作示意图

表 2-2　　营销管理系统组织结构形成以及工作职责

组织分工	工作小组	工 作 职 责
建设领导组	管控领导组	负责制定项目总体工作目标和工作要求 负责对项目建设过程中的各类重大事项、变更进行决策 负责网公司层面跨项目、跨部门协调 负责审批总体行动方案、实施方案 负责项目采购管理 负责对业主项目部进行绩效考核 负责组织项目重大会议及关键节点的验收
	管控工作组	负责项目总体进度、质量管理 负责对项目建设过程中的各类重大事项、变更进行提出初步处理意见，提交管控领导组决策 负责审核总体行动方案、实施方案 负责对业主项目部进行现场督导 负责项目供应商管理 负责组织项目日常工作会议及各阶段验收
	管理信息化 推进领导小组	负责承接网公司"6+1"系统的建设方向和总体目标 负责贯彻落实网公司信息化建设管理工作要求和考核标准，统筹安排信息化建设管理相关制度的落地工作 负责对重大事项进行决策 负责解决建设过程中出现的重大问题 负责对参建各方进行奖惩 负责为业主项目部提供资源保障，定期听取各参建方的阶段性汇报并给出指导性意见 向网公司管理信息化推进领导小组汇报工作进度
	推进办公室	负责承接网公司管理信息化推进办公室布置的各项工作 负责审批"6+1"系统的建设范围、管理规范和技术标准、推进行动方案负责协调部署全省资源，支援系统建设 负责协调和解决跨业主项目部间的问题 负责向业主项目部提供联调测试、项目管理、技术管控的专家支持 负责汇总业主项目部管理信息，跟踪项目进展 负责对各业主项目部进行考核评价 负责落实服务商管理要求 协助网公司进行项目验收 负责完成公司管理信息化推进领导小组交办的其他任务 定期向公司管理信息化推进领导小组汇报项目进展情况
业主项目部	综合组	负责建立业主项目部的工作管理机制，保证业主项目部的工作能够高效有序的进行 负责项目的日常管理、考勤管理和会议管理 负责汇总编制日/周/月报并向网公司及相关单位通报负责组织撰写相关汇报材料 负责对项目的总体质量进行管理，确保交付成果及进度符合要求 负责项目总体进度情况汇总与资料管理，包括项目里程碑成果物的收集、组织评审及归档等 负责组织项目各阶段验收

组织分工	工作小组	工作职责
业主项目部	综合组	负责编制《广东电网公司营销管理系统推广实施方案》 负责组织系统测试的各项准备工作 负责组织宣传工作 负责网公司派驻专家和公司各地市局抽调专家的人员的各项支持保障工作 负责完成业主项目部交办的其他各项任务
	业务组	负责落实业务管控要求，确保系统符合一体化业务需求 负责编制功能验证方案、验证用例以及确定非功能测试中的案例场景 分专业对系统功能进行初步测试与功能验证，并形成测试与验证初步意见 负责需求变更的收集、审查和确认 负责落实营配信息集成相关功能要求 负责银电联网业务协议签订 负责编制公司数据质量提升实施方案，审核各地市局的数据质量提升实施方案，协调技术组将核查规则固化到信息系统中，组织开展数据质量评价 组织对关键用户培训并组建内训师团队 负责公司范围内的其他"6+1"系统业主项目部进行跨部门的业务协同工作 负责组织系统功能测试，配合技术组进行系统需求确认、数据整理与迁移、上线试运行工作 负责完成业主项目部交办的各项任务
	技术组	负责根据营销管理系需求文档开展设计成果修订的工作，提出具体修订意见 负责对系统整体架构、数据结构、关键技术提出技术专业初步意见，确保符合网公司相关信息化技术路线和技术标准 负责营销管理系统外部集成的技术标准的编制 负责组织系统代码开发、模块测试、数据整理与迁移、管理员培训、上线试运行工作，进行质量管理和现场管理负责银电联网技术协议的编制与初步审查 负责将数据核查规则固化到信息系统中，协助业务组开展数据质量自查及整改工作 负责组织编写外部集成规范，并组织外部集成系统及设备厂商开展升级改造工作 负责开展"6+1"系统联调测试，负责银电联网、营配信息集成平台、营业厅排队机等外部集成接口的开发与联调工作 负责开发基地技术环境、测试环境的IT资源准备工作 负责向信息中心移交生产运行系统 负责完成业主项目部交办的各项任务
地市局项目实施组	试点推广局	负责贯彻落实网、省公司关于实施工作的要求 负责向公司营销系统建设业主项目部汇报工作 负责本单位实施工作，严格按照计划要求，执行系统实施的各项任务

③组织结构与运行。

根据广东电网公司人力资源机构设置，市场营销涉及包括市场营销部、客户服务中心、营销稽查中心、计量中心、信息中心、县区供电局（分公司）、县区供电局（子公司）和乡镇供电所76个岗位。

目前各个地市局以及县级子公司均已经按照"一部四中心"机构进行运作。客户服务中心集中95598服务热线、电费核算、业务扩充、大客户服务等业务，推行专业化管理，通过后台信息支撑，强化服务调度职能，及时解决客户需求。营销稽查中心主要职能为质量监督、考核、传递和内部审计作用，对营销服务的全过程进行稽查，提升营销服务全过程的业务质量和效率，将营销稽查中心建设成营销业务质量监督中心。计量中心通过建立省、地电能量数据中心，完善的计量标准体系和省、地市级的计量中心组织架构，加强计量装置的标准化建设，提升计量集约化水平。

④组织结构制度设计。

针对营销管理系统的建设，先确立战略目标和方针，进一步建立起适应战略需求的组织结构和管理机构，通过各职能领域的活动展开和实施战略。

一是计划与战略。营销一体化信息系统面向全公司，包括公司总部、各省公司及其下属供电局，满足公司"网点全应用"的需求。系统业务功能涵盖供电营业、计量管理、客户服务、客户关系管理、购电管理、业务监督及实时指标监控等方面，满足公司"功能全具备、流程全覆盖、客户全管理、全方位支持营销业务"的需求。营销一体化信息系统在南方电网信息化建设中占据至关重要的地位，直接影响企业战略与规划的落地，必须统一组织、分工明确、协调一致，健全完善各级责任制，形成推进系统建设的合力。

营销一体化信息系统的计划与战略制度主要有《中国南方电网营销一体化信息系统建设工作方案》、《广东电网公司"6+1"系统试点建设及推广工作方案》等，这些方案为营销一体化信息系统建设指明了方向。

二是组织制度。为完成任务所需要的职能活动的内容、性质、各项职能在战略实施中的相对地位，系统建设必须明确组织内部门、各层次的相互关系以及协调方式等，如《中国南方电网有限责任公司管理制度管理规定》、《广东电网公司信息化项目管理办法实施细则》等。

三是运行制度。运行制度体现在营销一体化信息系统建设的各个职能部门中，包括研发、质量、人事、财务等。这些运行制度具体内容各不相同，但均以计划于战略为目标，组织制度为基础，各制度形成有机协调的运作体系，如《广东电网公司营销管理系统试点建设实施方案》、《广东电网公司信息系统应用集成服务建设管控规范》、《广东电网公司信息化项目建设管理办法实施细则》等。

2）组织文化建设。

企业文化建设的基本思路：以南网文化推进与管理系统建设为框架，坚持以人为本、关爱员工，调动全员参与、共同推进，注重文化传承、融入中心、务求实效、创新载体，遵循"完善、推进、提升、构建"的工作原则，系统推进各项任务落实。经过不断的实践和探索，广东电网企业文化的氛围在各层级全面形成，以"万家灯火，南网情深"核心价值观为内核的南网文化理念不断完善并深植人心，以企业文化组织保障机制、载体支撑机制、考核评价机制以及社会责任报告发布机制为基础的体系建设基本健全，企业凝聚力、企业影响力显著提升，逐步形成具有广东电网人"敢为人先、务实进取、开放兼容、敬业奉献"的创先文化氛围。

①组织的物质文化。

企业物质文化是组织文化的表层部分，它是组织创造的组织物质文化，是一种以物质形态为主要研究对象的表层组织文化，是形成组织文化精神层和制度层的条件。广东电网公司在营销管理系统的组织物质文化建设方面，主要从工作环境、产品和服务等方面着手，以展示多元、丰富的广东电网物质文化。广东电网公司坚持以人为本，大力倡导"敢为人先、务实进取、开放兼容、敬业奉献"的员工发展理念，不断创新用人机制，积极营造有利于员工发展的各种物质环境。

②组织的制度文化。

营销一体化信息系统建设过程主要经历了总体计划、前期准备阶段、需求分析阶段、典型设计阶段、试点建设阶段、推广实施等阶段，而组织管理团队也经历了从静态（专家）到动态人员管理，既有项目组，又有试点单位，还有非试点单位，在组织抽调人员做到既保证质量又尽可能不影响日常的工作。实践证明，管控领导组和信息化建设推进领导小组两条指挥线，对营销管理系统建设实施多任务并行工程管理打下了坚实的基础，为提高项目管理水平过渡到项目经理负责制积累了宝贵的经验。

2.2.3 营销管理系统建设项目整体管理

（1）项目整体管理概述。

营销管理系统建设的项目整体管理是以系统全面建成、可用为目的导向，通过关注项目建设里程碑为主要的工作方法，对项目建设的时间、人力等资源进行科学的可行性评估，为满足项目建设的质量要求而实施有效方法的综合能力应用的集合。

（2）项目整体管理理论与方法。

1）项目整体管理的基本思想。

整体管理是从项目全局观点出发，以项目整体利益最大化作为目标，以项目时间、质量、成本、范围、采购等各种项目专项管理的协调与整合为主要内容而开展的一种综合性管理活动。整体管理的目的包括整体优化、多方共进、互相协调、倍效利用等。

2）项目整体管理的基本原理。

在对管理对象进行整体管理的过程中，整体管理的主要工作内容包括三个方面：一是项目整体计划的制订，二是项目整体计划的实施，三是项目变更的总体控制。整体管理必须在遵循一定原理的前提下才能实现最佳的效果组合，具体包括：第一，要素相容与要素互补原理；第二，系统界面与功能结构原理；第三，功能倍增与整体效应原理；第四，非线性相关原理；第五，和谐协整原理。

3）项目整体管理的方法。

项目整体管理中，以科学技术为主的技术支持是必不可少的。实现建设项目集成化管理的方法主要有全生命期的目标系统、统一的项目分解结构、统一领导下的组织系统、集成化的信息处理系统、全过程的知识管理。

全生命期的项目目标在于以全生命期作为对象建立项目的目标系统，考虑到建设期目标与运营期目标的平衡，然后将全生命期目标分解到各个阶段，从而保证项目在全生命期中目标、过程、责任体系的连续性和整体性。

建设项目的分解和编码过程是根据建设项目的共性及某一建设项目的

特征，按照科学的分析过程，将其按功能和空间标准逐层细化，由此产生一个分层次、最大可能地反映项目实际情况的项目分解结构和编码体系的过程。

在统一的组织系统中，建立工作流程和责任体系，使各参与方最大限度地服务于项目全生命期目标。

通过建设项目管理信息集成系统可以建立信息共享机制，实现项目组织间的信息共享、项目管理不同领域的信息共享和建设项目全生命期内的信息共享。

充分利用信息技术和知识集成技术，建立以知识和信息为基础的知识型组织和知识集成平台，促进知识和信息交流共享，培养项目组成员间的知识共享能力，创造知识和信息共享环境。将项目中积累的知识资源进行整理和规范化，用于以后的类似项目，使项目管理知识得以继承和利用。

（3）项目整体管理应用与实战。

1）营销管理系统试点建设主要整体管理对象与管理目标。

营销管理系统建设具有难度大、标准高、时间紧等特点，该项目的质量、进度、安全被确定为项目集成重点管理的对象和内容，并实行质量、进度、安全的一体化管理。因此，营销管理系统试点建设整体管理的主要目标是"一体化管理要求落地不走样、各阶段工作进度可控不滞后、系统建设成果普适易推广"。

2）营销管理系统试点建设整体管理模式的构建。

鉴于营销管理系统建设的特点，项目部在积极汲取其他项目整体管理模式优点的基础上，在整体管理方面进行以下几个方面的调整：

一是在组织集成方面，项目部通过制定契约、规章、制度、会议、标准等方式建立了建设的组织和协调系统，构建了有效的综合集成平台。在企业内部，以最优组织单元作为基本单位，它是面向任务建立的、具有最佳运行效率的小型团队，由来自不同职能领域的人员所组成的，具有相对的稳定性。在企业外部，把动态联盟和战略联盟的优点集成起来，既可及时了解和掌握项目的外部情况，为项目提供项目外部的信息，又可以联系外部项目资源，通过对不同项目相关参与者的协调，实现项目的内外整合。

二是在集成计划制定与执行方面，从组织集成的战略目标和核心能力出发，设计出组织集成的关键过程，确定出需要从外界借用的资源和能力，并将这些资源的数量、时间、调配方式、利用效率等因素与项目进度的匹配度、与系统建设技术的需求度等逐一进行分析，以指导项目的实施。

三是在功能组合与集成方面，虽然原企业的各个部门仍然存在，但在项目中它们不是行政部门，而是向项目提供技术、知识、设备、标准和规范等专业化资源的供应者。

四是在资源调配方面,营销系统试点建设采用了多项目的资源调配整合方案。通过建立完善的资金、劳动力等项目资源协调系统，可以实现内部资源的科学配置，做到人尽其才、物尽其用、财尽其效,实现资源利用效率的最大化。

五是在整体管理程序方面，根据集成计划和项目的实施情况，对预定计划的完成情况进行检查，核对每一工作包的任务完成效果，依据这些最新的系统建设实际数据与计划进行对比，给出分析结果和资源分配的重新调整方案，并绘制出项目最新发展状态曲线，以便项目管理者进行参考和决策。

六是在项目信息整合方面，信息汇集、传输和处理都是通过预先 WBS 编码实现，项目建设过程中的各种来往信件、报告、通知、会议纪要、变更文件等都可按照所涉及的对象和范围加注 WBS 工作包编码来完成信息的快速传递，为项目整体管理提供服务。

七是在项目文化建设方面，如每周之星等团队文化的建设，不仅引领了项目参与各方主动向项目整体目标前进的自主主体行为，而且增强了项目整体管理的凝聚力，并成为工程建设的重要软实力。

2.2.4 营销管理系统建设项目范围管理

（1）项目范围管理概述。

项目范围管理是在项目管理过程中所开展的计划和界定一个项目或项目阶段所需和必须要完成的工作,以及不断维护和更新项目的范围的管理工作。开展项目范围管理的根本目的是要通过成功地界定和控制项目的工作范围与内容,确保项目的成功。这项管理的主要内容包括：项目起始的确定和控制、项目范围的规划、项目范围的界定、项目范围的确认、项目范围变更的控制与项目范围的全面管理和控制。

（2）项目范围管理理论与方法。

1）项目范围管理的主要内容。

一般项目范围管理的主要内容如图 2-5 所示。

図 2-5 项目范围管理的主要内容

2）项目范围管理的主要工作步骤。

①范围计划。

范围计划是一个计划工具，是电力营销管理系统建设项目范围管理的基础。主要描述如何定义项目范围，制定详细的范围说明书，定义和编制工作分解结构，验证和控制范围。

②范围定义。

范围定义详细描述了项目的可交付物和产生这些可交付物必须做的项目工作，最终形成文本性的项目范围说明书。项目范围说明书在所有项目干系人之间建立了对项目范围的共识，描述了项目主要目标，使项目团队能进行更详细的规划，指导项目团队在项目实施期间的工作，并为提供评估是否是客户需要进行变更，在项目范围内提供基线。

③创建工作分解结构。

项目工作分解结构（WBS）是面向可交付物的项目元素的层次分解，它组织并定义了整个项目的范围。WBS 是一个详细的项目范围说明的表示法，详细描述了项目所要完成的全部工作。

④范围核实。

范围核实要审查可交付物和工作成果，以保证项目中所有工作都准确、满意的完成。项目范围核实应贯穿项目的始终，从 WBS 的确认到项目验收时的范围检查。

⑤范围控制。

变更是项目干系人由于项目环境或其他各种原因影响，而需要对项目的范围计划进行修改，甚至是重新规划，这一类修改后的规划就叫变更。项目范围变化，在实际项目中经常发生，因而对项目范围的变更控制和管理，就成为项目管理控制中的重点工作之一。

（3）项目范围管理应用与实战。

1）项目范围计划。

根据《南方电网公司管理信息化推进总体工作方案》和《南方电网公司营销管理系统建设推进行动方案》，电力营销管理系统建设项目的目标是开发南方电网电力营销管理系统，实现电力营销管理的信息化。因此，电力营销管理系统建设项目的范围包括南方电网营销管理业务的全部环节，即《中国南方电网市场营销职能战略》规定的市场营销业务。具体包括：市场营销策划、电力市场建设、电力交易、市场开发、营业管理、客户服务、需求侧管理、电能计量管理、营销分析与稽查监控、营销项目管理等 10 个一级业务和 28 项二级业务（如图 2-6 所示）。

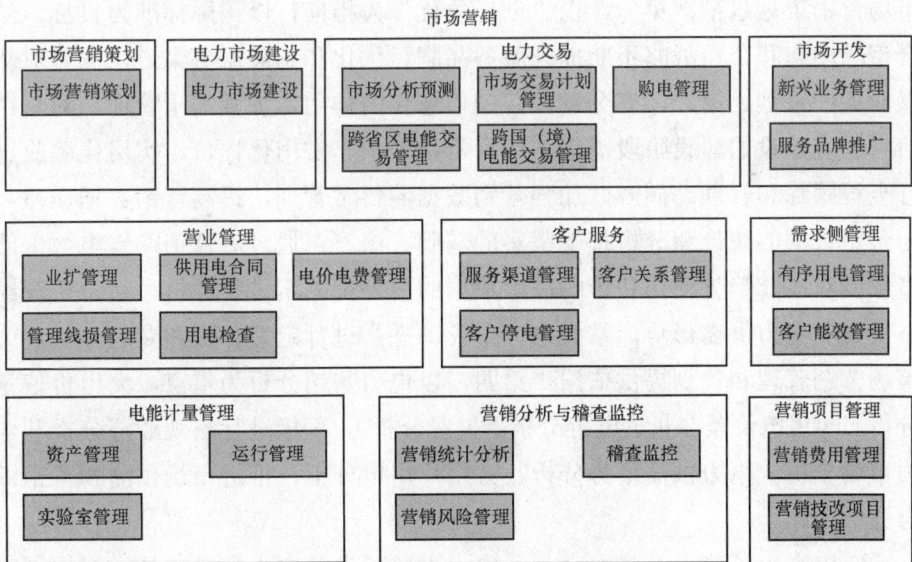

图 2-6　南方电网公司市场营销业务体系

除了要涵盖公司市场营销业务的基本内容模块以外，电力营销系统信息化项目在总体设计上，还应体现公司客户全方位服务管理委员会、全面预算管理委员会、资产全生命周期管理委员会等机构对营销业务的要求，实现构建有效客户需求传递机制、创建高效客户服务协同机制、完善客户服务评价机制、打造新型客户关系管理机制、体现资产全生命周期管理、实现资金全过程管理、落实公司全面风险管理的要求、确立线损管理"专变精确比对、公变趋势分析"工作机制、加大推进营配信息集成的应用、强化购电侧管理等方面的业务创新。

2）电力营销管理系统建设项目范围定义。

电力营销管理系统建设项目涉及南方电网公司市场营销业务的 10 个一级业务，27 个二级业务。

①市场营销策划。

市场营销策划，是在对企业内部环境予以准确分析，并有效运用经营资源的基础上，对一定时间内的企业营销活动的行为方针、目标、战略以及实施方案与具体措施进行设计和计划。对于营销管理系统试点建设项目来说，市场营销策划包括：第一，以"创先争优"为指向，以国际标准为目标。结合市场动态和公司战略不断提升服务品牌，优化和拓展服务渠道，加强对新兴业务的策划。第二，充分发挥营销信息化的作用，加强需求管理，对营销信息系统建设的建设阶段需求、运行阶段需求、实用化评价、实用化验收进行全程跟踪和管理。同时，加强营销数据的日常管理，提高营销数据质量，为营销数据的统计和分析打下坚实的基础。第三，通过对营销购售电数据的多维度对比、趋势变化和影响以上数据的内外部因素进行分析，结合宏观经济发展和电力供需形势，掌握电力市场动态，进行定期分析和专题分析，为市场营销管理和策划提供依据。第四，以电力购销分析为重点，突出价值量分析（购售电价差分析、电价分析、欠费分析），积极进行宏观经济分析和电力市场分析、电力供需形势分析、大用户用电分析，推进市场预测和营销综合分析工作。

②电力市场建设及电力交易。电力市场建设及电力交易，是指根据国家电力市场化改革要求，建立相关交易机构或组织，负责电力市场交易相关技术支持系统的开发建设和系统的运行维护，发布与电力市场交易相关的信息，

在对电力市场分析预测的基础上，制订购售电计划、跨省跨区交易计划以及跨国（境）计划执行及变更、交易结算，以及相关的档案管理、购售电合同管理、结算差错退补管理、新建机组转商运管理等业务。

③市场开发。

市场开发包括新兴业务管理、服务品牌建设两个主要二级业务。新兴业务管理，是指公司围绕着新兴业务管理开展包括调研评估、入库管理、研究项目管理、试点建设和运营管理、示范运营评估管理和业务推广管理等工作的统称。

④营业管理。

业扩，又称业务扩充，是指为客户办理新装、增容、变更用电相关业务手续，制定和答复供电方案，对客户受电工程进行设计审核、中间检查和竣工检验，以及签订供用电合同、装表接电并建立客户档案的管理过程。市场营销部门负责统一受理客户用电申请，按照内转外不转的原则，组织协调相关部门完成业扩工作；坚持以客户为中心，不断优化业扩流程，简化办电手续，加强时限控制，缩短办电周期；向社会公布业扩的办理程序、服务标准、收费标准和收费依据，开放客户受电工程市场，不得对客户受电工程指定设计单位、施工单位和设备材料供应单位。

⑤客户服务。

客户服务是指在电力供应过程中，供电企业为满足客户获得和使用电力产品的各种相关需求的一系列活动的总称。具体包括业扩、抄表、收费、用电检查、计量装拆表、"95598"客户服务、供电抢修等供用电业务。

⑥需求侧管理。

需求侧管理主要包括有序用电管理、客户能效管理两个二级业务。有序用电，是指在电力供应不足、突发事件等情况下，通过行政措施、经济手段、技术方法，依法控制部分用电需求，维护供用电秩序平稳的管理工作。客户能效管理，是指供电企业为提高电力资源利用效率，推广节能技术，帮助客户提高终端能效水平，实现科学用电、节约用电所开展的客户能效管理相关活动。

⑦电能计量管理。

电能计量资产管理秉承资产全生命周期管理的理念，以客户为中心，从优化资源配置、规范业务流程和控制公司成本等方面持续提升公司电能计量设备运作管理水平。主要包括电能计量设备管理和电能计量设备质量评估。

⑧营销分析与稽查监控。

营销稽查是依据国家有关政策、法律、法规和公司相关制度规章，对公司营销制度建设与执行、营销行为规范和营销工作质量等进行内部专业监督检查。营销稽查具体业务主要通过在线稽查、常态稽查、专项稽查对营销及其关联业务工作质量、营销过程中发生的异常现象，以及营销管理系统中不符合规范的数据进行监控与稽查。对发现的异常和问题，通过现场核查，确定差错，改进完善，实现客户信息及营销制度不断完善、营销及其关联业务工作不断规范、跨部门配合协同和谐顺畅的目的。

⑨营销项目管理。

营销项目管理包括营销项目规划管理、营销技改项目管理和营销费用性项目管理，其中营销项目规划管理属公司六专业规划内容之一，营销技改项目管理属公司固定资产投资管理的一部分，营销费用性项目管理属公司成本管理的一部分。营销项目管理，主要涉及营销项目规划管理，营销技改项目投资计划、实施、变更管理，以及营销费用性项目的计划、实施、变更管理等业务流程。

3）电力营销管理系统建设的项目工作分解结构。

根据电力营销管理系统的范围定义，分别对九大范围创建市场营销策划业务、电力市场建设及电力交易、市场开发、营业管理、客户服务、需求侧管理、电能计量管理、营销分析与稽查监控、营销项目管理等内容进行 WBS 编码、业务事项的定义、业务流程的定义、是否 IT 实现作出详细的项目工作分解结构，以达到指导项目工作人员进行项目建设开发与管控等工作的目的。

2.2.5 营销管理系统建设项目时间管理

（1）项目时间管理概述。

由于时间管理是一个不可逆转的工作，这项管理的主要内容包括项目活动的定义、项目活动的排序、项目活动的时间估算、项目工期与排产计划的编制和项目作业计划的管理与控制。项目建设具有结构与技术复杂等特点，主要表现在：时间管理是一个动态的过程、项目进度计划和控制是一个复杂的系统工程、时间管理具有明显的阶段性、时间管理的风险性大。营销管理系统试点建设过程中，对项目时间进行全程的管理和控制是不可回避的关键点之一。

（2）项目时间管理理论与方法。

1）项目进度管理过程。

时间管理涉及的主要过程包括：活动定义、活动排序、活动资源估算、活动历时估计、项目进度安排、项目进度控制等。

2）项目的工作量估算。

项目开发工作量的估算应该是从软件计划、需求分析、设计、编码、单元测试、集成测试到验证测试整个开发过程所花费的工作量，作为工作量测算的依据。项目工作量估算的结果是项目任务的人力和需时。

3）项目进度计划。

制订进度计划旨在确定项目活动的计划开始日期与计划完成日期，并确定相应的里程碑。随着工作的推进、项目管理计划的变更以及风险性质的演变，应该在整个项目期间持续修订进度计划，以确保进度计划始终现实可行。

4）项目进度计划编制技术。

项目进度计划编制技术包括进度网络分析、关键路径法、关键链法、资源平衡法、假设情景分析法、利用时间提前量与滞后量、进度压缩、进度计划编制工具等方法和技术。

5）项目进度计划编制结果。

项目进度计划编制结果包括项目进度计划、进度基准、进度数据、项目文件等内容。

6）项目进度计划控制。

控制进度是监督项目状态以更新项目进展、管理进度基准变更的过程。项目进度控制的主要方法是规划、控制和协调。进度控制所采取的措施主要有组织措施、技术措施、合同措施、经济措施、管理措施等。进度控制主要方法有：各种进度控制报告和报表、甘特图检查法、S 形曲线检查法、实际工程进展速度、项目实际进度超前或拖后的时间、工程量的完成情况、后续工程进度预测等。

7）项目进度计划的优化。

项目进度计划的优化包括优化项目计划的编制、工期优化、对后续活动及工期影响的分析以及动态调整与优化控制等内容。

（3）项目时间管理应用与实战。

1）营销管理系统试点建设项目时间管理的目标、原则和思路。

营销管理系统试点建设项目时间管理的目标是对营销管理系统建设进行全过程管控，确保一体化管理要求落地不走样、各阶段工作进度可控不滞后、系统建设成果普适易推广，为提升公司营销服务水平提供管理强支撑。

营销管理系统试点建设项目时间管理的原则是：第一，全面管控、有序推进。对营销管理系统建设进行全过程集中管控，确保项目各阶段工作按期保质地有序推进。第二，责任到位、分工合作。公司与各业主项目部分级负责，业务管理与技术监督分工合作，合力保障营销管理系统建设工作稳步开展。第三，主动服务、强化协调。在主动为各业主项目部做好协调服务的同时，也注重与"6+1"系统之间的横向协同，为公司营销信息化建设目标的实现提供坚强支撑。

营销管理系统试点建设项目时间管理的思路是规范一套可操作的管控标准，做好事前筹划、事中控制、事后评价全过程管控。在系统建设各阶段强化业务管理、技术监督、项目管控三大保障，落实"集中管控、分级负责"的工作要求。具体从阶段工作、专项工作、管控方法三个维度实施管控，形成营销管理系统建设管控地图。

2）时间管理组织体系。

营销管理系统建设管理组织分为网公司和分子公司两个层级，网公司成立营销管理系统建设管控组，分为管控领导组和管控工作组；分子公司成立系统建设业主项目部和系统推广业主项目部。其中，系统建设业主项目部由广东电网公司成立，系统推广业主项目部由推广单位成立。

3）时间管理计划体系。

①工作内容和进度计划。

营销管理系统试点建设的工作主要包括：准备工作、软件开发、系统测试、试点实施、推广应用、银电联网、数据质量提升等七项内容。具体如下：

一是准备工作。编制《营销管理系统建设推进行动方案》和《营销管理系统建设实施方案》；编制《营销管理系统管控方案》；成立工作组并开展工作。

二是软件开发。组织人员配合软件开发，形成测试版和试点版；协调解决开发中出现的业务问题；对阶段性的开发成果进行功能测试；跟踪试运行发现问题的处理和测试。

三是系统测试。组织审查系统测试工作方案；组织审查测试用例；在形成了测试版后，组织全网业务和技术专家进行测试；编制测试报告；配合做好系统开发初验。

四是试点实施。试点单位试点局启动试点实施，做好系统部署、数据迁移、系统培训等工作；试点单位试点局做好外部集成接口联调工作；试点单位试点局进行系统试运行；试点单位试点局进行系统运行，配合做好开发项目竣工验收和试点局实施竣工验收工作。

五是推广应用。推广单位编制推广单位实施方案，并提交公司管控领导组审批；推广单位编制推广实施方案，报公司管控领导组审批；推广单位启动实施，做好系统部署、数据迁移、系统培训等工作；推广单位做好外部集成接口联调工作；推广单位进行系统双轨运行；推广单位进行系统单轨运行。

六是银电联网。与四大行合作协议签订；各省公司与其他银行签订合作协议；配合做好信息化系统技术实现；试点单位做好本单位银电联网联调及上线运行；推广单位做好本单位银电联网联调及上线运行。

七是数据质量提升。修订《营销基础档案数据分类标准》和《营销数据质量核查规则》；各单位编制本单位数据质量提升实施方案；各单位组织核查规则的信息化固化；组织开展数据质量核查工作；各单位开展数据质量整改工作；组织开展2014年数据质量评价。

②进度计划的主要呈现形式。

营销管理系统试点建设的进度计划的主要呈现形式主要有项目进度计划书、里程碑图、项目计划甘特图（如图2-7所示）、项目进度网络图（如图2-8所示）等。所编制的项目建设详细计划，计划涵盖4个阶段、6个专项工作和试点局的工作。满足上级管控单位68个管控节点要求。将项目划分为92个一级任务、397个二级任务进行常态化跟踪。

4）时间管理实施与控制。

①进度计划实施。

一是现场跟踪。现场跟踪是指计划经理或者计划助理在系统开发现场进行实时跟踪，对能够现场解决的问题进行现场解决。例如在业主项目部的系统开发现场，由抽调的专家担任技术开发小组组长，承建商在系统开发过程中遇到需要协商或者急需解决的问题可以立即与技术专家沟通协商解决。

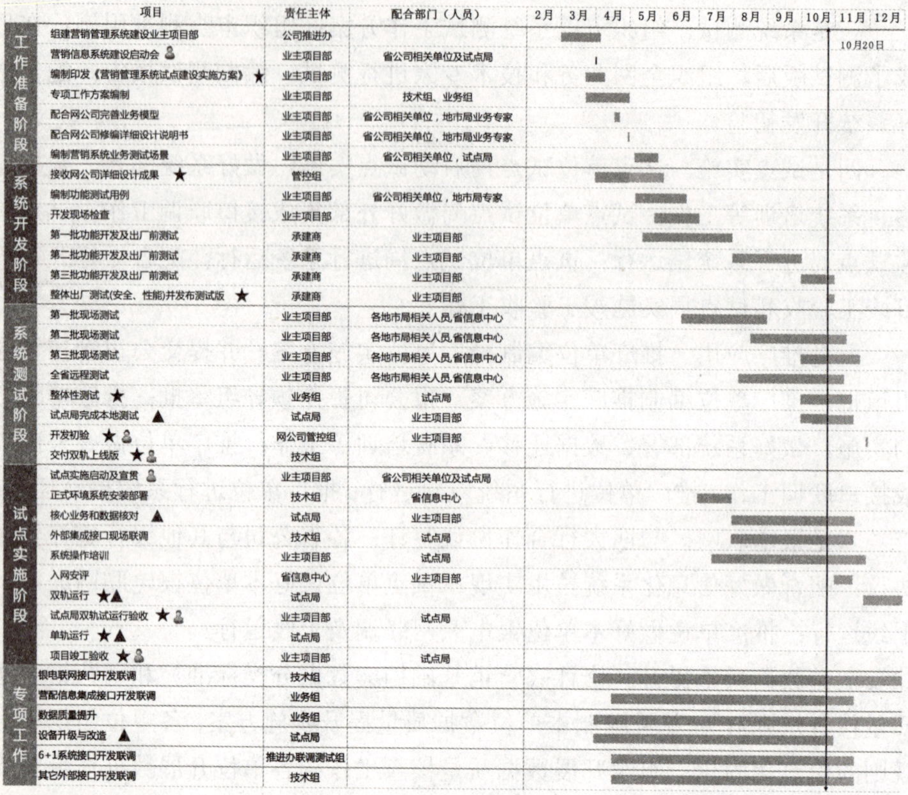

	项目	责任主体	配合部门(人员)	2月	3月	4月	5月	6月	7月	8月	9月	10月	11月	12月
工作准备阶段	组建营销管理系统建设业主项目部	公司推进办												
	营销信息系统建设启动会 👤	业主项目部	省公司相关单位及试点局									10月20日		
	编制印发《营销管理系统试点建设实施方案》★	业主项目部												
	专项工作方案编制	业主项目部	技术组、业务组											
	配合网公司完善业务模型	业主项目部	省公司相关单位，地市局业务专家											
	配合网公司修编详细设计说明书	业主项目部	省公司相关单位，地市局业务专家											
	编制营销系统业务测试场景	业主项目部	省公司相关单位，试点局											
系统开发阶段	接收网公司详细设计成果 ★	管控组												
	编制功能测试用例	业主项目部	省公司相关单位，地市局专家											
	开发现场检查	业主项目部												
	第一批功能开发及出厂前测试	承建商	业主项目部											
	第二批功能开发及出厂前测试	承建商	业主项目部											
	第三批功能开发及出厂前测试	承建商	业主项目部											
	整体出厂测试(安全、性能)并发布测试版 ★	承建商												
系统测试阶段	第一批现场测试	业主项目部	各地市局相关人员，省信息中心											
	第二批现场测试	业主项目部	各地市局相关人员，省信息中心											
	第三批现场测试	业主项目部	各地市局相关人员，省信息中心											
	全省远程测试	业主项目部	各地市局相关人员，省信息中心											
	整体性测试 ★	业务组	试点局											
	试点局完成本地测试 ▲	试点局	业主项目部											
	开发初验 ★ 👤	网公司管控组	业主项目部											
	交付双轨上线报告 ★ 👤	技术组												
试点实施阶段	试点实施启动及宣贯 👤	业主项目部	省公司相关单位及试点局											
	正式环境系统安装部署	技术组	省信息中心											
	核心业务和数据核对 ▲	试点局	业主项目部											
	外部集成接口现场联调	技术组	试点局											
	系统操作培训	业主项目部	试点局											
	入网安评	省信息中心	业主项目部											
	双轨运行 ★▲	试点局	试点局											
	试点局双轨试运行验收 ★ 👤	业主项目部	试点局											
	单轨运行 ★▲	试点局												
	项目竣工验收 ★ 👤	业主项目部	试点局											
专项工作	银电联网接口开发联调	技术组												
	营配信息集成接口开发联调	业务组												
	数据质量提升	业务组												
	设备升级与改造 ▲	试点局												
	6+1系统接口开发联调	推进办联调测试组												
	其它外部接口开发联调	技术组												

图 2-7　项目计划甘特图

二是会议跟踪。为掌握营销管理系统各单位和各分系统的进度情况，项目办定期召开进度沟通会、专题沟通会、现场沟通会，会后形成会议纪要，提供给各相关单位根据会议纪要进行组织跟踪。例如在业主项目部开发过程中，建立营销管理系统建设管控联络人机制，各相关单位要指定专人担任联络人，负责按要求及时汇报系统建设过程中的各类问题并跟踪解决，组织参加项目例会，形成了每日、每周、每月的定期会议，汇报项目进度，并根据实际进度与计划进度之间的差距及时调整工作进度。

三是信息化管理跟踪。在营销管理系统建设过程中，项目管理办公室推行信息化管理控制手段，通过相关的信息管理系统等手段，报送项目建设日报、周报、月报和专题汇报，确保网省两级沟通高效、信息准确、组织有序、进度可控、质量符合标准。

任务名称	开始时间	完成时间	
1.1 准备工作	2014年3月3日	2014年3月31日	
1.1.1 制定并印发《营销管理系统建设工作方案》和《营销管理系...	2014年3月3日	2014年3月7日	
1.1.2 组织审查广东电网《营销管理系统建设实施方案》	2014年3月10日	2014年3月16日	
1.1.3 组织编制营销管理系统管控细则	2014年3月17日	2014年3月26日	
1.1.4 成立工作组并开展工作	2014年3月27日	2014年3月31日	
1.2 软件开发	2014年4月1日	2015年5月31日	
1.2.1 组织人员配合软件开发，形成测试版和试点版	2014年4月1日	2014年10月16日	
1.2.2 协调解决开发中出现的业务问题	2014年5月12日	2014年11月30日	
1.2.3 对阶段性的开发成果进行功能测试	2014年6月2日	2014年11月30日	
1.2.4 跟踪双轨运行、单轨运行发现问题的处理和测试	2014年12月1日	2015年5月31日	
1.3 系统测试	2014年9月1日	2014年12月15日	
1.3.1 组织审查系统测试工作方案	2014年9月1日	2014年9月5日	
1.3.2 组织审查测试用例	2014年9月8日	2014年9月30日	
1.3.3 在形成了测试版后，组织全网业务和技术专家进行测试	2014年10月8日	2014年11月30日	
1.3.4 编制测试报告	2014年12月1日	2014年12月15日	
1.3.5 配合做好系统开发初验	2014年11月17日	2014年11月30日	
1.4 试点实施	2014年9月1日	2015年5月29日	
1.4.1 试点单位试点局启动试点实施，做好系统部署、数据迁移...	2014年9月8日	2014年11月28日	
1.4.2 试点单位试点局做好对外部集成接口联调工作	2014年9月8日	2014年11月28日	
1.4.3 试点单位试点局进行系统双轨运行	2014年12月1日	2015年2月27日	
1.4.4 试点单位试点局进行系统单轨运行，配合做好开发项目竣...	2015年3月2日	2015年5月29日	
1.5 推广应用	2014年12月1日	2015年11月30日	
1.5.1 编制推广单位实施工作方案，并提交公司审批	2014年8月1日	2014年8月31日	
1.5.2 推广单位启动前期准备工作	2014年9月1日	2014年12月31日	
1.5.3 推广单位启动实施，做好系统部署、数据迁移、系统培训等...	2015年1月1日	2015年8月5日	
1.5.4 推广单位做好对外部集成接口联调工作	2015年5月2日	2015年6月30日	
1.5.5 推广单位进行系统上线运行	2015年10月1日	2015年11月30日	
1.6 协调银电联网建设	2014年1月1日	2015年6月30日	
1.6.1 与四大行合作协议签订，并行文发布	2014年1月1日	2014年2月28日	
1.6.2 督促指导各省与其他银行签订合作协议	2014年2月28日	2014年6月30日	
1.6.3 配合做好信息化系统技术实现	2014年4月1日	2014年12月31日	
1.6.4 试点单位做好本单位银电联网联调及上线运行	2014年9月1日	2015年3月31日	
1.6.5 推广单位做好本单位银电联网联调及上线运行	2015年3月2日	2015年6月30日	
1.7 数据质量提升	2014年3月1日	2015年6月30日	

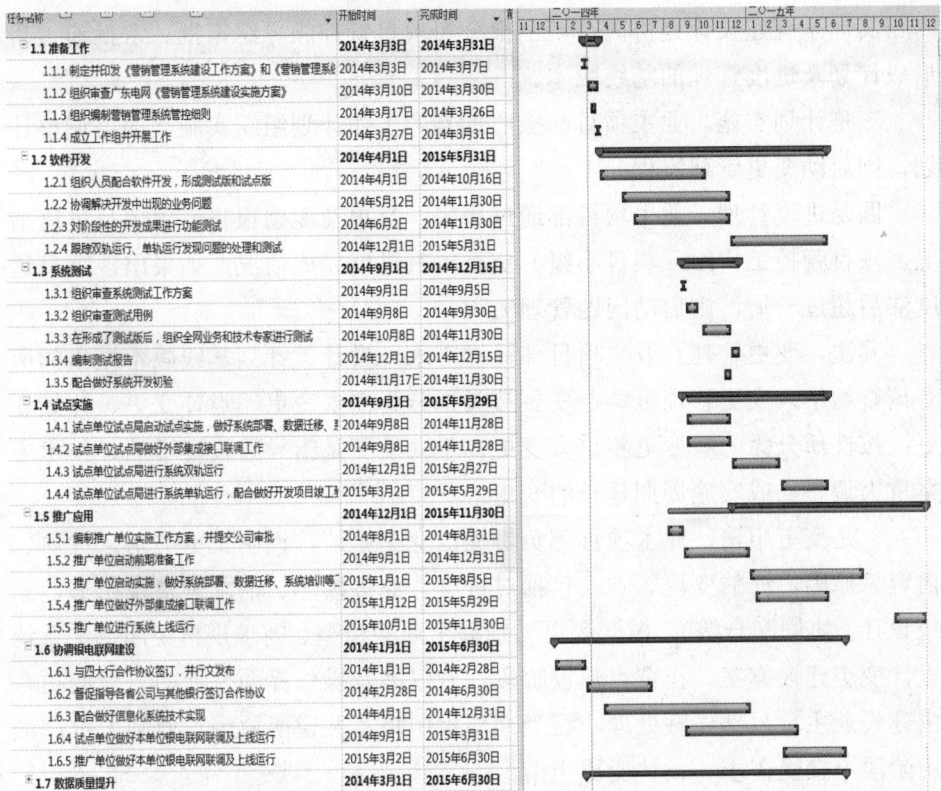

图 2-8　项目进度网络图

②进度控制。

首先，计划及进度管理。业主项目部制订的实施工作计划、各阶段详细工作计划、专项工作计划、月计划、周计划及其执行过程，均纳入计划及进度管理范畴。

一是计划制订。业主项目部根据项目建设行动方案，在项目实施方案中分解、明确实施工作计划，设定里程碑关键节点；月计划、周计划应基于各阶段详细工作计划、专项工作计划进行细化完善，分别通过月报、周报提交至项目管控工作组（项目小组）；与公司"6+1"系统相关的协同工作计划需承接管理信息化推进办公室发布的"6+1"系统集成计划，并提出协同配合工作需求。

二是计划审查、批复。项目管控工作组（项目小组总体协调，业务小组负责业务方面、技术小组负责技术方面）负责组织计划审查并批复意见。如需与其他系统建设计划协同，则上报公司项目管控领导组审批。审批通过后形成计划及进度管理的基线版本。

三是计划实施。业主项目部按照批复的工作计划组织实施。如需调整计划，则启动变更管理流程。

四是进度管理。业主项目部通过周报、月报及专题报告汇报项目进度情况，项目管控工作组（项目小组）负责审查进度完成情况。如果出现项目进度滞后超过一周，则启动问题管理流程。

其次，变更管理。业主项目部针对需求、设计、计划基线版本提出的所有调整均纳入变更管理范畴。变更按类别分为需求变更、设计变更、计划变更；按性质分为一般变更和重大变更，重大变更是指导致投资增加、技术方案重大调整、或实施周期延长的变更。

一是变更申请。业主项目部负责提出变更申请，说明变更类别、性质、内容、原因，评估变更影响（包括对进度、业务模型、需求规格说明书、系统设计、协同配合等），根据变更类别提出业务模型、需求规格说明书、系统设计变更建议方案。在试点建设阶段，若仅涉及操作界面设计的一般变更，由建设业主项目部先行处理，在当期周报中报备并说明原因。原则上推广应用阶段不接受需求、设计变更申请。

二是变更审查、批复。项目管控工作组（项目小组总体协调，业务小组负责需求变更，技术小组负责设计变更）负责组织变更审查，并在收到变更申请之日起的 3 个工作日内批复处理意见。若需求变更影响业务模型，项目管控工作组应立即交由公司市场营销部专业处室处理，相关处室须在收到变更申请之日起的 2 个工作日内明确答复项目管控工作组。对于影响"6+1"系统协同实施或项目重大里程碑等重大变更，须上报公司项目管控领导组审批。

三是变更执行结果审核。业主项目部于变更执行后 1 个工作日，提交根据变更内容调整后相应文档（如工作计划、业务模型、需求规格说明书、系统设计、测试用例、测试报告等），由项目管控工作组（项目小组总体协调，业务小组负责需求变更，技术小组负责设计变更）负责审核。

5）时间管理的创新实践。

①基于并行工程的综合开发计划。

综合系统开发过程的关键是把以往的序列化的设计、开发、保障开发过程变成为并行的、交互作用的综合开发过程。如图 2-9（a）所示为序列化的开发过程，其特点是：前一开发阶段完成后，才能进入下一阶段；前一开发阶段结束时，向下一开发阶段交付完整的整套信息；如果前一阶段中的某些工作对后一阶段造成困难或不协调，则前一阶段的有关工作将予以修改。这种序列化工程开发的问题是：由于各个开发阶段是相对独立的，前一阶段的设计人员不能充分地了解后续各阶段工作特性的情况下作出的设计决策的。因此，它容易造成返工、重新设计和需要较长的开发准备时间。

如图 2-9（b）所示是并行化开发过程。其特点是：每一后续阶段开始时，前一阶段尚未结束。在经过一段时间后，信息流变成了双向，在两个阶段的人员之间有了信息交流。当后续阶段发现以前的设计中存在问题时，即可根据反馈的信息及时对上一阶段的设计进行修改，解决问题。同样对于前一阶段人员将现行的设计方案提交给下一阶段的设计人员时，也能有效避免不协调的问题产生。

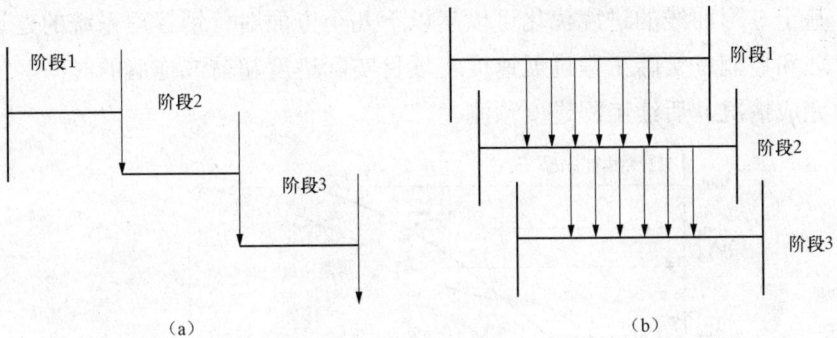

图 2-9　两种开发过程

（a）序列化开发过程；（b）并行化开发过程

因此，采用并行化的开发过程可以使不同开发部门的所有成员都能了解开发的系统的总目标和技术要求。由于并行方法减少了重新设计、返工和迭代循环，故可以显著地缩短开发周期，减少开发费用和寿命期费用。

②基于关键链方法的进度控制。

营销管理系统建设周期长、外部接口复杂、涉及范围广，系统建设的工作量大、任务重，因此必须做好各阶段的进度管理。

根据营销管理系统的计划安排，同时结合营销管理系统的工作方案和开发特点，必须要对以下阶段的各项工作内容进行重点管控：准备工作阶段的实施方案审查和项目准备情况报备；软件开发阶段的工作方案审查、系统开发启动报备、业模及技术符合度验证、测试用例审查、业务专家测试；系统测试阶段的工作方案审查、测试环境准备审查、整体性功能测试、非功能测试审查、外部集成测试审查、"6+1"协同测试、系统开发初验；试点实施阶段的工作方案审查、实施启动情况备案、系统上线前准备审查、发布管理备案；推广应用阶段的推广实施方案审查、实施启动情况报备、系统上线前准备审查、发布管控等。此外，专项工作的进度控制内容包括：第一，银电联网，包括银电联网方案审查、协议签订报备、银电联网测试审查、接入报备、风险防控；第二，数据质量提升，包括方案审查、进度跟踪、核查工具审查、数据质量审查；第三，营配信息集成，包括相关系统设计审查、相关系统计划审查、测试方案审查、测试结果审查、需求及设计变更、风险防控。

③基于 S 形曲线的进度优化（如图 2-10 所示）。

基于 S 形曲线的进度优化可以从以下几个方面对营销管理系统的建设进行管理和控制：实际工程进展速度、项目实际进度超前或拖后的时间、工程量的完成情况、后续工程进度预测。

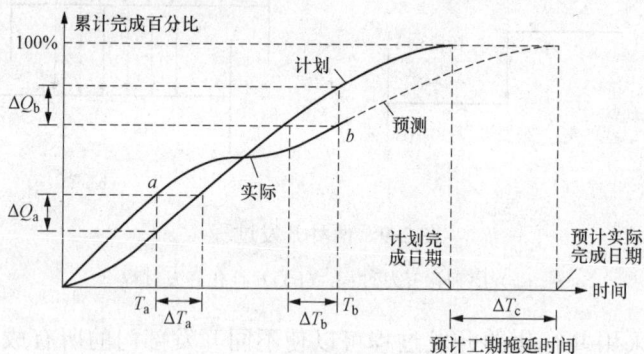

图 2-10　S 形曲线检查法

在广东电网营销管理系统建设的过程中，各小组、部门通过周报、月报及专题报告向业主项目部汇报项目进度情况，然后汇总形成项目进度跟踪表，对工作进度进行量化，确定完成率，形成红绿灯可视化界面发布。对计划执行过程中出现的各类偏差及时发现并予以补救，要求做到对问题尽可能超前预测，补救措施及时有效。营销管理系统建设调整后的部分工作计划如图 2-11 所示。

第二、三次功能测试工作计划

表 2-3

第二、三次功能测试工作计划

分类	序号	业务模块	9月 第4周 (9.22-9.25)	9月 第5周 (9.29-9.30)	10月 第2周 (10.20-20.24)	10月 第3周 (10.13-10.17)	10月 第4周 (10.20-10.24)	10月 第5周 (10.27-10.31)	11月 第1周 (11.3-11.7)	11月 第2周 (11.10-11.14)	11月 第3周 (11.17-11.21)	11月 第4周 (11.24-11.28)	12月 地点	负责人
第一批功能	1	也扩回归测试	6+6										佛山	林振晓
	2	计量回归测试	8+3										佛山	罗智青
	3	克服回归测试	6+8										中山	唐俏丹
	4	抄核收回归		4		12							天联	陈珊珊
	5	第一批功能点测试		8									天联	钱正浩
第二批功能	6	管理线损管理		4			3+6						中山	鲁军
	7	用电检测		6			3+6						佛山	廖俊宁
	8	稽查监控		6			3+7						佛山	徐峰
	9	客户停电管理		4			3+6						佛山	马发轩
	10	实验室管理		8			4+6						天联	罗智青
	11	第二批功能点测试		25			8	12					天联	钱正浩
第三批功能	12	市场及交易								6			天联	潘沪明

第二、三次功能测试工作计划

分类	序号	业务模块	9月 第4周 (9.22-9.25)	第5周 (9.29-9.30)	10月 第2周 (10.20-20.24)	第3周 (10.13-10.17)	第4周 (10.20-10.24)	第5周 (10.27-10.31)	11月 第1周 (11.3-11.7)	第2周 (11.10-11.14)	第3周 (11.17-11.21)	第4周 (11.24-11.28)	地点	12月 负责人
第三批功能	13	班组管理					34						清远	苏凯
	14	第三批功能点测试					16			16	12		天联	钱正浩
转项功能测试	15	外部接口											试点局	苏凯
	16	查询、报表						12		24	12		试点局	张俊宇
	17	业务规则及逻辑				15		19		12			天联	杜礼峰
	18	电费算法											天联	杜礼峰
性能	19	"6+1"联调测试	原计划10.01-11.15				时间:预计10.20-12.20				20		业务部门在天联,技术部门1月8人在肇庆,5人在天联	钱正浩
	20	交付性能测试						4			3		天联、粤电大厦	钱正浩
	21	交付安全测试									3		粤电大厦	钱正浩
全省远程测试	22	业务场景											各地市局	各地市局负责
媒体功能	23	培训							68		34		远程	杜礼峰
	24	相关业务模块											待定	王国瑞

第一次测试 ←→　回归次测试 ←→　全网首次测试 ←→　全网回归测试 ←→

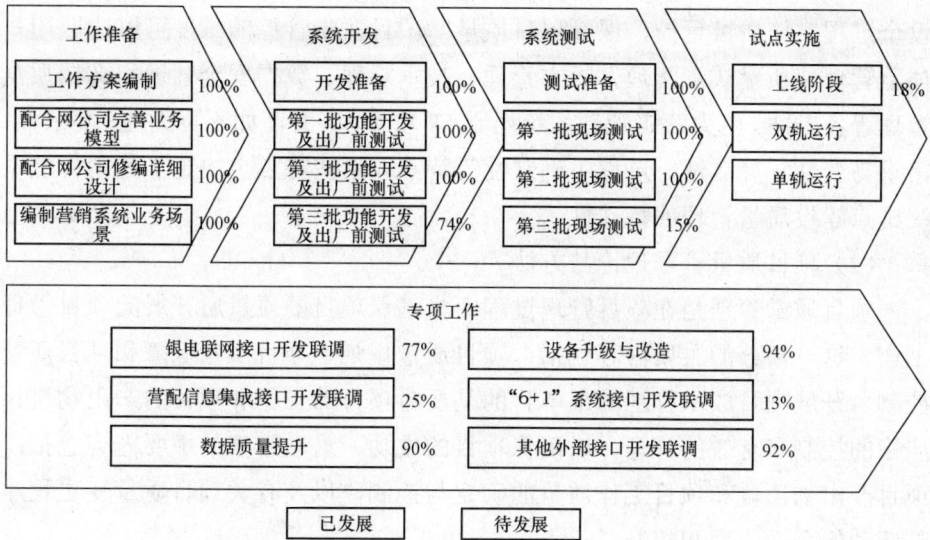

工作准备		系统开发		系统测试		试点实施	
工作方案编制	100%	开发准备	100%	测试准备	100%	上线阶段	18%
配合网公司完善业务模型	100%	第一批功能开发及出厂前测试	100%	第一批现场测试	100%	双轨运行	
配合网公司修善详细设计	100%	第二批功能开发及出厂前测试	100%	第二批现场测试	100%	单轨运行	
编制营销系统业务场景	100%	第三批功能开发及出厂前测试	74%	第三批现场测试	15%		

专项工作

银电联网接口开发联调	77%	设备升级与改造	94%
营配信息集成接口开发联调	25%	"6+1"系统接口开发联调	13%
数据质量提升	90%	其他外部接口开发联调	92%

已发展　　待发展

图 2-11　营销管理系统建设调整后的部分工作计划

各级进度计划完成率核算公式

项目里程碑进度计划完成率（用于考核项目管理办公室）

　　=里程碑进度计划完成率

　　=已完成的本年度里程碑数/本年度应完成的里程碑数×100%

项目一级进度计划完成率（用于考核项目组）

　　=已完成的一级进度任务数/本年度应完成的一级进度任务数×100%

项目二级进度计划完成率（用于考核承建商）

　　=已完成的二级进度任务数/本年度应完成的二级进度任务数

　　　×100%营销管理系统建设进度情况

④项目阶段评价。

对工作准备、系统上线运行两个阶段，以及专项工作进行项目阶段评价。评价工作有两个目的，一个是进行绩效预考核，另外一个是总结经验，吸取教训。根据项目阶段评价的结果，为下一阶段的工作顺利开展提供科学有效的管理支持。

2.2.6　营销管理系统建设项目质量管理

（1）项目质量管理概述。

项目在质量管理过程中，需要对系统建设的开发、测试到推广应用的建设全过程实施质量管控，保障项目质量。项目质量管控的维度可以选取用户体验管理、质量认责管理、版本管理、技术管理、数据安全管理和文档质量管理等各方面。电力营销管理系统属于 IT 项目，有着诸如不可见性、复杂性、需求易变性、灵活性、过程不确定性等特点，这些特点也决定了营销管理系统试点建设质量管理的特殊性。

（2）项目质量管理理论与方法。

项目质量管理是在项目管理过程中为确保项目的质量所开展的项目管理工作。这一部分的主要内容包括：项目质量规划、项目质量保障和项目质量控制。开展项目成本管理的根本目的是要对项目的工作和项目的产出物进行严格的控制和有效的管理，以确保项目的成功。这项管理的主要内容包括：项目产出物质量和项目工作质量的确定与控制，以及有关项目质量变更程序与活动的全面管理和控制。

1）项目质量计划。

质量管理包括：用户体验管理、质量认责管理、版本管理、技术管理、数据安全管理和文档质量管理。

2）质量管理方法。

PDCA 循环是现代质量管理方法之一，其在现代全面质量管理中的广泛应用已经勿需说明，对于营销管理系统试点建设项目 PDCA 循环同样适用（见表 2-4）。值得说明的是 PDCA 循环对于解决营销管理系统试点建设项目特殊性的问题是适用的，并且在软件开发过程的每个阶段、步骤中都是适用的。由此可以看出，计划阶段（Plan）的主要任务是制定质量计划和质量标准，可以用于确定质量目标和质量度量方法。对于质量度量方法的合适与否在检查（Check）和处理（Action）阶段可以得到验证和改进。

表 2-4　　　　　PDCA 循环在 IT 项目质量管理中的应用

PDCA 循环	步　骤	IT 项目质量管理步骤（举例）
P（Plan）	1. 分析质量现状，找出质量问题	为项目制定《软件质量计划》及《软件质量保证计划》（目前较常用的是 ANSI/IEEE STOL 730—1984，983—1986 标准）
	2. 分析影响质量的原因	
	3. 找出关键质量因素	
	4. 制订质量计划和评价准则	
D（Do）	5. 执行质量计划	参与软件开发过程，执行质量计划

PDCA 循环	步　骤	IT 项目质量管理步骤（举例）
C（Check）	6. 以 Plan 阶段设定的质量评价准则进行评价，比较评价结果的质量和质量目标，看其是否合格，并发现问题	评审各项软件工程活动，测试产品质量（如设计评审、代码走查、单元测试、集成测试、系统测试以及验收测试等）
A（Action）	7. 对评价发现的问题进行改进活动	记录、处理；改进；跟踪
	8. 总结经验，纳入标准，转入下一循环	

（3）项目质量管理应用与实战。

1）营销管理系统质量控制三部曲。

从质量规划、质量保证、质量控制三个方面来分析现代质量管理工具在电力营销管理系统项目质量管理中的适用性。

①质量规划。

现代质量管理指出："质量出自计划，而非出自检查"，比如风靡全球的六西格玛管理中的六西格玛设计就是在把握顾客需求的情况下，对新产品或流程进行稳健设计，从而实现更高质量水平的、著名的"质量杠杆"说明了这个问题。质量计划的任务包括明确质量目标、制定质量规划书，将 PDCA 循环的各项工作要点分配给各责任单位和个人。

任何一个项目首先都要进行需求分析，电力营销管理系统项目的质量管理同样也要首先分析最终用户的需求和要求，规定需要做什么和如何做，这里可以利用质量功能展开（QFD）将用户需求转换成质量特性，实现质量的顾客驱动。也可以利用排列图来确定关键质量特性（CTQ），然后利用流程图帮助预测在何处可能会发生什么样的问题，还可以用因果分析图来描述潜在的问题发生的各种原因和子原因以帮助质量计划的制定，如图 2-12 所示。

绘制因果图要听取各方面的意见，避免片面、遗漏的发生，常以头脑风暴法（brain storming）辅助画出符合实际的因果图。

②质量保证。

质量保证的主要任务是制定质量标准和质量控制流程、明确质量管理体系等。在制定质量标准和质量管理体系的工作中，可以采用国际通用的标准体系或框架（如 ISO9001/ISO9000—3、CMM/CMMI 等），也可以根据用户需求或要求及项目特点用标杆分析法（Benchmarking）来制定。

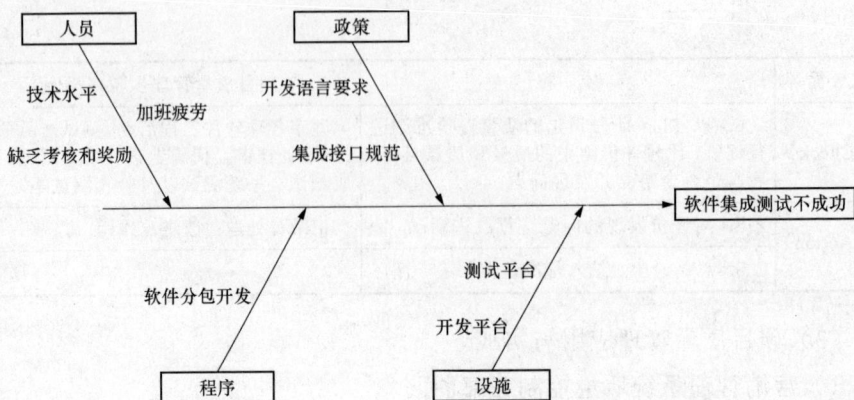

图 2-12   电力营销管理系统项目质量因果分析图

与关注产品质量检查的质量控制相比，质量保证关注的是质量计划中规定的质量管理过程是否被正确执行，是对过程的质量审计。电力营销管理系统项目的质量保证除了要对软件的开发计划、标准、过程、软件需求、软件设计、数据库、手册以及测试信息等进行评审外，还要对软件产品的评审过程、项目的计划和跟踪过程、软件需求分析过程、软件设计过程、软件实现和单元测试过程、集成和系统测试过程、项目交付过程、子承包商控制过程、配置管理过程等进行评审。很明显，矢线图对此会很有帮助。

③质量控制。

根据朱兰的质量管理三部曲，质量计划制订好以后，就要对过程和产品进行质量控制和改进。电力营销管理系统项目质量控制包括两个方面的内容：测试和控制（或衡量和纠正）。测试可以采用黑盒/白盒测试、单元/集成/系统测试、功能/性能/回归/验收测试以及代码走查等。在这里统计过程控制（SPC）可以发挥其作用，比如在代码走查过程中，可以根据代码审查的结果列出"代码行数/出错数"表，并根据其绘制控制图（如图 2-13 所示）发现超出规格线的部分，要重点给予关注。

根据测试或审查结果，可以对错误进行分类，如文件错误、标准的错误执行、代码的错误设计、缺少专业知识等，然后根据各自错误数和发生频率绘制排列图以支持质量改进，如图所示。质量改进的任务就是根据错误产生的结果及原因对原来的质量管理活动进行可行的改进，然后正确地执行和控制这些活动以保证绝大多数的错误和缺陷可以预防、避免或在开发过程中被及早发现。

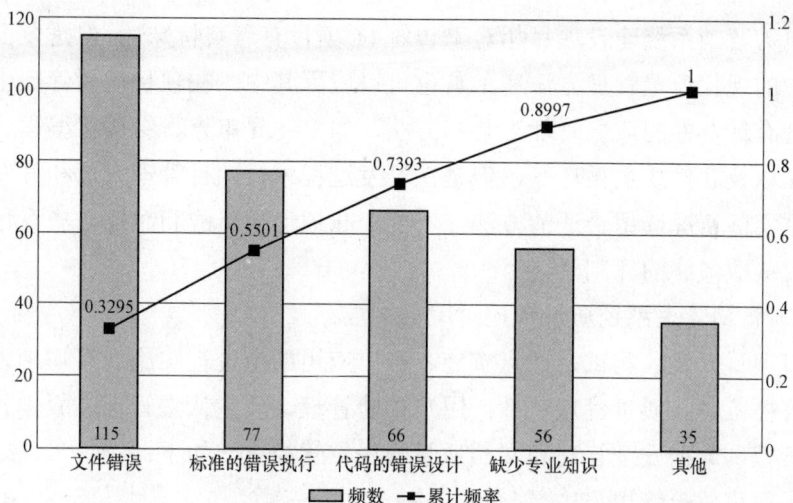

图 2-13　电力营销管理系统项目质量控制审查结果排列图

由以上分析可以得出,电力营销系统建设项目质量管理框架如图2-14所示。

质量规划	质量保证	质量控制
输入:	输入:	输入:
质量方针	质量管理计划	项目成果
项目范围说明	质量控制监测结果	质量管理计划
产品说明	质量工作说明	质量工作说明
标准和规则	输出:	审验单
其他信息	质量改进	输出:
输出:	质量提高	质量改进
质量管理计划	工具与方法:	验收决定
质量工作说明	质量计划的方法	返工
审验单	质量审查	完成后的审验单
工具与方法:	质量保证体系	项目调整
质量功能展开		工具与方法:
效率/成本分析		控制表
标杆法		排列图、流程图
流程图		抽样调查统计
		趋势分析

图 2-14　电力营销管理系统项目质量管理框架

电力营销系统建设项目相对于传统 IT 项目有着其特殊性，但是全面质量管理中的现代质量管理方法和工具也可以应用其中。在项目质量管理中，有着一些有针对性的质量管理工具和方法，如 Fagan 审查、结构化编程、形式化方法以及软件质量循环等，但是在开发过程中，项目管理人员和开发人员要根据实际情况选用合适的方法，不要一味地追求新鲜和时髦，毕竟用户才是项目成败最终的评判者。

2）营销管理系统质量管控。

对项目开发、测试、试点实施、推广应用的全过程实施质量均纳入工作质量管控范畴。质量管理包括：用户体验管理、质量认责管理、版本管理、技术管理、数据安全管理和文档质量管理。管控方法如下：

①用户体验管理。

系统建设过程中，应重视用户体验，重视基层班组应用，重视决策层辅助支持，提高建设质量，成立参与了业务模型编写的业务专家团队，关键用户团队以及专业技术团队，在研发与联调测试基地集中参与开发指导、功能评审、功能测试以及加载正式数据后的功能验证工作。

在重大技术路线选择、与广大用户密切相关的系统功能、人机互动方式等设计成果方面，公开发布设计方案并征集反馈和优化意见，提高决策效率。

系统建设需满足班组工作台设计要求，综合考虑基层班组作业工作特性和信息系统使用习惯，把班组关注的工作集中整合在一起，优化信息系统界面，简化系统操作，理清应用之间的集成交互关系。

②质量认责管理。

建立项目模块级的质量认责体系及质量过程审查制度，确定每个模块的质量责任人和审查标准，依据审查计划开展审查活动，实现系统质量管理精细化。

需要对参建人员形成正面激励，提升系统建设效率和质量。与人事考核工作达成一致，形成统一标准，实现项目过程中的考核信息能够在最终的人事考核中形成正确的影响，提高项目对人员的约束能力和激励能力，确保项目要求能够得到有力执行。

③版本管理。

遵循"统一管理、分工负责；统一标准、统一设计；试点先行、分步推广"的建设管理原则，网公司统一组织建设全网统一版本，网省两级部署，业务数据省级集中，业务流程分级分类管控，网、省、地、县四级机构全方位覆盖的横向集成的企业级应用系统。应按"全网一套程序，一套发布流程"的原则统一管理软件版本。

以版本管理为主线,借助质量管理工具在开发工作过程中按照业务模型、需求、设计各阶段成果进行严格把关，增强开发、测试、部署过程中的代码质量管理，为系统整体上线提供基础保障。

④技术管理。

成立技术管控组，承接南网专业技术管控制度和技术标准，对设计、开发阶段成果进行遵从性审查，包括 EA 管控、SOA 管控、数据管控、4A 管控、安全管控执行情况的监督检查，对不符合管控标准的成果提出整改要求。

⑤数据安全管理。

加强数据传输与使用的安全管控，制定数据安全与保密管理办法，对访问权限进行分级管理，对营销核心数据进行字段级访问授权控制，若需要营销管理系统提供核心数据的，需对数据加密传输。

在开发过程中，与承建商签订数据保密协议，承建商在数据处理过程中应严格遵守保密协议内容，以防用户数据泄露；相关单位如需使用营销数据需经评估批准，并承诺不对外泄露相关数据。

⑥文档质量管理。

业主项目部负责开展项目过程产出文档的配置管理,文档包括各阶段工作方案、系统代码、代码质量检查报告、测试用例、测试记录、测试报告、问题记录、变更记录、日报、周报、月报、专题汇报、会议纪要、用户培训材料、用户培训记录、数据质量评价报告等，并提交网公司项目管控工作组（项目小组总体协调、业务小组负责业务方面、技术小组负责技术方面）进行质量评审。

2.2.7 营销管理系统建设项目人力资源管理

（1）项目人力资源管理概述。

项目人力资源管理是在项目管理过程中为确保更有效地利用项目所涉及的人力资源而开展的项目管理工作。开展项目人力资源管理的根本目的是要对项目组织和项目所需人力资源进行科学的确定和有效的管理，以确保项目的成功。这项管理的主要内容包括：项目组织的规划、项目人员的获得与配备、项目团队的建设等内容。

（2）项目人力资源管理理论与方法。

1）项目干系人。

项目从构思、计划制订、计划审批、计划执行到项目结束都需要人来完成，项目的实施、业务单元开发等都会对人产生影响，以上所有的人都属于项目干系人的范畴。项目干系人是项目涉及的个人和组织，或者是其利益可能受到项目成功实施的结果而造成正面或负面影响的人。

项目干系人具体包括项目经理、客户、执行组织、负责人等关键干系人，项目经理是负责管理项目的人，客户是将使用项目的个人或组织，执行组织的大部分雇员是直接从事项目工作的企业，负责人是为项目提供财政资源的个人或团组。此外业主、资金提供者、供应商和承包商、项目团队成员和家属、政府机构和新闻媒体、个体公民以及社会也属于项目干系人的范畴。

2）项目人力资源规划。

项目人力资源规划另一个主要内容为项目人员配置管理计划。人员配置管理计划主要讲述是何时、何人、以何种方式满足项目人力资源需求，根据项目的需要，该计划可以是正式的或者非正式的，主要描述清楚项目人员工作。在项目期间，应该根据项目的进展和需求，对人员配置管理计划进行及时调整，指导项目成员招聘和项目团队建设等活动。

对于项目人员配置计划包括项目团队组建、项目时间安排、项目培训需求、项目成员的遣散安排。

3）项目团队组建。

项目团队的主要任务就是根据人力资源规划的成果，组建项目所需人力资源，组建好一个满足项目需求的工作团队是项目成功的关键所在。

项目经理的组织特征决定项目经理是项目成功的关键，在项目管理中起着决定性的作用。对项目经理选拔一般有三种方式：

一是企业高层领导委派。即由企业领导提出候选人或者职能部门自身提出人选，经人事部门和领导考察合格后由高层领导委派。

二是内部竞争上岗。这种方式主要适用于企业内部项目项目，由上级部门提出项目需求及项目经理的任职要求，在公司一定层面广泛征集人选，并召开评审会进行选拔考核，最终确定项目经理的人选。

三是外部招聘上岗。对于公司比较新的项目，公司缺乏能够很好胜任项目的经理时，在外部招聘相应人选，进行面试合格后成为公司人选。

项目成员的选择一般采用内部借调的方式，在进行借调前，根据人力资源规划做好相应借调计划，即确定项目对人员的需求以及如何满足需求，借调可以帮助项目确定项目所需人员的确切数量、具体任职条件以及借调政策、借调预算、借调方法等。

在借调过程中，项目主管人员一定要注意采用规范化的借调方法。如果采用方法不当，容易出现借调人员难以适应工作甚至中途离开项目团队，影响项目进度。如果能够全面获得借调人员的信息，将其与岗位需求进行匹配，坚持人职匹配、人事相宜的原则，就能提高借调人员的工作效率。

4）项目团队建设与管理。

①项目人员培训。

项目的培训是指为提高项目开发人员的技能和知识，增强项目开发能力，使员工能在现有项目出色的完成自己的工作。业主项目部组织开展系统应用培训工作，按照培训规划、培训实施、培训考核、培训总结和培训管理流程开展工作。

②项目人员绩效评估。

项目绩效评估是对员工的工作进行全面、系统、科学的评估并进行反馈的过程，绩效评估的目的一般有激励、沟通和培训（如图 2-15 所示）。

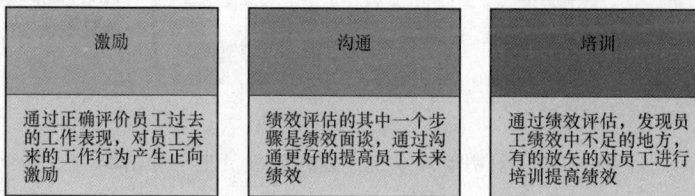

激励	沟通	培训
通过正确评价员工过去的工作表现，对员工未来的工作行为产生正向激励	绩效评估的其中一个步骤是绩效面谈，通过沟通更好的提高员工未来绩效	通过绩效评估，发现员工绩效中不足的地方，有的放矢的对员工进行培训提高绩效

图 2-15　项目绩效评估目的

一般来说，项目绩效评估的过程分为制定绩效评估标准、开展绩效评估、绩效评估面谈与绩效评估审核四个阶段。

（3）项目人力资源管理应用与实战。

1）汇聚全网力量，抽调骨干精英。

营销管理信息系统建设是涉及全方位协同流程、银电联网、营配集成等多种跨专业交叉架构的系统性工程。各项工作安排在具体执行过程中，需要组织熟悉电网业务、熟悉项目建设管控、掌握企业架构管理方法、能扎实深入技术细节、能承担高强度高压力工作的驻场外协专家团队全程提供支撑。

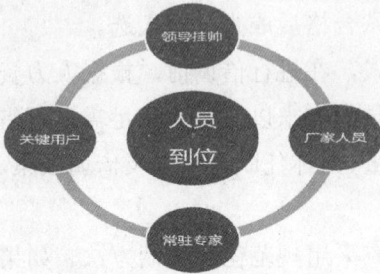

图 2-16　人员配备示意图

人员到位是项目落地保障的核心，项目建设各阶段充沛，高质量的，有计划的人员投入是项目顺利完成的根本所在。保证出勤率、核心队伍稳定、人员调配灵活、人员变更高效等为项目的落地提供了保障。

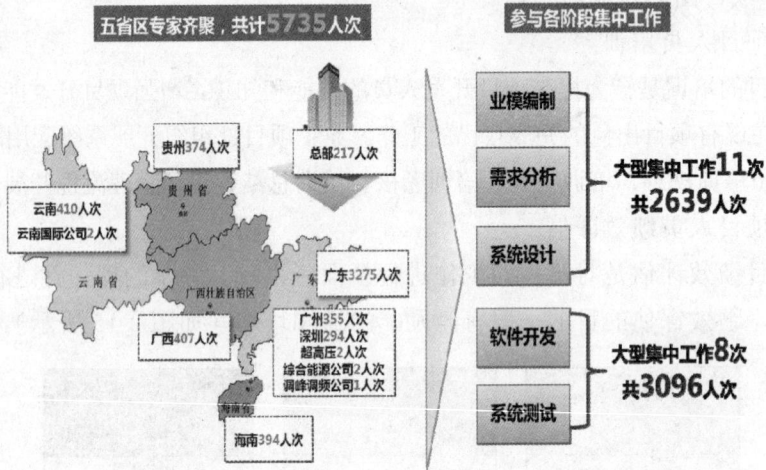

图 2-17　营销管理系统建设各阶段员工培养情况

营销管理系统的建设是一个凝思聚力的过程。在系统建设过程中，共组织了大型集中封闭 19 次，各单位积极配合，业务和技术专家深度参与，累计参与人次达 5735 人次。

驻场外协专家团队负责联调场景制定与技术细节指导，应用架构资产促进业务协同和架构沟通，使用专业工具开展工程建设过程管控，推进项目规范性管理，提升大量业务和技术资源配置效率。同时，驻场外协专家团队随时提供工程建设过程中的问题应急处理与技术攻坚支持。

2）组织人员培训，保障项目组成员素质。

业主项目部组织开展系统应用培训工作，按照培训规划、培训实施、培训考核、培训总结的培训管理流程开展工作（如图 2-18 所示）。

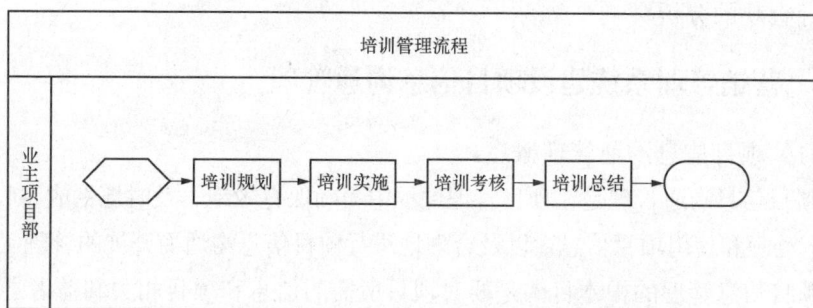

图 2-18　营销管理系统人员培训管理

①培训规划。

建立培训体系，包括：制定培训流程，审核培训课程，确定培训方式和组织培训考核等。制定系统培训方案，明确培训目标、培训对象、培训方法和实施计划，并在培训工作开始前两周提交至项目管控工作组（项目小组）备案，方案应包括：培训目的、培训对象、培训方法、实施计划、培训考核和培训总结等。

②培训实施。

按培训方案要求，分阶段和模块进行培训安排，并提交业主项目部确认，发布培训计划，并组建内训师团队，分批分专业组织对相关人员进行培训。

培训对象主要分为五类：内训师、信息客服人员、系统管理员、管理人员、基层操作人员。先进行集中培训，在测试环境中，对内训师和系统管理员以课堂授课和演示的方式来开展分岗位、分专业的培训；管理人员和基层操作人员培训则由内训师承担。

③培训考核。

为保证培训效果，了解学员的掌握情况，需对参加培训的人员进行培训考核，培训考核分上机操作考核和理论知识考核。

④培训总结。

培训的总结包括培训师的总结和学员的总结，培训师的总结可以很好地对下次培训做更好的实施指导，优化整个培训过程。学员的总结可以对培训知识进行一次完整的回顾，发现在培训中未理解的知识，培训后可以有针对性地进行学习，同时也可对培训师、培训场地等方面提出建议，优化培训流程。培训总结的交付物中还应该包括培训后数据分析报告，以便对培训的效果进行直观的分析。

2.2.8　营销管理系统建设项目信息沟通管理

（1）项目信息沟通管理概述。

项目信息沟通管理是在项目管理过程中为确保有效地、及时地生成、收集、储存、处理和使用项目信息，以及合理地进行项目信息沟通而开展的管理工作。开展项目信息管理的根本目的是要对项目所需的信息和项目相关利益者之间的沟通进行有效的管理，以确保项目的成功。这一部分的主要内容包括：项目沟通的规划、项目信息的传送、项目作业信息的报告和项目管理决策等方面的内容。

（2）项目信息沟通管理理论与方法。

1）项目沟通计划编制。

项目沟通计划编制输入信息包括：确定沟通的干系人、信息需求的时效性、项目本身的特点、参与人员的素质、沟通工具的功效与项目管理计划六个方面。

2）项目信息发布。

信息发布是指整个项目过程中项目干系人可以及时收取和共享信息。项目信息通过不同渠道进行发布，包括：项目会议纪要、书面文档复印件、手工文档系统和共享的网络电子数据库等；电子通讯和会议工具，如电子邮件、传真、语音邮件、电话、录音带及网络会议和网上消息发布；项目管理的电子工具，如项目管理软件、网络会议和虚拟办公软件等。

会议是正式口头沟通的一种典型的模式。项目管理中的会议按功能分基本上有五类（如图 2-19 所示）。

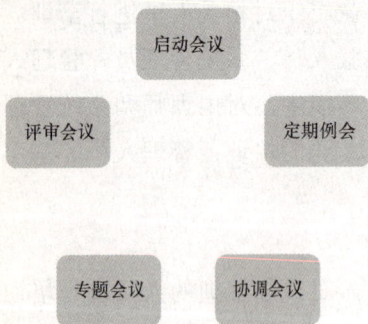

图 2-19　项目会议类型

3）项目工作简报。

项目工作简报主要包括项目预测报告、项目进度报告和项目状态报告。

项目工作简报收集到项目的相关信息，并将信息内容展示给项目干系人。

项目绩效报告应包括但不仅限于：当前报告阶段的进度/成本/质量/范围等状态，以及下一报告阶段的项目信息，说明对里程碑和成本储备的影响，以及识别在当前报告阶段正在显现的新风险和问题。

4）项目利害关系者管理。

项目利益相关者的战略性伙伴管理就是试图通过相互间形成的正式或非正式沟通交流渠道，在各利益相关者中建立良好的工作关系，培养各方的信任意识和团队精神，通过协同工作，减少摩擦和冲突，降低交易成本，达到风险共担、利益共享，并更好地实现项目管理的目标。为有效地实施项目利益相关者的战略性伙伴管理，应注意以下几点：选择与项目适宜的合作伙伴、确立共同目标、明确各伙伴方的责权利、建立完善的信息沟通网络。

（3）项目信息沟通管理应用与实战。

电力营销信息化项目沟通的过程其实是信息的传递过程，这其中涉及信息的发布者和信息的接受者。发布者通过传播渠道将信息传递给接受的一方，接受一方接收信息后，通过理解领悟后将信息反馈给发送方。而在传递的过程中，为让双方能够更好的理解信息，一般需要对信息进行编码或翻译，沟通的过程一般包含七个环节（如图 2-20 所示）。

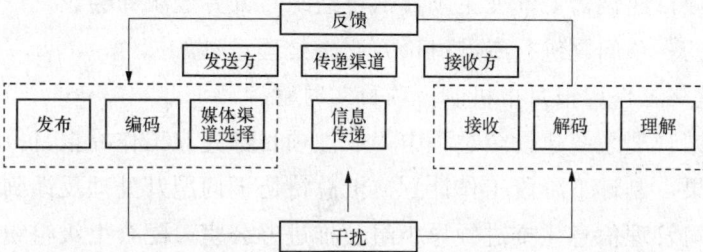

图 2-20　电力营销管理信息系统建设项目沟通过程模型

1）建立例会机制，定期发布项目信息。

营销管理系统项目应定期组织召开项目建设推进例会，传达网公司管控组、公司管理信息化推进领导小组的各项要求，检查各项工作的进展与质量。收集在系统开发、试点实施和推广过程中的意见，向网公司管控组参会人员反馈。

项目例会包括日例会、周例会、月例会、专题工作会议等。

项目建设工作正式启动后，业务组、技术组每日 8：30 分别组织召开项目日例会，会议时间控制在 30 分钟内，对项目的工作计划完成情况、投入资源情况、存在的问题及解决措施、下日工作计划、风险辨识及控制措施、需协调解决的有关问题等进行沟通商议，并形成工作日报，每日 15：00 前报送会议日报至业主项目部。业主项目部汇总整理之后每日 17：00 前报送工作日报至项目管控工作组。

项目建设工作正式启动后，业主项目部每周五 10：00 组织召开项目周例会，业务组、技术组、试点局实施组的各组组长须参加会议，会议时间控制在一小时内，对项目工作计划完成情况、存在的问题及处理情况、下周工作计划、风险辨识及控制措施、需协调解决的有关问题等进行沟通商议，并形成会议周报，每周五 15：00 前报送会议周报至项目管控工作组。

项目建设工作正式启动后，业主项目部每月月末 10：00 组织召开项目月例会，业务组、技术组、试点局实施组的各组组长须参加会议，会议时间控制在两小时内，对项目工作计划完成情况、存在的问题及处理情况、下周工作计划、风险辨识及控制措施、需协调解决的有关问题等进行沟通商议，并形成会议月报，业主项目部每月月末 15：00 前上报工作月报至项目管控工作组（项目小组）。

根据项目建设需要，业主项目部可组织召开专题工作会议。针对项目建设过程中的各项问题进行专题讨论并明确处理意见。

2）建立工作周报月报机制，项目实时管控。

在营销管理系统建设全过程中，业主项目部建立工作周报月报机制，总结工作成果，制订下阶段工作计划，汇总待协调问题及处理反馈到网公司管控组、公司管理信息化推进领导小组及推进办公室，配合上级组织对里程碑节点的时间和要求进行核查。

工作简报收集到项目的相关信息，并将信息内容展示给项目干系人。

①项目建设进度。

描述项目目前所处的某一特定阶段，项目建设进度是从达到范围、时间的角度描述项目所处的状态。以项目计划回应目前项目所处的情况，项目目前处于哪个阶段，相对于计划是提前还是滞后了等项目状态问题，根据项目沟通计划的需求按不同格式形成简报一部分发给项目干系人（如图 2-21 所示）。

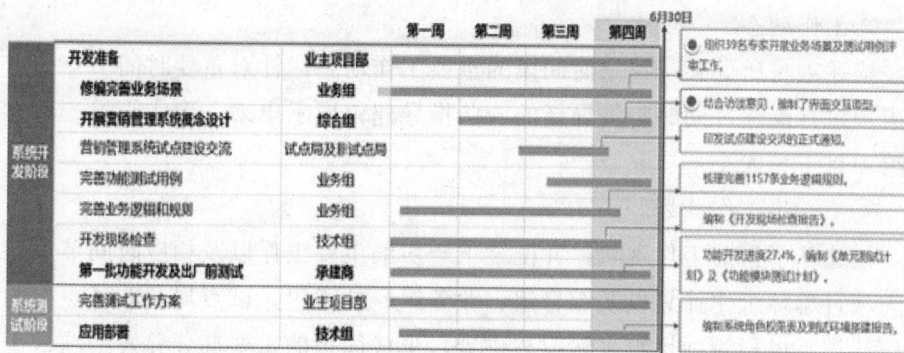

图 2-21　营销管理系统项目建设进度示例

②工作完成情况。

描述项目工作团队在某一段特定时间节点的工作完成情况，项目工作完成情况是反映项目状态的文件。一般从业务组、综合组、技术组、试点供电局、非试点供电局五个单位层面，根据每天、每周、每月的时间节点记录过去完成的工作情况，形成工作简报重要的一部分，并根据项目沟通计划交给项目干系人（见表 2-5）。

表 2-5　　营销管理系统项目综合组工作完成情况示例

实际完成时间	序号	工　作　内　容
6 月 3 日	1	修编完善试点建设详细工作计划，并制订了本月工作计划，根据详细工作计划管控项目建设进度
6 月 3 日	2	接收网公司《营销管理系统 V2.0 设计成果基线版》
6 月 4 日	3	陪同网公司贺副总经理一行到工作基地调研，向贺副总经理汇报项目建设进展情况
6 月 24 日	4	组织公司部门负责人、管理人员、地市局关键用户开展系统用户体验调研和头脑风暴会议，收集意见设计完成了营销管理系统界面交互原型
6 月 28 日	5	完成业务场景完善和业务逻辑及规则编制工作、业务场景及测试用例评审会议的专家遴选及会务组织工作
6 月 30 日	6	组织召开了营销业主项目部 6 月份月度会议，公司领导出席会议，审议并原则通过了《广东电网公司营销管理系统测试方案》
6 月 30 日	7	向网公司提交银电联网专项工作方案、营配信息集成工作方案、外部设备升级改造方案、系统测试方案、业务场景及测试用例

③工作动态。

描述项目所处某一特定时间段的重要工作动态，针对重要时间节点的重要事项进行阐述，同时将领导新的一些指导建议展示出来，形成简报一部分发给项目干系人。

④下一步工作计划。

描述基于当前工作现状，并围绕下一步的主要工作以及相应时间节点，分为项目总体工作计划以及综合组、业务组、技术组、试点局及非试点局的工作计划，以预测项目将来状况与进展，形成简报的重要部分并发给项目干系人（见表2-6）。

表2-6　　　　　营销管理系统项目总体工作计划示例

工作阶段	一级任务	二级任务	7月底交付成果
系统开发阶段	开发准备	业务场景评审及修编完善	业务场景文档
		评审系统用户体验概念设计及修改完善	无
		编制系统控件库及设计规范	Axure控件库及设计规范文档
	开发及出厂前测试	第一批业务功能开发	应用系统源代码、《详细设计说明书》配套的XSD文件和PDM文件、操作手册
		第一批功能出厂前测试	测试报告
系统测试阶段	第一批现场测试	应用部署	权限配置清单、软硬件搭建报告、数据准备报告（第一批）
		集中测试培训	集中测试培训确认表

⑤专家风采。

专家风采分为每周之星和专家简介，每周之星展示每周项目团队中表现优异的员工，营造良好的工作氛围。专家简介针对项目组中资深成员，展示出工作强项以及参与项目的工作感言，形成项目一部分并发给项目干系人。

2.2.9　营销管理系统建设项目风险管理

（1）项目风险管理概述。

项目风险管理是在项目管理过程中为确保成功地识别项目风险、分析项目风险和应对项目风险所开展的项目管理工作。开展项目风险管理的根本目的是要对项目所面临的风险进行有效识别、控制和管理，是针对项目的不确定性而开展的降低项目损失的管理。这一部分的主要内容包括：项目风险的识别、项目风险的定量分析、项目风险的对策设计和项目风险的应对与控制等内容。

（2）项目风险管理理论与方法。

1）项目风险管理计划。

项目风险管理计划制订的方法通常是采用项目风险管理计划会议的形式。项目经理、项目团队领导以及任何相关的责任者与实施者等都在需要参与之列。所使用的工具是项目风险管理模板，将模板具体应用到当前项目之中。项目风险管理计划的成果是风险管理计划文件，它的内容包括方法、岗位职责、时间、预算、评分与说明、承受度、报告格式、跟踪。

2）项目风险识别。

项目风险识别过程包括确定目标划，明确最终的参与者，收集资料，估计项目风险形势，根据直接或者间接的症状将潜在的项目风险识别出来，运用检查表，流程图，头脑风暴法，情景分析法，德尔菲法、SWOT 分析法、历史风险核对表等。但这些都是非结构化的，均有主观性。也需要结合结构化的方法，比如对任务的分解，对 WBS 中的每个分解任务进行风险识别，或者对项目中不同领域可能存在的风险进行识别。

项目风险识别过程是寻找风险、描述风险和确认风险的活动过程。项目风险识别过程一般可以分为四个步骤（如图 2-22 所示）。

确定目标 → 明确风险识别干系人 → 收集资料 → 估计项目风险形势

图 2-22　项目风险识别过程

3）项目风险定性与定量分析。

对项目风险分析分为定性风险分析和定量风险分析。定性风险分析是一种对风险和条件进行定性分析，并按影响大小排列它们对项目目标的影响顺序的分析方法。定量风险分析是对通过定性风险分析排出优先顺序的风险进行量化分析。定量风险分析一般应当在确定风险应对计划时再次进行，以确定项目总风险是否已经减少到满意。重复进行定量风险分析反映出来的趋势可以指出需要增加还是减少风险管理措施，它是风险应对计划的一项依据，并作为风险监控的组成部分。

4）项目风险应对规划。

风险应对规划就是对已经识别的风险进行定性分析、定量分析和进行风险排序，制订相应的应对措施和整体策略。风险应对策略包括风险回避、转移、控制、承担等。根据成本收益原则以及风险分散原则采取最好风险解决方式。项目过程中有的风险可能会发生也可能不发生，有些风险可能一直都不会发生，有些风险也可能被疏忽，以至风险出现后无法补救的情况都可能出现。

5）风险监控的方法。

①风险再评估。

项目风险监控过程通常要求对新风险进行识别并对风险进行重新评估。应安排定期进行项目风险再评估。项目团队状态审查会的议程中应包括项目风险管理的内容。重复的内容和详细程度取决于项目相对于目标的进展情况。

②风险审计。

风险审计在于检查并记录风险应对策略处理已识别风险及其根源的效力以及风险管理过程的效力。

③变差和趋势分析。

应通过绩效信息对项目实施趋势进行审查。可通过实现价值分析和项目变差和趋势分析的其他分析方法，对项目总体绩效进行监控。分析的结果可以揭示项目完成时在成本与进度目标方面的潜在偏离。与基准计划的偏差可能表明威胁或机会的潜在影响。

④技术绩效衡量。

技术绩效衡量将项目执行期间的技术成果与项目计划中的技术成果进度进行比较。如出现偏差，例如在某里程碑处未实现计划规定的功能，有可能意味着项目范围的实现存在风险。

⑤储备金分析。

在项目实施过程中可能会发生一些对预算或进度应急储备金造成积极或消极影响的风险。储备金分析是指在项目的任何时点将剩余的储备金金额与剩余风险量进行比较，以确定剩余的储备金是否仍旧充足。

⑥状态审查会。

项目风险管理可以是定期召开的项目状态审查会的一项议程。该议程项目所占用的会议时间可长可短，这取决于已识别的风险、风险优先度以及应对的难易程度。风险管理开展得越频繁，"状态审查会"方法的实施就越加容易。经常就风险进行讨论，可促使有关风险的讨论更加容易、更加准确。

（3）项目风险管理应用与实战。

项目部针对营销管理系统项目中出现的风险归为问题，有针对性地进行管理，针对问题提出从风险防控、提出问题、问题原因分析及解决方案提出、解决方案审查、批复、资源配置及问题处理到处理结果检查的完整风险管理流程（如图 2-23 所示）。

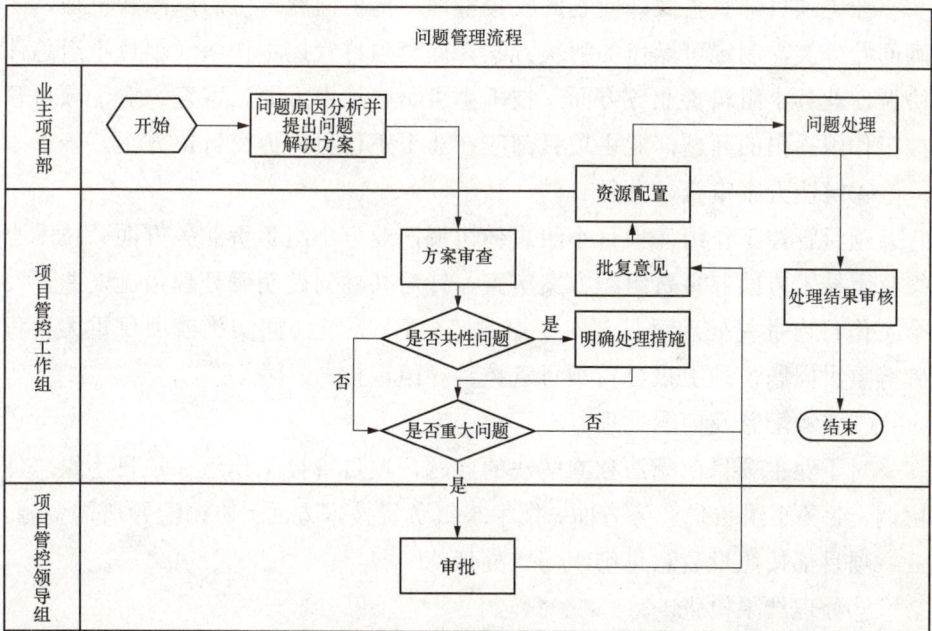

图 2-23　营销管理系统项目问题管理流程

1）问题管理，提前管控风险。

项目建设过程中已发生并产生消极影响的事件均纳入问题管理范畴。问题按类型分为设计引发的问题、开发引发的问题、试点推广引发的问题。问题按来源分为业主项目部提出的问题、项目管控工作组提出的问题。

2）管控方法。

①风险防控。

业主项目部应在项目建设全过程中做好风险辨识，制定并落实预控措施。若风险未能有效防控，则启动问题管理流程。

②提出问题。

业主项目部应及时向项目管控工作组（项目小组）汇报需公司层面协调解决的问题。项目管控工作组（项目小组总体协调）针对项目建设进度延迟、过程文档质量问题、系统实现与业务模型不相符、系统测试报告结论为不通过等情况，向业主项目部提出问题。

③问题原因分析及解决方案提出。

业主项目部负责做好问题的收集整理，剖析问题产生的原因和机理，明确问题分类，制定可操作的解决方案并提交项目管控工作组（项目小组总体协调，业务小组负责业务方面、技术小组负责技术方面）审查。对于项目管控工作组提出的问题，业主项目部应在 3 个工作日内提交解决方案。

④解决方案审查、批复。

项目管控工作组（项目小组总体协调，业务小组负责业务方面、技术小组负责技术方面）负责组织方案审查，针对共性问题明确处理措施，并于 3 个工作日内批复处理意见。对于影响"6+1"系统协同实施或项目重大里程碑等重大问题，须上报公司项目管控领导组审批。

⑤资源配置及问题处理。

对于业主项目部无法独立解决的问题，项目管控工作组（项目小组总体协调，业务小组负责业务方面、技术小组负责技术方面）协调配置所需资源。业主项目部按照批复意见组织问题处理。

⑥处理结果检查。

业主项目部于问题处理后 3 个工作日提交问题处理报告至项目管控工作组（项目小组总体协调，业务小组负责业务方面、技术小组负责技术方面）审核。项目管控工作组（项目小组总体协调，业务小组负责业务方面、技术小组负责技术方面）对问题处理结果进行检查。

3 电力营销信息化项目建设管理实战

营销管理系统建设难度大、标准高、时间紧，为确保系统建设的顺利推进，必须依靠有效的项目管控作为支撑。系统的外部协同涉及 92 家外部厂商，内部协同涉及 10 个部门。同时，系统功能覆盖 10 个一级业务和 28 项二级业务，含 218 个功能项、1122 个功能子项，对于业务和技术要求非常高。本章将分别从准备阶段、开发阶段、系统测试阶段、试点实施阶段及验收推广阶段进行项目建设管理实战的阐述。

3.1 项目建设管理实战概述

营销管理系统建设的目标是在 2014 年底试点建成具有"三全五化"特征、先进的一体化营销管理系统，全面落实营销职能战略，并于 2015 年底完成全省推广。这里的"三全"是系统建设的基本要求，新的系统要实现对营销业务的全面覆盖，确保协同作业流程的全面贯通，实现关键业务环节的全面可控。"五化"是指建成的系统要满足营销专业的特点。首先，系统要支持多样化的客户服务手段，提升客户服务能力；其次，系统要固化标准化的作业方式，规范营销班组现场作业；第三，系统要具备简易化的操作界面，方便一线员工的使用；同时，要通过系统实现规范化的数据管理，为经营决策提供支撑；最后，系统要灵活，能够快速地适应营销业务的变化和管理要求的调整。

为更直观重现电力营销信息化项目建设情景，根据项目推进的实际进程，从时间维度将项目建设管理实战划分为准备、设计、开发、系统测试、试运行、推广六个阶段，以展现出每个阶段在既定目标情况下，如何科学进行项目建设管理，实现阶段项目目标。

图 3-1　营销系统建设阶段工作安排

3.2　准备阶段建设管理实战

3.2.1　工作目标

项目准备阶段的工作目标是通过建立项目工作保障体系，编制项目总体工作方案，实现营销管理系统的顺利启动，为项目后续工作有序开展做好整体规划，建立高效的运作体系，确保总体目标的实现，为项目开发做准备。

3.2.2　工作内容

一般来说，信息化项目建设准备阶段的工作内容包括项目可行性研究、确定项目目标、项目的组建以及项目工作计划的确定。对于营销管理系统项目，网公司已进行项目可行性研究，确定了系统建设的目标，广东电网作为试点单位需迅速组建项目团队，确定项目工作计划，编制项目工作方案开展系统建设工作。

（1）项目启动。

1）召开营销信息系统建设启动会。

项目启动会的召开意味着项目的正式启动，具有里程碑标志意义。项目启动会议是给团队鼓舞士气、建立以完成任务为共同目标的最佳时机，利于统一思想，取得共识，从而为下一步开展工作做好准备。在启动会议上，需要明确整个项目的组织结构、职责分工、项目实施计划概览及关键节点目标、建立团队成员之间的工作关系和沟通渠道。启动会采用"视频+会议"模式召开，省公司领导与各试点局负责人现场签订责任书，明确责任主体、工作任务、考核与奖惩等内容。同时，现场视频宣贯，各试点局人员通过视频远程参与，能够更快凝聚共识，汇聚力量，尽快融入到项目建设。

2）组建营销管理系统建设机构。

按照广东电网营销管理系统试点建设实施工作方案的要求，组建营销管理系统建设业主项目部及试点局系统实施组，明确各自的工作内容与职责。试点供电局营销管理系统实施组主要工作为制定本单位的营销管理系统实施方案，承接公司营销管理系统建设任务，完成本单位系统实施工作。营销管理系统建设业务项目部分综合类、技术类及业务类工作。

综合类的工作主要围绕项目建设正常开展的常规性活动，包括编制项目工作管理机制，确保项目能够高效有序的推进；保持与项目内外部的良好沟通，项目各阶段人员的准备工作，为项目提供人力保障；开展项目的日常管理、考勤管理及会议管理，发布定期项目报告，组织项目汇报，对项目交付成果及总体质量进行管理，对于项目各个阶段的成果进行收集归档，做好项目专家的后勤管理工作。业务类的工作主要围绕一体化业务需求，编制功能验证方案、验证用例以及确定非功能测试中的案例场景；分专业对系统功能进行初步测试与功能验证，并形成测试与验证初步意见。对于有变更的需求，进行收集、审查和确认。落实营配信息集成相关功能要求及银电联网业务协议签订；编制公司数据质量提升实施方案，审核各地市局的数据质量提升实施方案，协调技术组将核查规则固化到信息系统中，组织开展数据质量评价；组织对关键用户培训并组建内训师团队；组织范围内的其他系统业主项目部进行跨部门的业务协同工作；组织系统功能测试，配合技术组进行系统需求确认、数据整理与迁移、上线试运行工作。

技术类工作主要为围绕营销管理系统详细设计说明书及业务逻辑规则，对营销管理系统业务功能实现进行开发。根据营销管理系统需求文档开展设计成果的修订，确保符合上级主管单位信息化技术路线和技术标准；编制营销管理系统外部集成的技术标准，组织系统代码开发、模块测试、数据整理与迁移、管理员培训、上线试运行工作，进行质量管理和现场管理；进行银电联网技术协议的编制与初步审查；将数据核查规则固化到信息系统中，组织编写外部集成规范，并组织外部集成系统及设备厂商开展升级改造工作；

开展外部系统联调测试，负责银电联网、营配信息集成平台、营业厅排队机等外部集成接口的开发与联调工作；搭建开发基地技术环境、测试环境的 IT 资源准备工作。

对于 IT 建设项目，项目团队成员的选取显得尤为重要，一个项目的成功或失败，其首要关键因素是人。项目成员是否能够步调一致，是否能够积极主动地朝着同一目标前进成为项目顺利开展直至最终完成的基本前提。业主项目部汇聚全网力量，抽调骨干精英，这批工作人员的要求较高，需要熟悉营销业务及 IT 项目建设、能够扎实深入技术细节、承担高强度高压力工作；同时，针对不同岗位的工作需求选取不同成员，例如部分岗位对于沟通要求较高，需要经常处理突发事件等。在公司的统一领导下，业主项目部抽调人员 35 人常驻系统开发基地，项目成员平均年龄 37.2 岁，从事专业工作年限 16.6 年。除这些专业人员以外，还从参与网公司制度编写和业模编制人员、基层业务骨干、优秀班所长中筛选近 300 名人员组成项目建设备选专家库，为后续专项工作的开展提供充足的人员保障。

3）业主项目部工作后勤保障。

项目的开展离不开坚强的后勤保障支持，项目运作需要基本的场地、设备以及后勤服务。由于项目组抽调的专家大部分来自外地，必须解决长期出差的相关食宿以及持续保持良好身体状态的问题。而这些问题在通常的项目管理理论中是较少关注的，但是这些问题对项目推进的进度与力度影响较大，所以在实际的项目管理中，后勤工作的重要性是不可忽视的。

实际工作中，自项目启动后，业主项目部建立了以天联为基础的研发管理基地，以及佛山、中山、清远和东莞板桥等四个测试基地，合用肇庆联调测试基地，保障了各个阶段按需分专业分批次组织专家和用户代表集中参与系统功能测试开展需要。后续通过大力协调，在管理层面统一解决专家交通食宿问题，将衣食住行等专家生活需求集中打包在一个"3 分钟生活圈"之内，使得各位专家能够有一定空间活动，同时能够方便工作的高效开展；适时开展团队活动和新闻宣传，营造良好工作氛围。事后证明，这些保障工作是十分必要且有效的，在九个多月的时间里，广东电网公司共有 2000 余名、共 8000 人次的营销业务人员在各个基地参加了这场系统建设"大会战"，没有良好的后勤保障，系统建设任务的如期推进就可能就成为了一个梦想。

4）建立规章规范。

营销管理系统试点建设单位为了提高系统开发建设效率、充分有效地获得和使用各种资源，达到既定目标，而建立相关的规章制度。具体的规章制度有：《营销管理系统人员考勤与休假管理办法》、《营销管理系统人员绩效考核办法》、《营销管理系统人员报销管理办法》等。此外，在营销管理系统试点建设中还建立了"报表、例会、沟通"三项机制，确保项目进度可控，对于日例会、周例会及月例会分别建立常态化的会议制度，针对不同会议，针对会议主题区分安排不同人员，例如日例会，参与人员以业主项目部执行人员为主。对于周例会，主要为业主项目部各模块负责人就所负责工作开展情况及下一步工作计划进行汇报。

对于月例会，项目管控领导全程参与其中，由业主项目部向管控组汇报项目实施情况。营销管理系统试点建设是一项复杂的系统工程，除了建立开发环境、成立组织机构和确立试点开发实施方案，信息的即时共享与交流也是非常重要的一部分。例如，营销管理系统试点建设在准备阶段就通过建立周报、月报等制度，确保参与试点建设的工作人员能够从纸质、办公系统以及各种即时通信平台获取项目建设的最新进展，遇到关键问题能够随时反馈与沟通，保证系统建设的顺利进行。对于项目过程中的费用报销、车辆管理等事项，分别建立专项管理制度进行管理。同时，业主项目部建立常态化的活动联谊机制，一方面可进一步加强业主项目部成员间的沟通，同时为项目成员锻炼身体、劳逸结合提供保障。

（2）工作方案编制。

1）编制营销管理系统试点建设总体工作方案。

本项目中，明确系统建设的目标是 2014 年 12 月前完成试点单位的上线，2015 年 6 月前完成试点单位的竣工验收工作。为落实这些要求，必须有总体的纲领性文件为整个项目建设提供工作指导，主要包括工作目标、建设任务、组织机构及职责、主要里程碑、工作步骤及内容、风险及应对措施、项目管控等内容。明确项目的建设目标与任务，建设任务包括试点建设范围、系统功能建设和外部集成建设三个方面。试点建设要求系统功能覆盖 10 个一级业务和 28 项二级业务，含 218 个功能项、1122 个功能子项。包括网公司统一的 27 类、公司统一的 12 类及供电局本地外部集成对象。组织机构由业主项目部、试点局实施组及承建商组成，需要明确各自工作任务。对于系统建设各个阶段，明确各个阶段的重要工作和时间节点要求，分别设立里程碑，使得项目各方明确各自工作推进的时间节点，保证系统的顺利建设。项目工作准备的完成时间是2014年4月，项目需求及设计确认、代码开发等系统开发工作在2014年11月前完成，项目试点实施在2015年5月完成，并在全网推广。

营销管理系统是项系统性的工程，项目建设过程中存在诸多项目风险，对于项目风险的规避也是必不可少的。系统建设工作时间紧、任务重，存在系统功能开发延期、银电联网进度滞后、外部集成接口开发及联调不同步、系统切换不顺利等风险，需要分别提出对应风险防范措施。在项目建立过程中，严格落实项目计划、项目质量、缺陷及需求管理、项目沟通管控要求，实现网公司管控、省公司建设，地市局应用的三级联动管理机制。

2）编制各个专项方案。

在总体工作方案的指导下，对于整个项目建设有了全局的把握，但对于具体各项工作，需要分别制订专项方案，具体指导专项工作的开展，各阶段的专项方案包括系统开发阶段工作方案、测试阶段工作方案、试点实施阶段工作方案及推广阶段工作方案。同时，对于营销管理系统专项工作也做了具体工作方案，如数据清理工作方案、系统数据迁移工作方案。对于系统培训等常规工作分别做了系统培训工作方案等。

①系统培训方案。

为保证系统操作人员能够顺利使用新的系统，需要对系统操作人员进行系统使用培训，通过培训能够独立使用营销管理系统，快速掌握软件的模块化安装、版本升级，掌握应用系统的具体操作、应用系统的参数设置与权限控制、网络及服务器的系统维护、日常管理以及性能优化、常见故障的处理方法等，从而利用营销系统功能模块提高工作效率，提升客户服务质量。系统培训方案主要包括系统培训计划，系统培训目的，培训对象的范围、培训课程安排及培训师资场地等内容。

②系统安装部署方案。

系统开发、测试及试点实施对于系统环境都具有较高的要求，若系统环境不能达到要求，必然会影响工作的开展，耽误影响管理系统建设工作。可以说，系统安装部署是系统建设的前提，只有系统安装部署成功，才能合理的开展系统建设工作，所以必须制定一套完善的系统安装部署方案。部署方案包括的内容主要有部署安装的工作计划、部署的资料集，对于部署的软硬件要求，如主机规划、磁盘规划、系统安装、数据库安装、应用服务器安装等。

③数据清理方案。

在营销管理系统试点实施之前，需对营销数据进行清理，主要包括营销系统客户信息完善和在用营销系统数据清理两项任务，通过开展数据质量的自查、整改，完成对全部客户近2000个属性的补录，并在全省数据同源的基础上，继续开展电子化移交工作，实现数据同源"站—线—变—户"一致率达100%。数据清理方案需要明确数据清理工作计划、需要清理数据的范围、清理所需要的方法、数据转换的工具等内容。

④数据迁移方案。

对营销管理系统来说，数据是它的核心。无论是系统升级还是新建一个系统，数据是否完整、是否准确、是否一致，决定着营销管理系统建设的成败。相对于原系统来说，新系统必须依赖于原系统中已有的数据，来保证新系统的正常运行。为了保证项目进度、避免后期数据迁移过程的反复，要分析原系统哪些数据是对新系统有用，哪些数据是新系统需要但原系统缺失的，明确原系统数据现状以及新系统对数据的要求，从而保证数据迁移所需数据的完整、准确，为新系统的正常运行提供数据基础。按要求制定各阶段数据迁移计划，按计划合理、有序开展数据迁移工作，通过精心组织、多方协作、有效沟通的方式确保迁移数据及时、完整、准确，为系统测试、双轨运行、单轨运行提供数据保障。

⑤外部集成联调方案。

系统外部集成是信息系统建设重要组成部分，对消除信息孤岛，加强横向协同起着至关重要的作用。做好系统外部集成工作要求深刻理解公司各部门的业务和协同流程，在充分考虑网省公司要求的系统集成基础上，还要兼顾各分子公司个性化系统的集成需求，做到真正消除信息孤岛，为外部系统业务协同奠定坚实基础。系统外部集成实现的关键在于解决系统之间的互联和互操作问题，它是一个多厂商、多协议和面向各种应用结构的体系问题。

需要解决各类设备、子系统的接口、协议、系统平台、应用软件等与子系统相关的一切面向集成的问题。

⑥系统投运方案。

营销管理系统投运主要工作包括：进行运行前提条件确认、数据迁移、外部集成接口接入及系统切换等工作，投运的系统功能需要覆盖 10 个一级业务和 28 项二级业务，含 218 个功能项、1122 个功能子项。系统切换指的是完成广东电网公司试点局营销管理信息系统向南方电网公司营销管理信息系统切换工作，旧系统停止除客户服务、快速复电接口以外的所有业务（抄表、收费、算费、发起工作单、修改档案、银电业务等）操作。投运期间，为保证 95598、停电抢修在系统切换期间正常工作，采用增量补录切换期间产生的数据，当完成投运后，在新系统补录入投运期间产生的业务数据。投运后运行模块为电力市场建设及电力交易、业扩管理、电价电费管理、线损管理、用电检查、客户关系管理、客户停电管理、需求侧管理、计量资产管理、计量运行管理、计量实验室管理、营销稽查、市场开发、服务渠道管理、信息发布管理、客服工作管理、客户服务监控管理、网上营业厅、掌上营销和移动作业、文档管理、班组标准化和系统支撑和通用功能等。在系统投运过程中，数据转换，业务配合，数据初始化，数据校核等工作要求较高，需要加大投入，为确保系统投运工作的顺利完成，必须对于投运存在的风险进行紧急预案，保证系统的安全运行。系统应急方案主要包括：对应用系统投运过程中可能出现的问题进行风险评估，给出可能出现问题的解决方案，提出灾难发生后出现紧急问题的解决方法等。

⑦系统运行方案。

在完成系统开发及功能验收后，按计划在佛山等三个试点供电局实现系统运行。系统运行阶段，原有电力营销管理系统与新营销管理系统同步运行，营销数据仍将以原系统为准。新系统的运行作为验证比对，运行结果采用在新系统与原系统人工检查和开发方后台统计验证两种方式进行检验，目的在于验证新系统的功能正确性、性能和可靠性等，为随后的新系统上线进行工作准备和经验积累。系统运行的末期，根据整个运行期间的情况结合试运行验收的情况进行系统运行工作总结，其结论将作为系统是否具备上线运行的依据。

同时，省级集中系统规范化的管理要求必将对电网公司原来的营销管理工作产生一定的影响，系统操作员需要重新适应新的操作系统，同时省级集中系统逐步完善需要一段时间过长。为了保证本次试点实施工作成功，用现场真实工作检验系统的可用性：一是检验试点实施前期工作成效，补全完善遗漏的、失误的部分；二是在新系统上实操演练，促进系统操作员熟练掌握新系统功能应用；三是促使新系统应用成熟，新系统功能得到充分验证，在规定时间内新系统的业务操作、数据质量及系统性能要求逐步达到满足可随时切换为运行的要求。

（3）试点局摸底调查及方案编制。

1）试点局摸底调查。

在营销管理系统试点运行前，需要对各个试点局营销系统应用现状充分了解，只有这样才能做到心中有数，试点工作能够顺利开展。试点供电局对自身营销管理系统应用现状进行摸底调查，找出自身营销管理系统的共性与特性，为后续营销管理系统对于自身业务全覆盖提供支撑，将自身摸底调查结果形成《现状调研报告》，报告的主要内容为自身营销管理系统外部接口厂商，营销管理系统的功能，现有系统覆盖的用户数量、现有系统部署等现状，并结合摸底情况进行分析，以对项目实施工作进行优化。

2）试点局方案编制。

试点局方案主要围绕自身试点建设所需要完成的工作，编制试点建设工作方案指导试点建设工作开展，同时对于试点建设过程中的重要工作如一体化设备配套改造及外部集成开发联调等工作分别编制专项工作方案。

①营销管理系统试点建设实施方案。

营销管理系统试点实施的主体为供电局，供电局需要全力承接省公司营销管理系统建设和工作任务；制定详细里程碑事项，倒排工期，建立计划进度控制、质量控制、协调沟通等机制，确保各阶段工作进度可控；建立例会机制，建立工作周报月报机制，及时总结工作成果和制订下阶段工作计划，对于常见风险制定风险应对措施。

②一体化设备配套改造升级方案。

系统外部集成是信息系统建设的重要组成部分，当前部分外部设备不满足一体化需求，因此需要进行改造升级，为了确保外部集成工作的顺利开展、系统投运后能更好地支撑业务、稳定运行，对外部集成的开发测试联调进行了总体安排。按信息交互规范进行设备的改造升级，并在承建商进行相关接口联调之前完成改造。通过整合厂商资源，统一接口协议，对硬件设备优先考虑开发标准接口的集成策略，制定统一接口协议，各设备厂商统一接入，对营销业务应用与外部设备的对接进行规范化、统一化的管理，提高应用集成的可配置性、可复用性、灵活多样。

③外部集成开发联调方案。

各个地市局营销管理系统有众多外部接口，使用新的营销管理系统后，为保证系统的平稳切换，必须对外部集成进行联调。制定外部集成开发联调方案主要包括地市局接口的外部集成联调工作计划，对于各个外部集成接口的联调策略以及在系统进行切换过程中平滑过渡策略等内容。

④银电联网实施方案。

各个地市局完成银电联网业务合作协议签订，进行通信链路建设，并开展银电联网接口现场联调，为银电联网接入提供保证。网公司负责签订《银电联网框架协议》，下发《南方电网公司银电联网代收电费技术协议》，负责工、农、建、中四大银行的协议签订，系统的开发、部署及联调测试。业主项目部业务组负责接收网公司制定的《银电联网框架协议》，按照网公司的要求与省公司负责的银行签订业务协议，完成系统的开发、部署及联调测试工作。试点局实施组负责接收网公司《南方电网公司银电联网代收电费技术协议》。以该协议为依据，按业组项目部要求与地方性银行签订技术协议，完成系统的实施工作；承建商负责配合业务项目部、试点局完成营销管理系统银行电联网模块的完成系统的开发、部署及联调测试工作。

3.2.3　主要方法与经验借鉴

营销管理系统建设在准备阶段的工作方法有：工作分解结构、现场调研、并行工程、建立规章制度等方法，应用这些方法在项目建设实施中取得了较好的效果，保证了营销管理系统试点建设按时按质地完成。

（1）工作分解结构（Work Breakdown Structure，WBS）。

WBS是制定进度计划、资源需求、成本预算、风险管理计划等的重要基础，WBS的作用在于可以明确项目的范围，确定工作内容和工作顺序，便于对总体目标的分解，达到对复杂系统任务的逐层分解以及估算项目整体的时间、费用和资源的准确估算。

WBS 的创建方法主要有类比方法和自上而下两种方法。营销管理系统建设所使用的 WBS 是采用自上而下的方法，从项目的目标开始，逐级分解项目工作，该方法由于可以将项目工作定义在适当的细节水平，对于项目工期、成本和资源需求的估算较为准确。在营销管理系统建设的准备阶段中，较为重要的是编制营销管理系统试点建设详细工作计划，项目组围绕项目总体工作方案，将项目准备阶段划分为项目启动、工作方案编制、配合上级公司完善业务模型、完善详细设计说明书、接收上级公司业务模型、需求规格说明书、详细设计说明书成果以及编制业务场景等内容，按照营销管理系统建设的实施过程进行分解。项目组利用工作分解结构能够达到明确营销管理系统试点建设的项目范围，为各独立单元分派人员和规定职责，为计划、成本、进度计划、质量、安全的管理奠定共同基础，确定项目进度测量和控制的基准。

此外，除去将系统试点建设工作分为工作准备、系统开发与测试、试点实施等阶段外，还特别设定了银电联网接口开发联调、营配信息集成接口开发联调、数据质量提升、设备升级与改造、"6+1"系统接口开发及联调及其他外部接口开发联调等专项工作。设定专项工作的主要原因是为营销管理系统建设解决本单位内外部涉及面广、协同关系复杂的问题和满足营销管理试点建设的设标准高、时间紧、难度大的要求。

（2）基于 WBS 分解的并行开发。

并行开发是对产品及其相关过程进行并行、集成化处理的系统方法和综合技术。并行开发的优势在于采用预发布和反馈的办法，可精简设计过程，使系统开发过程不构成大循环，从而缩短开发周期，提高软件系统的质量。

营销管理系统试点建设实行并行工程考虑的主要因素为多个阶段的工作所需要的资源不可共享。营销管理系统试点建设的项目生命周期为准备阶段、开发阶段、系统测试阶段、试点实施阶段、验收及推广阶段，其中在工作准备阶段的工作方案的编制中为"6+1"系统接口与其他外部集成接口功能的开发测试工作方案制定了"提出确定一个，发布一个，改造一个，逐步推进"的原则，主要是为了项目建设达到同步开发的效果，并在模拟环境中测试。

借鉴并行工程的思想，营销管理系统试点建设将每一阶段非串行工作实现了并行开发，在时间紧、任务重、高标准的条件下按期完成了项目的建设。

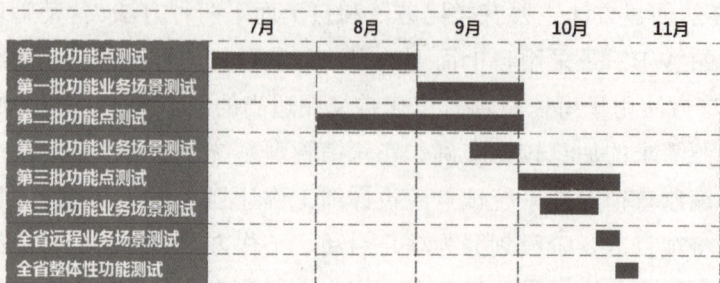

图 3-2　基于 WBS 分解的并行开发测试计划示例

3.2.4　应用情景（见案例 3-1、案例 3-2）

准备阶段建设管理实战情景案例（3-1）
——快速启动

1. 遇到的问题

2015 年 3 月，南网公司确定广东电网作为营销管理系统试点单位，明确了在 2014 年 12 月前实现佛山、中山、清远三个试点供电局双轨运行的目标。营销管理系统对内要实现业务全覆盖；对外要实现实体、电话、网络、手机 APP 等多种渠道的连续畅通不间断，满足全网推广应用。尤其是这种对外服务不间断、不容错的特点，是营销系统区别于其他业务系统的主要难点，也是对系统建设团队的最大考验。面对如此庞大、复杂的工程，如何推进项目建设、保质保量完成试点任务？

2. 解决问题的思路和方法

一是制定方案。根据南网公司管控地图，加强与南网公司项目沟通，我们结合试点任务实际、本着"速度与质量并重、速度服从质量"的原则，编制系统建设工作方案。将系统试点建设工作分为工作准备、系统开发与测试、试点实施四个阶段，同步推进银电联网、设备升级改造、数据质量提升等 6 个专项工作，通过对方案反复进行讨论，将方案具体细化为 557 项工作任务，每条任务都有时间要求、交付标准和具体责任人。建立了"报表、例会、沟通"三项机制，确保项目进度可控。

二是落实人员。组建业主项目部，并从参与南网公司制度编写和业模编制人员、基层业务骨干、优秀班所长中筛选 284 名人员组成项目建设备选专家库，通过人力资源、财务部门统一解决专家交通食宿问题；适时开展团队活动和新闻宣传，营造良好工作氛围；信息部门昼夜奋战，确保了网公司管控组和业主项目部在 4 月初率先进场工作。

3. 实施的效果

营销管理系统实现顺利启动，项目建设有条不紊地进行。

准备阶段建设管理实战情景案例（3-2）
——安全管理

1. 遇到的问题

营销管理系统作为南网"6+1"的重要组成部分，与其他系统配有接口，系统的安全性关乎电网的安全运行，一旦系统安全受到威胁，造成系统数据或代码泄露，将影响电网安全与稳定，所以营销管理系统建设的安全管理尤为重要。如何能够确保在不影响系统正常开发的情况下，保障系统的安全建设？

2. 解决问题的思路和方法

在营销管理系统建设过程中，从技术和管理两个方面着手，防范系统的安全风险，确保系统的安全建设。

（1）制定安全管理制度，签订安全保密协议。

安全业内广泛流传着"三分技术、七分管理"的说法，说明制度的建立和落地是何等的重要，据悉，超过 70% 的信息安全威胁来自企业内部，其核心数据的流失居然有 80% 源于内部人员的违规操作或管理疏忽，针对系统建设安全问题，我们制定营销管理系统安全管理办法，对系统建设各个环节安全问题给予规定。同时，公司与供应商及员工间都签订安全保密协议，按照南网要求，对保密内容进行规定，保证营销管理系统的安全运行。

（2）加强安全技术管理，提高数据安全性。

涉密文件应该在信息安全专用电脑上编辑、处理。传输时要用专用的保密U盘。通过加密后的文档在公司办公环境下授权用户可正常使用，非法将密文文件带离公司将无法使用。计算机终端使用人员对本人使用（负责）的计算机终端或配件安全负责，未经信息运维部门批准不得接入公司综合数据网。访问互联网的计算机终端必须经过信息运维部门的审批，并采用实名制进行用户认证。同时与每位系统建设参与人员以及系统承建方签订保密协议，防止系统信息的泄露。加强数据传输与使用的安全技术管理，对访问权限按数据属性进行分级管理；采取技术手段提高数据安全性，例如核心数据需加密传输，数据库服务器须具备数据存储加密与完整性保护功能，防止数据的非授权访问和修改。

3. 实施的效果

通过以上营销管理系统建设安全风险的防范，营销管理系统安全建设得到保证。

3.3 设计阶段建设管理实战

3.3.1 工作目标

设计阶段的工作目标是通过完善业务模型、业务逻辑和规则、需求规格说明书及详细设计说明书，确保营销管理系统实现业务全覆盖，为客户价值有效传递和客户服务快速响应提供支撑。进一步保证需求与实际使用相匹配，为系统顺利开发提供保障。

3.3.2 工作内容

一般来说，信息化项目建设设计阶段的工作内容为项目建设制作蓝图，以蓝图为指引进行项目开发工作，营销管理系统蓝图便是项目详细设计说明书。设计阶段主要围绕需求分析制作业务模型，针对业务模型制定需求规格说明书及详细设计说明书。营销管理系统自 2011 年启动以来，南网公司已对系统业务模型等进行编制，本单位需要在南网公司编制基础上，从实际应用角度，对业务模型、需求规格说明书及详细设计说明书进行完善，并制定业务逻辑和规则以及系统架构，提高系统容错能力。同时，开展班组作业工作台设计工作，设计便捷班组作业工作台，完成了营销班组作业工作台接口规范、需求、详细设计说明书及原型界面的设计规范协议，为营销班组工作界面设计提供规范。

（1）完善业务模型。

业务模型构建是管理信息系统建设的起始阶段，模型的构建是在全业务范围内对每个业务流程和环节，从总体结构、规范性引用资料、定义、工作要求、工作内容、业务关联关系等 9 个方面进行了详细的规范性描述，既要梳理业务表单，又要明确对业务对象和数据项的要求，既确保了营销一体化制度标准成果能够有效落地，也为实现营销信息化打下坚实基础。在南网公司业务模型的基础上，为使业务模型能够更加符合本单位开发实际，构建标准、规范、统一的集中式营销管理业务域。组织省公司相关单位、地市局业务专家配合南网公司完善业务模型的修编，主要包括：需求侧与市场开发、业扩、电价电费、客服、停电、市场交易、稽查、用检、营配、计量及线损的业务模型修编。在业务模型完善过程中，侧重自身的创先特色和业务细化，不过多注重具体机构和岗位分工，满足包容全网因组织机构不同产生的业务差异。侧重业务本质的描述，不涉及具体机构和岗位，求同存异，减少因组织机构不同而产生的业务差异。为了满足包容全网的需求，有以下几点特别的技术实现：首先新设计客户的字段属性由原来的近 1000 个增加到近 2000 个；其次，交易电费算法设计为可视化自定义方式；再次，充分考虑了专业协同，设计了几十个客户全方位服务全流程；同时，对外部设备或系统接口标准进行规范设计；最后为满足可扩充设计需要对库表进行设计。

（2）完善需求规格说明书。

需求说明书的编制是为了使业务人员和营销管理系统开发人员对系统的初始规定有一个共同的理解，使之成为整个开发工作的基础。包含硬件、功能、性能、输入输出、接口界面、警示信息、保密安全、数据与数据库、文档和法规的要求。确保系统开发人员对营销管理系统的业务功能和非业务功能达成共识，为营销管理系统的系统设计提供依据。在南网公司需求规格说明书的基础上，为确保营销管理系统的业务功能和非业务功能符合系统开发颗粒度，组织了省公司相关单位、地市局业务专家配合网公司完善需求规格说明书的修编，主要包括：需求侧与市场开发、业扩、电价电费、客服、停电、市场交易、稽查、用检、营配、计量及线损的需求规格说明书修编。

（3）完善详细设计说明书。

详细设计说明书又可称程序设计说明书，说明书的作用是说明一个软件系统各个层次中的每一个程序（每个模块或子程序）的设计细节。营销管理系统详细设计说明书是营销管理系统功能开发、功能测试用例编制以及系统培训操作说明书的依据，关系营销管理系统对营销业务的全面支持覆盖、纵向贯通和横向集成目标的实现，本单位组织省公司相关单位、地市局业务专家配合南网公司完善详细设计说明书的修编，主要包括：需求侧与市场开发、业扩、电价电费、客服、停电、市场交易、稽查、用检、营配、计量及线损的详细设计说明书修编。例如南网公司详细设计对其中的界面元素予以了界定，但是对于界面布局的细节未予以具体的描述，本单位设计是从人机工程角度，在易用性、友好性等方面完善与细化。

（4）完善业务逻辑和规则。

业务逻辑是软件本身固有的一种品性，自然存在于软件产品内部，是软件具有的在某个业务领域内的逻辑，是软件的核心和灵魂。软件产品除界面和交互外的一切都可看作是业务逻辑。同时，业务逻辑也可以等同于分层架构中"业务逻辑层"的职责，是软件中处理与业务相关任务的部分，一般意义上业务逻辑不包含数据持久化，而只关注领域内的相关业务。业务规则就是某个领域内运作的规则，构成了整个业务逻辑的灵魂和动态模型。业务规则作用于领域实体，领域实体遵从业务规则进行运作。营销业务需要遵循大量的规章制度、统计规则和操作规范，通过组织专家梳理提炼上千条业务逻辑与规则，以软件形式固化于系统功能上，实现约束条件和统计规则自动规范化处理，从而避免人为差错，提升工作效率，降低审计风险，使得系统容错性增强、智能化程度大大提高。通过完善需求侧与市场开发、业扩、电价电费、客服、停电、市场交易、稽查、用检、营配、计量及线损等 10 个方面 1216 个业务逻辑和规则的编制，提升营销管理系统的精细化及标准化管理。

图 3-3　业务逻辑和规则示例

（5）系统架构设计。

系统采用省级集中部署模式，即在全省数据大集中的基础上，在省公司统一部署一套涵盖营销管理的所有功能应用的系统，满足省公司、地市公司和基层单位不同职能层次的营销业务应用要求，应用规模非常巨大，必须确保系统具有良好的性能；同时，需要保障系统能够连续 7×24 小时不间断工作，关键业务年可用率≥99.9%，出现故障能及时告警。系统架构分为前端展现层、接入服务层、服务组件层及数据存储层。

其中，前端展现层在客户端界面采用浏览器技术进行展现，前端浏览器的请求通过负载均衡器进行接入，为保证系统的性能、可用性和可靠性，负载均衡器建议采用硬件负载均衡设备以主备的方式部署，接入服务层可对不同业务终端的接入协议进行统一处理，实现动态负载、访问权限的控制。

接入服务层承担业务终端与服务组件层的交互，所有接入的客户端请求通过接入服务层。接入服务层采用 ISOA 产品构建集群，前端展现层通过负载均衡器访问接入服务器集群。

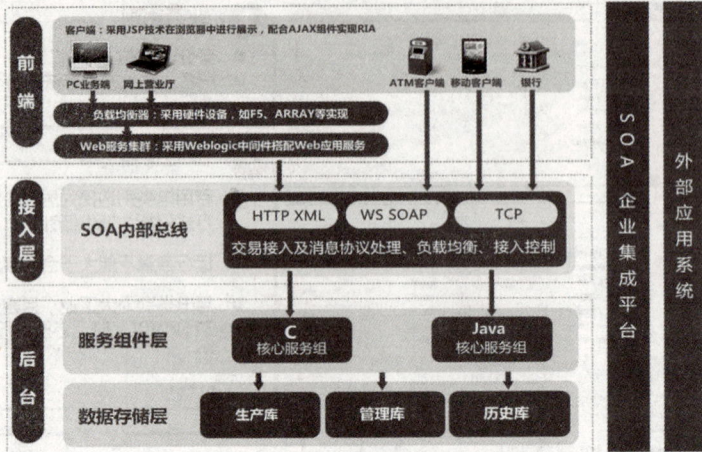

图 3-4　电力营销管理系统部署示例

服务组件层承担系统全部的业务处理和数据处理，在实现语言方面支持混合模式的开发，可以针对不同的服务采用 C 或 Java 来进行实现，以充分利用 C 语言及 Java 语言的优势。

数据存储层用于存储营销管理系统涉及的全部数据，遵照结构化数据与非结构化数据分离、生产数据与管理数据分离、当前数据与历史数据分离的原则。非结构化数据采用文件服务器存储，结构化数据采用关系数据库存储，配置三个数据库分别存储生产数据、管理数据和历史数据。采用基于日志异步复制的方式实现生产库向管理库的数据同步，采用 ETL 的方式实现管理库向历史库的迁移。

（6）班组工作台设计。

在原有信息系统中，系统建设多从管理层视角出发，缺少充分考虑班组的需求，一线班组人员的先进经验未能较好的在信息系统中体现，班组信息系统的使用和交互界面不够友好，具体表现在以下几个方面：首先，计划为龙头没有体现，一些临时性工作、专项性工作未固化，系统外执行效率低，系统中无记录。其次，班组主要管理活动没有信息化支持，缺乏针对班组的负荷统计和绩效评价，存在"劣马不跑、跑死好马"现象，制约班组工作效率全面提升。最后，班组面临多头管理，经常需要按管理层要求提交各种不规范的临时报表，使用系统较多，存在多头录入、重复录入情况。班组工作台设计的目标是面向生产十余个类型班组和营销十余个类型班组开展业务梳理，全面梳理和分析班组业务模式和工作模式，以实现基层班组生产过程自动化、管理过程信息化，最大限度通过信息化手段提高班组效率，通过工作台形成信息化统一工作入口，通过集成各业务系统的班组功能实现班组生产过程自动化，通过增加班组日常工作管理功能及和员工作绩效评价，实现班组管理信息化。通过移动终端，提高班组现场作业水平和信息化支撑。

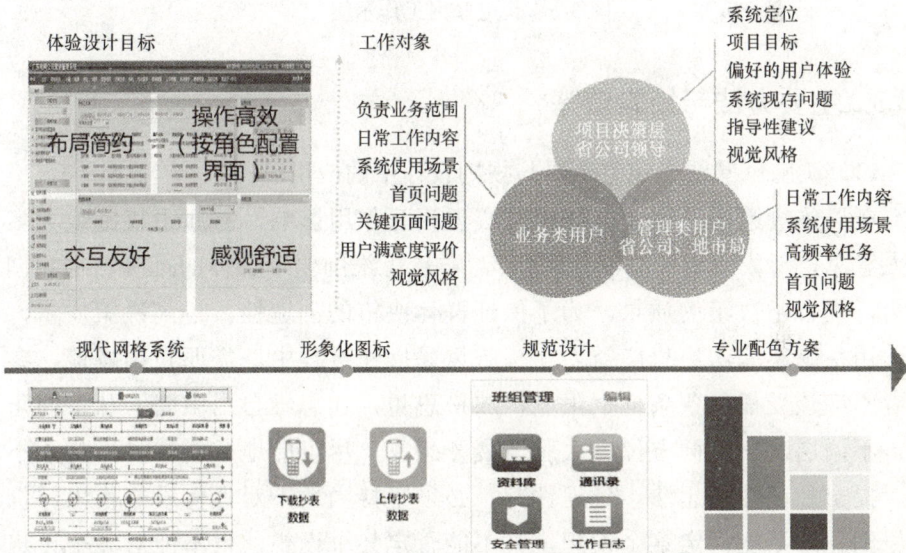

图 3-5　基于用户体验开展的产品创新设计示例

（7）银电联网设计。

银电联网设计主要包含业务应用范围、接口主要业务描述、业务交易流程对账说明及文件格式说明，共24个交易业务、192个异常处理机制。在交易数据安全方面，交易过程使用对称加密算法进行加密，具体的采用三个密钥的三重 DES 算法 CBC 模式。这算法本身具有很高的安全性。系统运行之前，供电方秘密产生一个密钥文件，存放多个对称密钥，通过秘密方式分发给各个银行。

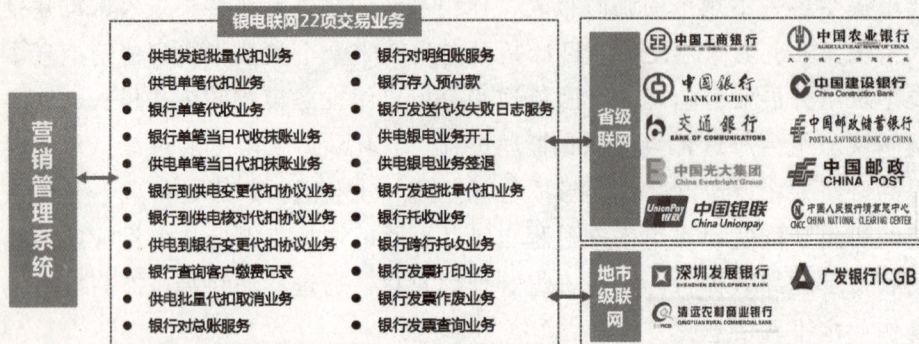

图 3-6　银电联网工作示例

3.3.3　主要方法与经验借鉴

（1）头脑风暴法在业务逻辑与规则设计中的应用。

在群体决策中，由于群体成员心理相互作用影响，易屈于权威或大多数人意见，形成所谓的"群体思维"。群体思维削弱了群体的批判精神和创造力，损害了决策的质量。为了保证群体决策的创造性，提高决策质量，可运用头脑风暴法集思广益。在头脑风暴操作过程中，需要自由畅谈，参加者不应该受任何条条框框限制，放松思想，让思维自由驰骋，从不同角度，不同层次，不同方位，大胆地展开想象，尽可能地标新立异，与众不同，提出独创性的想法。延迟评判，必须坚持当场不对任何设想作出评价的原则。既不能肯定某个设想，又不能否定某个设想，也不能对某个设想发表评论性的意见。一切评价和判断都要延迟到会议结束以后才能进行。这样做一方面是为了防止评判约束与会者的积极思维，破坏自由畅谈的有利气氛；另一方面是为了集中精力先开发设想，避免把应该在后阶段做的工作提前进行，影响创造性设想的产生。禁止批评，参加头脑风暴会议的每个人都不得对别人的设想提出批评意见，因为批评对创造性思维无疑会产生抑制作用。同时，发言人的自我批评也在禁止之列。有些人习惯于用一些自谦之词，这些自我批评性质的说法同样会破坏会场气氛，影响自由畅想。追求数量，追求数量是它的首要任务。参加会议的每个人都要抓紧时间多思考，多提设想。至于设想的质量问题，自可留到会后的设想处理阶段去解决。在某种意义上，设想的质量和数量密切相关，产生的设想越多，其中的创造性设想就可能越多。营销管理系统业务逻辑与规则的制定需要群策群力，让更多人员参与集思广益，通过头脑风暴的应用，使得业务逻辑与规则尽可能完美。

（2）迭代设计在系统架构设计中的应用。

与网页、用户界面等领域的架构设计师一样，鲜有系统架构设计师可以让产品首次出炉就成为毫无瑕疵的完美作品。只有经过严格的测试和对核心理念的调整，设计师才能发现当前架构设计的不足或者可取之处。这种循环性的反复试验过程就是迭代设计的基本原则。在设计的每个阶段，设计师要根据准确的反馈信息执行可用性测试和持续优化。正是这种基于测试的调整让迭代设计成为开发信息系统的一个有效方法，它允许开发人员快速鉴别出问题所在，通过反馈信息逐步优化整体系统体验。迭代设计过程总要经历三个独特步骤的不断循环：规划、测试、评估。这三个核心元素构成了信息系统设计的基本过程（如图3-7所示）。规划，这是在迭代开始前的必经阶段，可以先创造一个系统原型，可快速落实脑中的想法。测试，迭代设计过程的第二个阶段就是测试原型，对系统提出建设性的意见建议。评估，迭代设计的第三个步骤就是评估你从测试人员那里得到的反馈结果。开发团队可以由此收集到与当前游戏设计相关的数据，并通过对其分析，判断哪些环节需要改进。

图 3-7　信息系统设计的基本过程

营销管理系统建设过程中，通过运用迭代设计，保证信息系统能够发现问题后及时修改而不影响项目整体进度，保证项目的建设质量。

以抄表班为例：设计初稿常用功能，各个班组常用功能缺失（如图3-8所示）。

| 计划制订 | 班组会议 | 工作日志 | 计划制订 | 进度查询 | 综合管理 |

图 3-8　设计初稿

迭代设计后，各个班组常用功能根据人员角色专门定制，形象化图标，含义清晰（如图 3-9 所示）。

| 客户综合档案查询 | 远程获取抄表数 | 下载抄表数据 | 上传抄表数据 | 计算电费 | 电费复核清单接收 |

图 3-9　迭代设计后

（3）交互设计在营销管理系统开发中的应用。

交互设计，又称互动设计，在于定义人物的行为方式相关的界面。交互设计作为一门关注交互体验的新学科在 20 世纪 80 年代产生，交互设计特别关注以下内容：定义与产品的行为和使用密切相关的产品形式、预测产品的使用如何影响产品与用户的关系，以及用户对产品的理解、探索产品、人和物质、文化、历史之间的对话。从用户角度来说，交互设计是一种如何让产品易用，有效而让人愉悦的技术，它致力于掌握目标用户和他们的期望，了解用户在同产品交互时彼此的行为。营销管理系统开发过程中，首先对于输入框或选择框前的文本，输入框和选择框以及数值文本，尽量使用左右对齐。对于非数值文本，应避免使用右对齐或居中对齐。按钮居中对齐。其次，在分组过程中将相关的用户界面控件及信息进行分组，以体现它们之间的关系。使用空格、分组框、线条和标签，或者其他分隔符对信息区块进行分组。在使用可视的提示过程中，尽量以可视的方式指明用户接下来应该进行的操作。尽量使用近似的大小和间距来指出用户界面控件是相似的。同时，需要注意的是与垂直滚动条不同，水平滚动条会使内容阅读起来比较困难。尽量使用垂直滚动条、加宽窗口、减小文本的宽度，或者使文本自动换行等。当然，如果确实需要，还可以使用水平滚动条。具有明显后果的操作要求用户进行明确选择，用户需要完全明确他将要进行危险性操作或破坏性操作。

3.3.4　应用情景（见案例3-3至案例3-7）

设计阶段建设管理实战情景案例（3-3）
——业务场景编制

1. 遇到的问题

系统测试是试点开发阶段的重要环节，而业务场景是系统测试的基础，业务场景是营销系统的使用者按照既定的流程、事件执行的一系列交互活动的集合。为确保业务场景遵循业务模型、流程与功能、支持对营销管理系统的有效验证，需要在业务场景编制过程中注意以下事项。

2. 解决问题的思路和方法

业务场景编制从以下四个方面着手编制，所编制业务场景能匹配系统测试的需求：

（1）场景完备性。

业务场景编制必须是覆盖了业务模型的所有业务流程；其中包含了流程场景、分支流程场景等子场景。

（2）业务符合度。

业务场景的编制必须严格遵照业务模型和业务需求规格说明书，这样编制出的业务场景才能百分百符合业务需求，满足系统业务测试需要。

（3）典型普适性。

所编制业务场景必须具有一般性，所代表的业务必须具有典型代表性，代表了营销日常主要的业务场景，代表了全省各市局营销业务情况。

（4）系统连贯性。

业务场景必须遵照连贯性，整个业务场景的设计必须整体思路、层次结构清晰，能清楚体现出营销管理系统的结构和逻辑。

3. 实施的效果

营销管理系统业务场景的编制高度符合系统测试的需要，满足各分、子公司的业务要求。在营销管理系统用电业务场景设计过程中，设计了如下案例：

客户张先生用手机来电，座席员接入，与该来电相关有多个用电地址，座席员与客户张先生确认用电地址并勾选后，锁定了该客户的档案信息。

客户提出以下需求：

户号：2002001234，更改联系电话为13823000888并开通手机邮箱账单业务。

户号：2002001235，更改缴费账号。

办理新装业务。

座席员处理如下：

户号：2002001234身份验证通过后，通过修改联系方式快捷键为客户更改联系电话为13823000888同时开通该手机邮箱账单业务。

户号：2002001235身份验证通过后，登记了客户更改缴费账号的详细需求，通过短信发送快捷键发送更改缴费账号业务所需资料的短信给客户，等待客户提交办理资料。

登记客户报装信息，填写工单内容，转发至县（区）供电局客服工程师签收处理。

挂机后，座席员收到客户通过邮件提交办理更改缴费账号的资料，审核客户资料后通过更改缴费信息快捷键更改客户档案（户号2002001235），系统发送短信告知客户办理情况。县（区）供电局客服工程师对办理新装业务的处理情况传递给座席员，座席按工单答结果答复客户。客户对答复结果表示满意。工单结束。

以上用电业务案例，从受理客户问题，到等级客户报装信息，最后到工单结束，满足用电业务所有环节，符合场景完备性；同时，场景的编制严格遵照业务模型和业务需求规格说明书，符合业务符合度；而此用电业务场景是一个较为常见的场景，符合典型普适性；在整个场景中，流程较为顺畅，符合系统连贯性。

设计阶段建设管理实战情景案例（3-4）
——测试用例编写

1. 遇到的问题

系统测试是试点开发阶段的重要环节，而测试用例是系统测试的基础。为确保测试用例遵循业务模型、功能覆盖全面、异常情况完备、考虑全网各单位的业务特点，如何进一步提高测试用例的质量以提高系统测试的质量和效率？

2. 解决问题的思路和方法

在测试用例的编写过程中，遵循以下几点：

（1）业务符合度。

测试用例输入数据、测试步骤按照业务模型、需求规格与系统设计成果的要求。审查测试用例预期结果符合需求规格、系统设计的要求。

（2）内容完整性。

测试用例中的测试点覆盖了系统设计中的各项功能。测试用例明确定义测试目的、测试前提条件、测试步骤和预期结果。测试用例覆盖了正常情况、分支情况、非正常情况（不合理、非法、边界、越界、极限输入数据）操作和环境设置等。

（3）级别合理性。

测试用例根据功能的重要性和测试的先后次序划分优先级。测试用例优先级的划分合理，可以反映不同测试用例的重要程度。

（4）用例易理解。

测试输入数据、测试步骤的表述清晰，易于执行人员的理解和执行。

（5）结果可判定。

测试预期结果的表达正确、唯一、可判定。测试结果可再现。

（6）统一规范性。

测试用例按照模板编写，用词规范、准确、简明、统一、无歧义。

3. 实施的效果

依据上述六条修订原则，对班组工作台中班组绩效进行设计，具体设计如图 3-10 所示。

1 班组工作台_班组绩效

1.1 业务功能描述

可以在班组绩效点击查看信息，进行一些操作。

1.2 测试用例

周例编号	T-701-007-001-08	周例名称	班组工作台_班组绩效		
版本号	V0.1				
二级功能	P-701-007-001班组工作台_班组绩效				
前置条件	无				
测试项	操作步骤/输入数据	预期结果		是否通过	问题说明
环页元素	对班组详细设计说明书检查	符合详细设计说明书要求			
班组绩效	初始化（班组标准化/班组工作台/班组绩效）	本页面可以查看本周和下周的信息			
班组绩效	点击班组绩效	1. 班组绩效应其包括班组汇总、任务、工单。 2. 班长和班员的信息。 3. 可以查看过周和上周的详细信息，可以分查询办卡的信息。			
测试人		测试日期			
设计符合度评审	是否符合设计要求，评审结果为： □通过　　□基本通过　　□不通过				
测试结果	已执行该测试用例，测试结果为： □通过　　□基本通过　　□不通过				
备注					

图 3-10　班组绩效设计

测试用例编写按照测试用例模板，编写统一规范，测试步骤按照业务模型、需求规格与系统设计成果的要求，测试点覆盖了系统设计中的各项功能。根据功能的重要性和测试的先后次序划分优先级，输入数据、步骤的表述清晰，测试预期结果的表达正确、唯一、可判定。测试结果可再现，符合测试用例的编写要求。

设计阶段建设管理实战情景案例（3-5）
——详细设计说明书修订

1. 遇到的问题

营销管理系统详细设计说明书是营销管理系统功能开发、功能测试用例编制以及系统培训操作说明书的依据，关系营销管理系统对营销业务的全面支持覆盖、纵向贯通和横向集成目标的实现，本单位在详细设计说明书修订过程中如何操作确保说明书修订百分百符合业务需求？

2. 解决问题的思路和方法

在详细设计说明书修订过程中，从以下三个方面进行审查，确保详细设计说明书完美修订。

（1）二级应用功能的缺失，是在详细设计说明书中不存在的功能。发现功能缺失的四条途径：第一，审核业务模型中流程节点是否由需求规格说明书中的功能子项所支持；第二，审核需求规格说明书的各功能子项是否由详细设计说明书中的二级应用功能所支持；第三，审核详细设计说明书中一级应用功能是否由二级应用功能所支持；第四，日常工作中使用的二级应用功能在详细设计说明书中不存在。

（2）二级应用功能的完善，是在详细设计说明书中功能已经存在，但是对业务理解出现偏差、业务功能不全、涵盖信息不全等原因需要补充的内容。发现问题途径：第一，对照"功能概述"（可以追索需求规格说明书的描述），与实际业务之间的差异；第二，对照"界面列表"和"参考界面"，与实际业务之间的差异；第三，界面内关联信息查询缺失，是为了完成本工作，需要参考更加明晰系统资料的；第四，支持页面显示所需的处理方法待完善。

（3）界面内容显示不符合要求，与日常业务所需信息出现偏差，包含：第一，主要内容没有出现；第二，重要字段没有放在突出位置；第三，分块显示信息布局明显不对。

3. 实施的效果

依据上述三条修订原则，营销管理系统详细设计说明书修订后对营销业务百分百全覆盖，实现横向、纵向的贯通。

设计阶段建设管理实战情景案例（3-6）
——系统部署

1. 遇到的问题

营销管理系统需要实现营销管理标准化、集约化、精益化以及"纵向贯通、横向协同"，对于系统部署有较高的要求，如何对系统进行设计才能满足要求？

2. 解决问题的思路和方法

营销管理系统采用省级集中部署模式，在全省数据大集中的基础上，在省公司层面统一部署一套涵盖营销管理的所有功能应用的系统，满足省公司、地市公司和基层单位不同职能层次的营销业务应用要求，我们在设计时遵循以下三个原则：

（1）高性能原则。

营销管理系统以省级集中为建设目标，应用规模非常巨大，必须确保系统具有良好的性能。系统在架构设计方面，采用纵向和横向扩展的方式保证系统具有足够的业务处理性能，首先确保系统在 CPU、内存及存储等方面具有一定的垂直升级能力；其次重点设计了系统的横向扩展能力，对系统各个逻辑层次进行分析，通过提供多服务器集群的方式提升系统的处理能力；另外在数据库设计、应用开发及数据缓存等方面采用了多种技术手段，以确保营销管理系统的性能。

（2）健壮性原则。

能够满足系统健壮性要求，确保系统无单点故障和数据完整性，发生故障时能够及时预警并进行自动恢复或将故障进行隔离；能够保证系统对海量请求的处理要求，包括无单点故障、事务一致性、故障预警、自动恢复、故障隔离、抗浪涌。保障系统能够连续 7×24 小时不间断工作，关键业务年可用率≥99.9%，出现故障能及时告警。

（3）可伸缩性原则。

可伸缩性是通过增加资源使服务容量产生线性（理想情况下）增长的能力。可伸缩系统的主要特点是：增加负载只需要增加资源，而不需要对应用程序本身进行修改。系统在架构设计过程中重点考虑了横向扩展能力，在各个逻辑层次均支持集群的方式部署，能够通过增加服务器集群中设备的方式提升系统的处理能力。

3. 实施的效果

系统在架构设计过程中重点考虑了横向扩展能力，在各个逻辑层次均支持集群方式部署，能够通过增加服务器集群中设备的方式提升系统的处理能力。

设计阶段建设管理实战情景案例（3-7）
——班组工作台设计

1. 遇到的问题

营销管理系统班组工作台需要在原有系统基础上，进行不同功能分区的设计，确保班组工作台能够给班组更好的工作体验。

2. 解决问题的思路和方法

在班组工作台设计过程中，非常注重使用体验，对不同功能进行分区。

在中间是核心功能区，其中有数据看板，并分待办区和工作指标两个区，待办区可以看到个人的工作及任务待办情况，在工作指标区可以看到班组关注的指标，个人工作历程可以看到个人的工作计划，工单待办可以知道能对待办工单进行处理。在班组工作历程可以看到班组的工作计划，如果是班长则有班组绩效选项，通过班组绩效能够直接看到班员工作量及工作完成情况。在班组工作历程可以看到班组的工作计划，如果是班长则有班组绩效选项，通过班组绩效能够直接看到班员工作量及工作完成情况。

在正上方是常用功能区，各个功能是根据个人的使用频率进行排序的，使用越频繁则越靠前，图标经过专门定制，含义通俗易懂，例如电费的图标就是一个钱包加上一个计算器看起来通俗易懂，点击这个图标我就可以链接到对应的节点。左边是个性化信息，主要包括个人信息、今日备忘、班组公告、正下方是及时消息、右上方是六加一系统的快捷方式，通过这个直接链接到需要使用的系统。

3. 实施的效果

完成班组工作台设计工作，班组工作台较之前有较大提升。

3.4 开发阶段建设管理实战

3.4.1 工作目标

开发阶段的工作目标为以项目详细设计成果为依据，基于统一的项目组织，在质量方面要求做到系统按照设计成果开发，不变形，不走样，确保功能的正确性；在进度方面要求严格控制进度，不发生不可控的滞后；在界面操作易用性方面，尽可能优化设计，减少不必要的操作次数，保持操作者的长期健康使用。其中电力营销管理系统共建设 22 个一级应用模块、84 个二级应用模块、2306 个功能点，固化 607 个表单，"6+1"系统接口 197 个，外部集成接口 18 类。

3.4.2 工作内容

一般来说，信息化项目建设开发阶段的工作内容主要为围绕系统建设需求，对系统进行开发，在开发前首先做好开发准备工作，编制出开发阶段的工作方案指导系统开发工作的开展，并对开发所需硬件条件进行准备，对系统用户体验进行优化。在系统开发过程中，分三个批次对系统的功能进行开发，同时对于系统接口功能及其他外部集成接口功能进行开发。第一批为业扩管理、供用电合同管理、电价电费管理、资产管理、运行管理、服务渠道管理、客户关系管理、系统支撑功能等业务功能开发。第二批为管理线损管理、用电检查、稽查监控、营销统计与分析、客户停电管理、实验室管理、查询和管理功能、报表管理功能等业务功能开发。第三批为市场交易计划管理、购电管理、跨区跨省电能交易管理、跨国（境）电能交易管理、新兴业务管理、有序用电管理、客户能效管理、班组标准化管理等业务功能开发。对于专项工作银电联网、数据质量提升、营配信息集成、转换与校验工具、外部设备升级改造进行开发。

（1）开发准备。

1）编制开发阶段工作方案。

根据工作方案的总体目标和要求，编制阶段粒度更细致、操作性更具体的开发计划，确定各阶段的目标、内容、计划、责任单位、关键里程碑以及要求。广东电网公司在营销业务多年应用实践中总结经验，将业务之间的勾稽关系与信息管理相结合，确定了分三个批次进行迭代开发的模式。第一批是业扩、抄核收、计量和客服专业，是营销业务的基础，第二、三批是系统功能扩展，批次划分符合营销业务特点，为后续测试工作，争取了充足的时间，能够将风险有效前移，保证项目质量与进度。同时，运用工作任务分解，将每个批次业务进行细化，使得每项任务落实到具体完成时间、责任人，有效地对承建商开发工作进行管理。

2）开发启动准备。

项目启动准备需要分别搭建基础环境和项目管理准备；所谓基础环境，就是基础的软硬件环境。中间件、数据库、项目管理工具、配置管理工具、开发工具。在系统开发前，首先搭建系统开发、测试及客户体验环境，本单位搭建了操作系统、数据库、中间件；承建商配置了项目管控系统、系统及质量管理系统等三大项目管控系统；搭建了数据库服务器、Web 应用服务器、报表服务器、服务组件服务器、算费服务器、ftp 服务器及接入服务器等开发环境。项目管理准备，主要是将涉及到项目的培训、项目管理流程、版本的迁移改造、bug 清理、文档模板、现有文档资料等。在广东电网组织下，承建商建立强大的开发团队，抽调了公司所有的电力营销方面的专家、技术专家等 300 余人，建了南网营销项目的开发团队，力保南网项目的顺利推进。同时，在开发基地建设方面，项目对代码安全方面要求非常高，设计开发人员众多，广东电网组织承建商在烟台、广州同时建立了开发基地，烟台开发基地可以容纳 300 余人，广州开发基地可以容纳 100 余人，为确保代码的安全建立了独立的网段，与其他网段进行了物理隔离。同时，要求供应商统一开发环境，确保工作步调一致，为项目的有效推进提供了有力保障。为保证工作的速度和质量，承建商建立完备的管控体系，成立了 9 人的公共资源管控小组，专门负责源代码、数据库对象、数据库维护、权限维护、各种变更的管理等，制定 30 余项相关的管理规范、流程等，从制度管控的方面为南网项目提供了有力保障。组织开展全面的培训，为迅速提高设计开发人员的能力，项目组成立了专门的培训组，专门负责项目组内培训需求的收集、培训计划的制订、培训工作的组织工作，项目启动初期，针对开发工具、开发流程、开发技巧等组织了多批次持续的培训工作，迅速提高了开发人员的开发能力，为项目的顺利推进提供了有力保障。

（2）系统开发。

营销管理系统开发不仅仅围绕传统系统主要功能进行开发，由于营销管理系统与其他外部系统及外部集成接口较多，对于"6+1"外部系统，需要进行独立开发，同时对于邮件系统等其他外部集成接口，特别是银电联网，需要单独进行开发。对于开发过程中发现设计需要深化细化的地方，按照设计变更流程及时变更。

1）营销系统功能开发。

详细设计说明书是系统开发的依据，系统开发必须百分百遵循详细设计说明书，基于业务经验及营销业务的内部勾稽关系，将营销管理系统分三个批次对系统功能进行开发，有效利用开发人员、测试人员的工作时间，提升项目组人员利用率，避免资源限制，提高建设效率。第一批为业扩管理、供用电合同管理、电价电费管理等系统基础功能及工作流功能，共 681 个功能点；第二批为管理线损管理、用电检查、稽查监控等管理功能开发，共 1275 个功能点；第三批为市场交易计划管理、购电管理、跨区跨省电能交易管理等管理功能开发，共 375 个功能点。

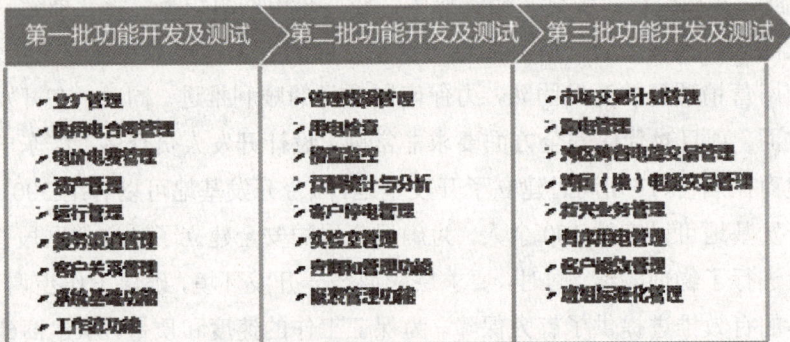

图 3-11　营销管理系统开发示例

2）"6+1"系统接口功能开发。

系统外部集成实现的关键在于解决系统之间的互联和互操作问题，它是一个多厂商、多协议和面向各种应用结构的体系问题。需要解决各类设备、子系统的接口、协议、系统平台、应用软件等与子系统相关的一切面向集成的问题。"6+1"系统包括财务系统、资产管理系统（生产、物资、基建、其他项目管理子系统）及决策支持系统。"6+1"系统与营销管理系统在数据连接中起着非常重要的作用，是营销管理系统实现横向协同的关键，故需要对"6+1"系统接口功能进行开发。根据"提出确定一个，发布一个，改造一个，逐步推进"的原则，对财务系统、资产管理系统、决策支持系统进行接口功能开发，并在模拟环境中测试。

营配信息集成是实现营销与配网基础档案的清晰对应和及时更新，并集成电网企业规划、建设、生产、营销信息资源，建立面向客户的跨部门、跨专业协同作业流程和服务机制；通过建立电网设备与客户信息的拓扑映射关系，实现客户需求从营销向配网规划、建设、生产等专业的快速传递与有效响应。营配信息集成接口主要通过营配信息集成平台与资产管理系统之安全生产管理子系统、配网工程系统、GIS 平台、调度自动化系统、配网自动化系统等实现业务数据交互，包括停电时间统计、快速复电、运行设备管理、档案台账管理、电子资料移交信息、故障报修处理、配网运行异常通知、业扩辅助决策、查询配网情况、获取环网信息、线路异常原因分析库、台区异常原因分析库、发送提出技术降损需求工作单、接收提出技术降损处理结果、线路台区计量数据查询、线损异常原因分析库查询。下属单位营配信息集成平台遵循统一的业务规范和技术架构，但在技术实现细节上存在一定的差异。如部分局营配信息集成平台通过 ODI（Oracle 数据集成工具）进行数据同步操作，部分局营配信息集成平台采用适配器通过增量文件的方式进行数据同步操作。通过按功能需求对营配信息集成接口进行接口功能开发，并在模拟环境中进行业务场景模拟测试，并根据模拟业务场景进行各功能接口测试，保证营配信息集成接口符合需求。外部集成由于各个集成设备由不同供应商开发，各供应商标准不统一，使得外部集成存在较大风险，这也是后期测试阶段联调测试的重点。

3）其他外部集成接口功能开发。

其他外部集成接口主要包括网公司统一建设的 4A 平台、企业门户系统、知识管理系统、数据资源管理平台、GIS 平台、银电联网及营配信息集成等；以及网公司统一技术协议代收费系统、派送外包系统、邮件系统、短信平台、计量自动化系统、电力调度管理系统、呼叫中心语音平台、税控系统、自助服务终端等外部集成；同时，还包括公司及地市局建设的有线电视、税务单联发票、支付宝代收、微信客服平台、营配现场作业系统、营销业务全过程监控系统等外部集成。外部集成是营销管理系统功能实现的基础，需要外部集成的支撑才能发挥营销管理系统的功能。根据"提出确定一个，发布一个，改造一个，逐步推进"的原则，对银电联网、代收费系统、GIS 平台等其他非"6+1"外部对象进行接口功能开发，对审批通过的广东电网外部集成接口进行同步开发，并在模拟环境中测试。

4）银电联网开发。

银电联网作为最重要的外部集成接口，银电联网技术协议主要包含业务应用范围、接口主要业务描述、业务交易流程对账说明及文件格式说明，共20余个交易业务，近200个异常处理机制。根据已有的交互方式以及满足供电单位业务工作开展的需要，银电互联处理机制可采取两种方式进行，可根据实际情况选择交易机制，第一种为供电银电互联系统作为服务端，银行方作为客户端，银电互联系统前置机仅处理银行等代收费机构的服务请求，接收到请求后转发请求至银电互联组件服务器，银电互联组件服务器对相应请求进行处理后将处理结果返回至银行，完成一个完整的交易处理过程。本方式系统架构清晰，利于电力和银行技术部门开发运维，对账模式统一，方便业务部门账务核对，第二种为银电双方互为服务端，银行发起交易，银电互联系统作为服务端，电力发起交易，银行作为服务端，银行交易系统与银电互联系统均可作为服务端。该方式为供电单位提供划款的主动性，本方式须电力和银行均建设覆盖发起、响应的全套交易机制，业务部门也应做好账务的梳理工作。

上级单位与四大行签署了银电联网的框架协议，本单位以四大行的框架协议为标准，与银联、邮储银行、人民银行、光大银行、交通银行及农商行进行洽谈并签订合作协议，指导试点供电局与地方银行签订合作协议。针对各大银行的特点，确定各大银行的开发范围及各自的开发计划及调试计划。按照优先开发、测试核心业务的方式，分批开发、测试。确保银行的开发进度严格依照项目的整体进度要求。按照上级单位的要求，业务协议由本单位财务部在保持原有费率的情况下与各大银行签订，而各大行都期望提高费率，业务协议的签订在一定程度上受阻。由于银电接口联调测试工作涉及银行较多，现场联调测试阶段的时间紧、任务重，联调测试过程中稍有拖延，会影响整体的进度安排。因此，在现场联调测试初期，与各家银行制定详细的联调测试计划，明确各家银行配合调试的时间及要求，联调过程严格按计划执行。同时，在开发过程中，将多个银行系统同步进行开发，开发结果直接进行比对，提高开发效率。

5）数据质量提升工具开发与应用。

营销管理系统数据质量提升根据五个编制原则对核心、重要字段进行规则确定。包括：完备性、规范性、一致性、准确性与及时性。完备性：根据分类的级别，对于核心和重要除个别无法判断其完整性的字段除外，全部添加完整性判断规则，一般字段不纳入考核。规范性：逐个筛选存在可以自动根据一定规则初步判断有效性的字段。

为做好数据质量提升工作，需要做好固化数据质量考核规则、数据质量现状进行评估、数据质量整改、数据质量通报及数据质量评估五方面工作。前期需要先固化数据质量考核规则，通过在数据质量平台固化新增加的数据质量核查规则，实现常态开展数据质量评价；同时，在系统固化统计报表，及时统计数据质量情况，筛选出问题并反馈地市局，由地市局组织整改。其次，需要对营销数据质量现状进行评估，并发布现状评估报告，以指导各单位组织开展营销数据质量整改。再次，从系统数据批量处理、存量数据核查及增量数据录入三个方面进行数据质量整改，系统数据批量处理，对于一般字段，可通过设定典型参数批量处理。针对问题数据中可批量处理的内容，参照数据批处理工作流程进行处理。对于存量数据核查，针对问题数据中需现场核查的内容，参考现场核查流程进行现场核查。对于增量数据录入，要严格按照数据质量考核要求对增量数据及时录入，对于新增属性要及时补录，保证数据符合要求。再次，每两周对核查规则、客户档案信息情况进行统计分析，并对进行数据质量通报，明确整改要求。最后，组织开展营销数据质量评估，评估通过后才具备营销管理系统上线条件。

数据质量通过提升改造后，新系统字段由 961 个提升为 2182 个，准确率由 98.34%提升至 99.88%，完整率由 88.79%提升为 99.94%。

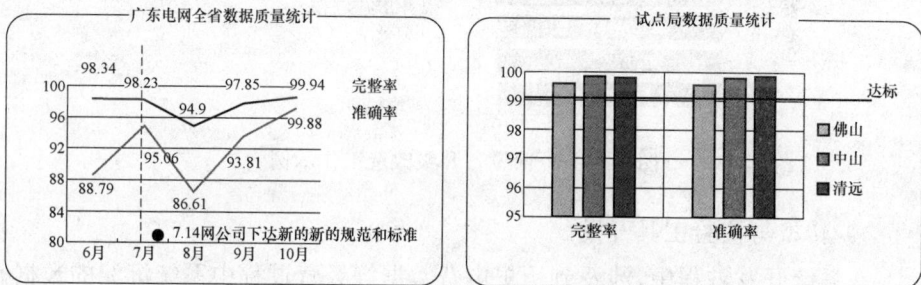

图 3-12　数据质量提升工作示例

6）外部设备升级改造。

系统外部设备是高效开展营销服务的重要支撑设备，也是信息系统建设的重要组成部分，在本单位范围内，各个地市由于发展水平以及技术接纳水平等历史原因，营销外部设备型号众多，技术规范差异较大，必须依据投资保护的原则予以区分对待。对技术平台过于陈旧已经无法通过升级支持新技术标准的设备要在一定时期内按照公司相关管理规定进行淘汰，并根据营销设备配套的要求以及技术改造的范畴内在规定时间内予以重新购置。对可以通过升级技术平台的设备，应根据协议进行升级改造。对于今后购置的设备，要求以对应技术标准作为购置的基本技术条件，确保符合新营销系统的配套要求。各个地市升级改造的设备主要有自助服务终端、手持抄表器、封印手持终端、电能计量设备现场检验装置、电能计量设备室内检定装置、自动检定流水线、营业厅服务评价器、营业厅客户排队机、营业厅 POS 机 9 类设备，全省需改造 32223 台设备，其中试点局需改造 4114 台。

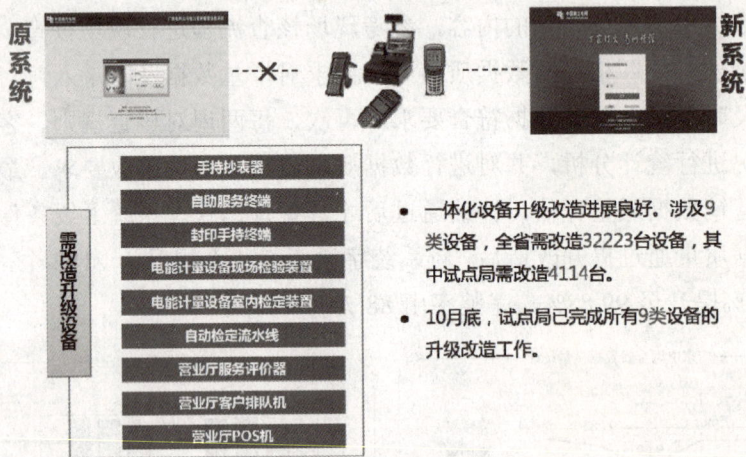

图 3-13　外部设备升级改造工作示例

7）转换与校验工具开发。

在系统开发过程中，涉及到历史电费数据等经营过程中系统沉淀的数据，需要开发出转换工具将电费历史台账等沉淀数据转化为系统可使用的数据；同时，在电费计算过程中，为进一步保证电费的准确计算，需要对电费校验工具进行开发。根据数据迁移工作方案，完成数据模型差异分析初稿；对新旧系统参数代码对应关系进行核对，完成数据质量提升方案并确定数据质量核查规则，编写核查脚本。

8）开发过程中设计调整。

在系统开发过程中，遵循的是 100%符合详细设计说明书，对于在开发过程中发现详细设计说明书需要深化细化的地方，以及数据库、索引等需要及时调整。对于发现设计中存在的问题，由承建商提出，业务专家围绕承建商提出问题组织召开专题研讨会，对于遇到的问题进行专题讨论，并给出是否需要进行详细设计说明书方向，按照需求设计调整流程，严格执行发布基线的要求进行详细设计说明书的修正，经上级部门同意后进行发布，并同步进行开发过程相关功能的调整。在开发过程中，只对以下三种情况提出变更：首先是开发过程中发现的一些设计问题，比如 PDM 设计勘误、原设计不能支撑需求等，进行了相关的变更。其次是开发过程中，因性能优化、操作体验等原因，对部分原设计进行了细化、优化设计，进行了相关的变更。最后是开发过程中，因业主项目部专家、网公司管控组专家提出的需求变更、新需求等，进行了相关变更。在设计变更过程中，首先由技术组或业务组提交需求变更要求，分析是否影响业务模型、需求分析、系统设计，接着由业务组提交业务模型、需求规格说明书，技术组提交系统设计变更建议方案，业务组提出需求变更交由项目管控工作组审核，业务组组织需求规格说明书评审并将审核通过结果通知开发商开发。

3.4.3　主要方法与经验借鉴

（1）采用瀑布模型和敏捷开发相结合的开发方法。

瀑布模型（Waterfall Model）是一个项目开发架构，开发过程是通过设计一系列阶段顺序展开的，按工序将问题化简，将功能的实现与设计分开，便于分工协作,即采用结构化的分析与设计方法将逻辑实现与物理实现分开。将软件生命周期划分为制定计划、需求分析、软件设计、程序编写、软件测试和运行维护等六个基本活动，并且规定了它们自上而下、相互衔接的固定次序，可在迭代模型中应用瀑布模型。

敏捷开发是针对传统的瀑布开发模式的弊端而产生的一种新的开发模式，目标是提高开发效率和响应能力。通过以用户的需求进化为核心，采用迭代、循序渐进的方法进行软件开发。在敏捷开发中，软件项目在构建初期被切分成多个子项目，各个子项目的成果都经过测试，具备可视、可集成和可运行使用的特征。换言之，就是把一个大项目分为多个相互联系，但也可独立运行的小项目，并分别完成，在此过程中软件一直处于可使用状态。

营销管理系统采用"边开发边测试"的模式，在系统开发阶段选用基于事先设计的瀑布模型，将软件生命周期划分为制定计划、需求分析、软件设计、程序编写、软件测试和运行维护等六个基本活动，在瀑布模型的基础上引入敏捷开发理念，采用迭代、循序渐进的方法进行软件开发，通过瀑布模型和敏捷开发相结合的开发方法，保证开发的各个阶段有序衔接。

（2）快速原型法在营销管理系统开发中的应用。

项目建设伊始，时间就相对紧迫，任务之重从未有过。需要快速进行系统开发才能满足项目建设的要求。项目型系统的开发流程，通常从系统需求调研分析开始，通过对系统需求进行调研，从而进行系统概要设计，并将概要设计细化为详细设计，围绕系统详细设计说明书，进行开发编码，对系统功能进行实现，围绕实现的系统功能进行测试，并对测试结果进行反馈修改，对于测试好的系统，进行软件交付和验收收尾工作。所以，系统开发一般会包括七个步骤（如图 3-14 所示）：第一步：需求调研分析，对于客户对系统具体需求进行调研，明确客户对于系统整体需求；第二步：概要设计，基于客户需求进行系统概要设计，将客户需求固化；第三步：详细设计，基于概要设计内

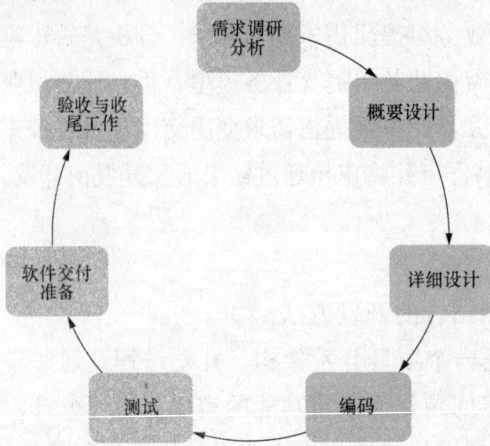

图 3-14　系统开发步骤示意图

容，编制详细设计说明书，为系统编码开发提供基础；第四步：编码，基于详细设计说明书，进行系统编码工作；第五步：测试，对于开发系统开展测试工作，包括出厂前测试、安全测试、性能测试等；第六步：软件交付准备，对测试符合要求的系统进行收尾工作，准备系统交付；第七步：验收与收尾工作，进行系统验收，整个系统圆满完成。快速原型法通常简称为原型法，其核心是，用交互的、快速建立起来的原型取代了形式的、僵硬的（不允许更改的）大部分的规格说明，通过在计算机上实际运行和试用原型系统而向

开发者提供真实的、具体的反馈意见。

营销管理系统在建设过程中，由于详细设计说明书时间滞后，为不影响项目开发进度，采用快速原型法对于一些基本功能提前进行开发，实现营销管理系统的迅速开发，在详细设计说明书下发后，对前期开发进行修正，保证项目开发的进度与质量。

3.4.4　应用情景（见案例3-8至案例3-14）

开发阶段建设管理实战情景案例（3-8）
——开发联调

1. 遇到的问题

项目建设时间较为紧张，对于项目建设的各个模块时间都有精确的要求，但由于前期"6+1"系统协同设计说明书尚未下发，前期对于"6+1"系统协同功能开发时间周期设定为 3 个月，协同设计说明书的延迟将导致系统"6+1"协同功能的开发进度滞后，影响"6+1"各系统之间的协同运作。在此情况下，如何在保证项目质量的情况保证项目的进度？

2. 解决问题的思路和方法

项目组得知情况后，围绕这个主题专门成立对应项目组，全程负责指导厂家做好后续开发联调，保证系统能单独运作，通过"提出确定一个，发布一个，改造一个，逐步推进"的原则，对外部集成接口的开发测试进行跟踪，掌握最新的进展，对已具备调试条件，督促乙方须立即安排调试工作，动态的安排其联调工作，而不影响其他系统的开发联调。同时，继续跟进网公司"6+1"系统详细设计说明书的下发，待网公司协同设计说明书下发后采取迭代开发方式，加快"6+1"系统协同的开发。营销管理系统在"6+1"系统中较为领先，当其他某个系统开发完毕后率先进行联调，分批次对不同系统开展联调工作。

3. 实施的效果

通过"提出确定一个，发布一个，改造一个，逐步推进"的原则，基本没有影响系统开发联调，同时采取迭代开发模式，保障项目开发进度。

开发阶段建设管理实战情景案例（3-9）
——用户参与

1. 遇到的问题

营销管理系统最终用户为基层班组人员，只有满足基层班组人员认可系统的操作体验需求，才能称得上是体验好的系统，同时系统建设过程中，系统用户对于系统建设不熟悉，缺乏直观感受，对日后系统操作难以很快上手。

2. 解决问题的思路和方法

通过强调用户直接参与，将系统最终用户提前参与到系统建设过程中，分批次向各基层单位短期借调系统直接用户使用营销管理系统，通过用户的直接参与一来可以从系统使用者角度提出系统体验优化建议，为系统性能提升提供保障；同时，用户直接参与到系统建设过程，更能理解系统建设的不易，对系统具有较强的熟悉感、归属感，方便日后能够快速使用系统。

3. 实施的效果

通过整合系统用户的体验建议，更好的优化系统建设，同时方便日后实施时能够快速推广。

开发阶段建设管理实战情景案例（3-10）
——需求设计调整

1. 遇到的问题

营销管理系统抄核收业务全流程中，包含抄表、核算、账务、对账四个模块，在系统开发过程中，发现档案异常核查及处理、抄表数据开放异常核查及处理，现场抄表录入异常核查及处理等功能由于详细设计与需求不符；电费集中复核流程由于各网省业务存在差异，需要对该需求进行重新确定；催收功能由于详细设计中设计操作过于繁琐，催收策略与催收关联性差等问题，遇到这些问题如何处理？

2. 解决问题的思路和方法

再完美的需求分析及系统设计也难以保证不存在瑕疵，故需要设立一套需求及设计的检查校验体系，以提高系统准确率，而在系统建设过程中，开发阶段也是检查需求及设计是否合理的一个重要手段，在系统开发过程中如若发现系统需求及设计不符的情况，针对不同的业务，分别成立相应专家组，专家组对于承建商开发过程中遇到的问题进行专题讨论，以问题跟踪表的形式，对问题进行追踪跟进，按照需求变更流程进行修改，直至围绕原始需求调整详细设计说明书，将讨论出的解决方案反馈到开发人员，直至被开发人员认可，并立即组织开发商依据修改后的详细设计说明书进行开发，并着重开展测试，对于存在的问题采用闭环的问题管理机制，保证系统功能的完美实现。

3. 实施的效果

通过开发阶段对于系统设计再次验证，保证系统对需求的完美实现。

开发阶段建设管理实战情景案例（3-11）
——班组工作台设计

1. 遇到的问题

营销管理系统建设非常重视用户体验，班组工作台是提高用户体验最重要的方面之一，本单位通过从以下四个方面进行班组工作台的开发，确保班组工作台用户体检满足用户需求。

2. 解决问题的思路和方法

通过以下四种方法对营销管理系统班组工作台进行设计开发，以达到工作台效果。

（1）分组讨论。

由于班组工作台涉及班组众多，各个班组业务不同，为了加快会议进度，采用分组讨论方式进行。

（2）投票表决。

会议采用投票表决的方式，对常用功能和数据指标的优先级进行确认。

（3）头脑风暴。

采用头脑风暴方式进行讨论，各位专家积极提出专业意见，小组长对意见进行整合。

（4）集中评审。

由于班组工作台涉及班组众多，为确保讨论成果合理，规范，采用集中评审的方式，对各小组意见审核。

3. 实施的效果

经过系统建设成员辛勤努力，营销管理系统实现统一性、通用性、个性设计。

开发阶段建设管理实战情景案例（3-12）
——外部设备升级改造

1. 遇到的问题

系统外部设备是高效开展营销服务的重要支持设备，也是信息系统建设的重要组成部分，各个地市由于发展水平以及技术接纳水平等历史原因，营销外部设备型号众多，技术规范差异较大，如何确保系统外部设备顺利地完成升级改造？

2. 解决问题的思路和方法

通过制定系统外部设备升级改造的标准，并对标准进行宣贯，以将标准在营销管理系统外部设备改造过程中执行，进行升级改造。

（1）因地制宜，制定标准。

各个地市局设备型号数量差别较大，技术水平由于历史原因存在较大差距，为达到统一的目标，必须采取适用其实际情况的升级改造策略，实现外部设备的最大利用效率与业务最大支持能力。故在标准制定过程中，应根据各地市实际情况因地制宜制定标准。

（2）加强宣贯、执行标准。

因地制宜制定各地市外部设备升级改造标准后，需要分别对各地市进行宣贯，使得各地市在具体执行标准过程中，能够充分理解标准，达到外部设备升级改造的要求。

（3）现场测试，检验改造成果。

待各地市完成外部设备升级改造，进行外部设备现场测试，检查外部设备改造是否符合营销管理系统要求，对于不符合要求地方及时提出整改。

3. 实施的效果

系统外部设备顺利完成升级改造，实现营销业务的无缝过渡，保证业务的延续性，同时支持对业务创新的集成需求。

开发测试阶段建设管理实战情景案例（3-13）
——银电联网

1. 遇到的问题

银电联网接口作为目前电力收费的最主要渠道，银电联网接口面向多家银行，调试周期较长，协调难度大。同时，广东发展银行、农商银行及部分地方性商业银行等没有省级集中，难以统一对接。以及银电联网交互银行众多，交互频繁、并发高，批扣数据量大，因此容易引发网络阻塞、前置机负载过高等性能问题。在运行时，如何保证其运行安全、稳定和高效？

2. 解决问题的思路和方法

对营销管理系统银电联网存在的难点解决的策略有：

（1）分析目前各试点单位银电联网实用化情况，掌握与各银行银电联网现状。提前与各银行沟通并部署测试环境，尽早安排联调，为调试工作预留足够的时间。需在约定时间与各银行确定银电联网技术协议，并督促银行尽早开发并开始联调。同时可考虑与人行结算中心统一对接，该方式可避免与多家银行进行协调，可大幅提升工作效率。

（2）采用集群的方式部署银电联网服务，银电联网前置机采用统一的任务调度和负载均衡，各前置机统一管理，按照设定的交互方案，系统生成定时任务自动数据交互，同时实现负载均衡和互为备用，提高银电联网前置机并发处理能力。在数据传输过程中，利用可靠的加密算法、数据压缩算法，对批扣文件实现数据加密及压缩，保证关键数据的安全性，提高数据可靠性和网络传输效率。

3. 实施的效果

按时按质按量完成银电联网的联调测试，保证系统外部集成功能应用。

开发阶段建设管理实战情景案例（3-14）
——项目执行

1. 遇到的问题

项目建设时间较为紧张，如何能够保证项目推进有条不紊，项目能够有序按计划推进，不至于需要熬夜赶进度。

2. 解决问题的思路和方法

（1）全力执行项目管理办法。

对于项目部制定的工作流程及管理办法，如业务变更流程、考勤与休假管理办法、营销管理系统人员报销管理办法等，工作必须严格遵照项目管理办法规定，使得工作有章可循，能够科学有序地推进。

（2）按计划推进项目进程。

项目组工作期间按照工作计划提前做好部署，对于项目主要工作按计划时间节点设立里程碑，有效管控项目进程。

3. 实施的效果

通过对项目管理制度的有效执行及项目进程的有效管控，使得整个项目能够高效有序地推进。

3.5　系统测试阶段管理实战

3.5.1　工作目标

系统测试阶段的目标是围绕系统开发成果，组织全省业务、技术专家分层次功能测试工作，确保系统功能符合业务实际需求，顺利完成系统开发及功能验收。按照一体化营销管理系统建设思路，营销管理系统分三批次开展迭代测试，迭代测试完成后组织全省专家开展整体性测试，共发现问题5472个。

3.5.2 工作内容

营销管理系统采用分层次、分批次进行迭代式回归测试。此外，业主项目部还组织全省几十名专家开展整体性远程测试，委托第三方对系统进行上线前安全评估测试，委托广东电网公司信息化评测实验室对营销管理信息系统进行信息系统交付（性能）和入网安评测试，确保系统功能符合业务实际需求。测试阶段，业主项目部发挥常驻专家的优势，对问题进行螺旋式回归，实现闭环管理。同时对营销管理系统进行联调测试，确保系统间能够协调运作，能够满足系统设计成果中业务横向协同相关的功能性和非功能性需求。

（1）系统测试准备。

1）编制系统测试阶段工作方案。

根据工作方案的总体目标和要求，系统测试阶段需要从广东省公司本部及各供电局分专业分批次抽调业务专家、关键用户、技术专家集中参与系统测试工作，采用分批迭代式测试，分阶段从功能点、业务场景、性能、安全、兼容性等方面进行全面测试。系统测试工作方案要求编制阶段粒度更细致、操作性更具体的系统测试计划，明确系统测试的内容，各阶段的里程碑交付物，对常见风险提前防范。

2）编制营销业务系统业务场景。

业务场景是系统测试的基础，在以业务目标为边界的业务模型中，业务场景描绘的是贡献于这个业务目标的人和事，这些人和事的交互过程和完成顺序就是完成整个业务目标的流程。而这些人往往是业务主角、而他们所做的事便是业务用例。业务场景与业务用例是互相验证的，根据业务场景得到的业务用例不一定是完整的，因为可能存在独立的、未参与交互、但仍贡献于整个业务目标的业务用例存在。所以，需要业务用例与业务场景进行互相验证。这样才能得到完整正确的业务用例。

业务场景编制过程中需要注意以下四点：一是业务模型中的流程全覆盖，二是电网模型的全覆盖，三是关键业务的处理，四是影响其他专业的业务。

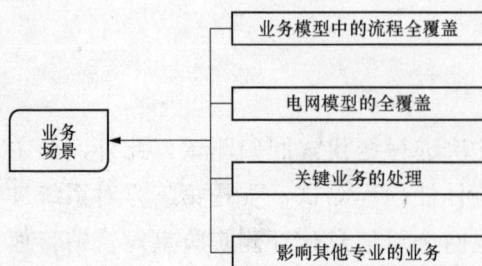

图 3-15　业务场景编制原则示例

3）编制营销业务系统测试用例。

系统测试是试点开发阶段的重要环节，而测试用例是系统测试的基础。为确保测试用例遵循业务模型、功能覆盖全面、异常情况完备、考虑全网各单位的业务特点，进一步提高系统测试的质量和效率，需要从业务符合度、内容完整性、级别合理性、用例易理解、结果可判定及统一规范性六方面编制营销业务系统测试用例。

4）系统测试启动准备。

在系统测试前，首先搭建系统测试环境，功能测试服务端服务器、报表服务器、数据库服务器、数据库存储等；编译、部署环境服务器需要配置数据库中间库、版本管理服务器、编译服务器等；试点局测试是通过网络进行的远程测试，相关网络需达到测试标准，以上测试环境的准备为系统测试做准备。

（2）出厂测试。

1）单元测试。

单元测试是对软件中的基本组成单位进行的测试，如一个模块、一个过程等等。它是软件动态测试最基本的部分，也是最重要的部分之一，其目的是检验软件基本组成单位的正确性。一个软件单元的正确性是相对于该单元的规约而言的。因此，单元测试以被测试单位的规约为基准。对营销管理系统进行单元自测，主要通过静态结构分析、代码质量度量、代码检查、功能确认与接口测试、逻辑测试、函数执行性能、动态内存分析以及 SOA 服务代码分析等方面对文档和代码进行测试，并开展单元测试和评审工作。

2）集成测试。

集成测试是在软件系统集成过程中所进行的测试，其主要目的是检查软件单元之间的接口是否正确。它根据集成测试计划，一边将模块或其他软件单位组合成越来越大的系统，一边运行该系统，以分析所组成的系统是否正确，各组成部分是否合拍。营销管理系统依据需求规格说明书，对各功能模块接口进行适合性、准确性、互操作性、易用性、可维护性等的测试，检验功能模块接口是否满足用户需求，并开展集成验证测试和评审工作。

3）出厂交付测试。

对营销管理系统开展针对功能、性能、安全等方面的出厂测试，并开展出厂交付测试和评审工作。

①出厂（功能）测试。

按照系统需求规格说明书，对系统各业务功能进行出厂测试，检验系统是否满足需求，为系统能否交付上线试运行提供度量依据。

②出厂（性能）测试。

按照系统需求规格说明书，对系统各项性能指标进行分析，检验系统是否满足需求，为系统能否交付上线试运行提供度量依据。

③出厂（安全）测试。

依据等级保护基本要求、应用开发安全技术规范等标准，开展应用系统的安全测试。主要包括应用系统的身份鉴别、访问控制、安全审计、通信完整性、通信保密性、软件容错、资源控制等方面开展，为系统能否交付上线试运行提供度量依据。

（3）集中功能测试。

按照需求规格说明书，对各功能模块进行适合性、准确性、互操作性、易用性、可维护性等的测试，检验功能模块是否满足需求，进行三个批次的集中功能测试，第一批为业扩管理、供用电合同管理、电价电费管理、资产管理、运行管理、服务渠道管理、系统基础功能及工作流功能；第二批为管理线损管理、用电检查、稽查监控、营销统计与分析、客户停电管理、实验室管理、查询和管理功能及报表管理功能；第三批为市场交易计划管理、购电管理、跨区跨省电能交易管理、跨国（境）电能交易管理、新兴业务管理、有序用电管理、客户能效管理及班组标准化管理管理，针对三个批次功能进行集中功能测试。专家和关键用户在系统功能测试中发现的问题，通过系统迭代开发，进行解决，同时完善系统功能。

（4）业务场景测试。

业务场景测试过程中，需要先熟悉系统，以在场景测试中发现系统大的功能缺失，检验测试数据质量。在测试场景选择上，电量电费和客户两个专业相对复杂，需要全部进行测试；业扩和计量两个专业则挑选典型的业务场景，以达到功能点的全覆盖。在测试过程中，需要按照场景的要求，注意各业务环节的联通性，详细记录系统问题。

（5）全省远程测试。

在全省远程测试之前，按照专业分时间对全省远程测试人员进行系统培训。培训完成后，按系统模块测试方案，先行分批分专业组织专家进行模块功能点测试，围绕各个试点局营销系统各业务模块进行全省远程测试，各地市局严格按照业务场景测试记录开展，并将测试结果记录在测试记录文档中，对测试记录中记录的问题，合并、汇总到测试问题缺陷跟踪表。最后对测试问题进行评审并组织二次全省回归测试，确保交付测试无误。全省远程测试针对的是全省业务，强调全员参与。

（6）整体性测试。

整体测试是在软件开发完成之后，对软件进行系统完整的测试。营销管理系统运用编写的业务场景和测试用例，开展整体性功能测试。业务场景和测试用例的编制需要严格遵循业务模型、功能覆盖全面、常规及异常测试用例完备，整体性测试包括"6+1"系统确认测试、接口确认测试、报表测试等。报表测试包括报表界面、安全性、准确性及性能的测试，对系统中的报表数据准确性测试方法较为灵活，可以对系统中报表重叠部分进行比对，也可以对子报表汇总与母报表比对，就是对月报表汇总与年报表比对，日报表汇总与月报表比对，可以从维度关系考虑，地域、行政级别、时间、个人等方面下手，进行汇总比对，报表测试是整体性测试结果的反映。抄核收模块业务流程经过使用等价类划分法、边界值分析法、错误推测法、因果图法、组合分析法、场景法等测试方法，对功能的界面，各个按钮运行情况，业务流程的传递，业务数据传递过程中的准确性和完整性，业务流程的各个分支传递过程，不同权限人员使用业务流程的过程等做了全面的测试。

任务名称	责任主体	时间	10月
整体性集中测试培训	业务组	10/1-10/10	
数据准备	业务组	10/1-10/14	
权限配置检查确认	业务组	10/1-11/14	
流程流转检查确认	业务组	10/1-11/14	
模块间联调测试	业务组	10/15-11/14	
6+1系统确认测试	业务组	10/15-11/14	
接口确认测试	业务组	10/15-11/14	
报表测试	业务组	10/15-11/14	
整体性测试问题评审	业务组	10/15-11/14	
整体性测试问题跟踪处理	业务组	10/15-11/14	
省公司全系统回归测试	业务组	10/15-11/15	
整体性交付测试(含性能、应用安全)	推进办联调测试组	10/15-11/15	
试点局完成本地测试并提交测试报告	试点局	10/10-11/15	
整体功能确认	业主项目部	10/15-11/15	

左侧纵向文字：整体性测试

图 3-16　整体性测试工作计划示例

（7）非功能性测试。

营销管理系统非功能性测试包括性能测试、安全性测试、兼容性测试及用户界面测试，具体包括：第三方出厂安全测试、交付性测试与入网安全测试等。在第三方出厂安全测试过程中，经验证，修复数据库不符合项 5 项，中间件不符合项 4 项，不符合项修复率 100%，修复应用程序风险漏洞 7 项，应用程序风险漏洞修复率 100%。在交付性能测试过程中，测试案例执行率为 100%，测试案例通过率为 100%，所有测试案例均满足指标要求，满足系统效率测试准出条件，满足系统在线和并发基本要求。在入网安评测试过程中，发现风险 161 个，经过整改并回归测试确认，修复率 100%，满足测试要求。

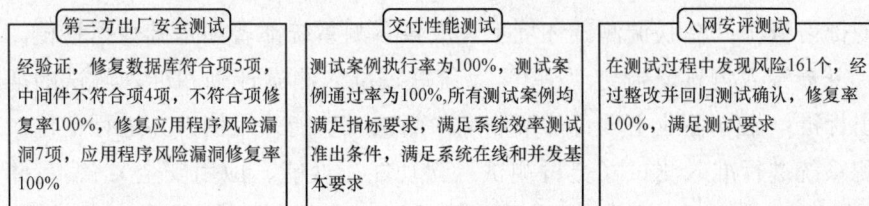

第三方出厂安全测试	交付性能测试	入网安评测试
经验证，修复数据库符合项5项，中间件不符合项4项，不符合项修复率100%，修复应用程序风险漏洞7项，应用程序风险漏洞修复率100%	测试案例执行率为100%，测试案例通过率为100%，所有测试案例均满足指标要求，满足系统效率测试准出条件，满足系统在线和并发基本要求	在测试过程中发现风险161个，经过整改并回归测试确认，修复率100%，满足测试要求

图 3-17　非功能测试业务示例

（8）联调测试。

外部集成是营销管理系统建设重要组成部分，对消除信息孤岛，加强横向协同起着至关重要的作用。做好营销管理系统外部集成工作要求深刻理解公司各部门的业务和协同流程，在充分考虑上级单位要求的系统集成基础上，还要兼顾各分、子公司个性化系统的集成需求，做到真正消除信息孤岛，为外部系统业务协同奠定坚实基础。系统外部集成实现的关键在于解决系统之间的互联和互操作问题，它是一个多厂商、多协议和面向各种应用结构的体系问题。需要解决各类设备、子系统的接口、协议、系统平台、应用软件等与子系统相关的一切面向集成的问题。营销管理系统的运行需要和其他外部系统（设备）进行数据交互集成，本次建设涉及的外部集成对象共包括上级单位统一管控的外部集成近 30 类、省公司统一建设的外部集成 10 余类及试点局外部集成对象 10 余类。

在"6+1"系统联调过程中，首先需要编制联调测试工作计划，依据项目管理组发布的"6+1"系统总体建设和推广总体计划，收集各参与联调测试系统的测试计划及测试环境配置要求，编制联调测试组工作计划，明确各阶段管控关键节点及管控内容。其次，制定联调测试标准，收集各系统间互联技术要求，制定联调测试标准；编制测试过程文档模版，收集联调测试需求。然后进行开发测试检查，联合技术管控组和业主项目部制定接口开发测试检查方案，在开发测试关键阶段对各参测系统的接口进行检查，并提出整改要求。再次，编制联调测试技术方案并完成方法验证，组织各业主项目部确定联调测试场景；制定联调测试技术方案，完成连通联调测试方法验证；制定参测系统的测试版本控制方案。再次，测试环境搭建及系统部署，制定联调测试环境建设方案；搭建联调测试软硬件平台基础环境和配套基础性平台（4A 平台、门户系统等），依据各参与联调测试系统的架构，分配好各系统的部署资源；在联调测试环境下完成各参测系统部署和基础数据移植。再次，开展准入测试，制定"6+1"系统联调准入测试计划和准入测试的准入准出标准；指导各业主项目部编制准入测试（功能）用例，并进行审核；对参测系统进行准入测试（交付测试：含功能、性能、应用安全）；编写并评审准入测试阶段报告；及时将准入测试阶段报告向各业主项目部反馈并督促限期整改。最后，开展联调测试，根据参测系统的测试版本控制方案，对联调测试中的系统版本进行有效控制；对参测系统间联通性测试，编写并评审联调测试阶段报告；及时将测试阶段报告向各业主项目部反馈并督促限期整改。

在系统联调过程中，银电联网接口面向多家银行，调试周期较长，协调难度大。需要分析各试点单位银电联网实用化情况，掌握与各银行银电联网现状。提前与各银行沟通并部署测试环境，尽早安排联调，为调试工作预留足够的时间。在手持抄表器的联调过程中，手持抄表器厂商、型号众多，需要协调各厂商按新协议调整程序并进行联调。应尽早确定接口技术协议，联系手持抄表器厂商进行接口改造和联调工作，同时因厂商、型号众多，需制定合理的联调计划，有条不紊地开展工作，确保实施进度。

（9）测试问题闭环管理。

测试闭环管理程序是首先确立控制标准，其次评定是否符合标准，最后纠正不对的地方，消除偏离标准和计划的情况。首先需要确定问题所属一级模块、二级模块及功能点，找出问题的菜单路径，并确定问题类型（设计完善、功能缺陷、需求变更、业务逻辑缺失等），并由此确定成果类型（界面、非系统问题、建议、功能及缺陷等）；然后，对于问题严重程度进行定义，并给出问题的局方编号，对问题缺陷进行描述。最后对问题缺陷进行处理，明确现场问题跟踪人，计划解决时间。按照一体化营销管理系统建设思路，营销管理系统分三批次开展迭代测试，迭代测试完成后组织全省专家开展整体性测试，共发现问题 5472 个。采用闭环的问题管理机制，对于测试中发现的问题，进行整体性测试、回归测试，螺旋式关闭各类问题。

第一批功能开发及测试 5月~9月			第二批功能开发及测试 8月~10月			第三批功能开发及测试 10月~11月		
➤ 业扩管理 ➤ 供用电合同管理 ➤ 电价电费管理 ➤ 资产管理 ➤ 运行管理 ➤ 服务渠道管理 ➤ 客户关系管理 ➤ 营销风险管理	功能点数	681	➤ 管理线损管理 ➤ 用电检查 ➤ 稽查监控 ➤ 营销统计与分析 ➤ 客户停电管理 ➤ 实验室管理	功能点数	1251	➤ 市场交易计划管理 ➤ 购电管理 ➤ 跨区跨省电能交易管理 ➤ 跨国（埃）电能交易管理 ➤ 新兴业务管理 ➤ 有序用电管理 ➤ 客户能效管理 ➤ 班组标准化管理	功能点数	374
	问题数	2433		问题数	2021		问题数	487

图 3-18　系统测试问题示例

3.5.3 主要方法与经验借鉴

（1）白盒测试在系统测试中的应用。

白盒测试又称结构测试、透明盒测试、逻辑驱动测试或基于代码的测试。白盒测试是一种测试用例设计方法，盒子指的是被测试的软件，白盒指的是盒子是可视的，你清楚盒子内部的东西以及里面是如何运作的。"白盒"法全面了解程序内部逻辑结构、对所有逻辑路径进行测试。"白盒"法是穷举路径测试。在使用这一方案时，测试者必须检查程序的内部结构，从检查程序的逻辑着手，得出测试数据。贯穿程序的独立路径数是天文数字。白盒测试的测试方法有代码检查法、静态结构分析法、静态质量度量法、逻辑覆盖法、基本路径测试法、域测试、符号测试、路径覆盖和程序变异。白盒测试法的覆盖标准有逻辑覆盖、循环覆盖和基本路径测试。其中逻辑覆盖包括语句覆盖、判定覆盖、条件覆盖、判定/条件覆盖、条件组合覆盖和路径覆盖。

营销管理系统通过编制测试用例对系统功能进行测试，通过基本路径测试法检查软件内部的逻辑结构，对软件中的逻辑路径进行覆盖测试，在程序不同地方设立检查点，检查程序的状态，以确定实际运行状态与预期状态是否一致。在电费计算测试过程中，由于业务逻辑复杂，数据量大，处理时限要求高，使用的是白盒测试的方法。电费计算测试分别经过静态结构分析、代码走查、功能确认与接口测试、逻辑测试、函数执行性能五步进行测试。在静态结构分析方面，核查控制流分析、数据流分析、接口特性分析、表达式分析、编程规则检查及代码质量度量；在代码走查方面，需要圈定关键代码段（电价构建、算费结构构建、算费结果差异比较）进行人工阅读，查找缺陷；在功能确认与接口测试方面，进行功能界限、性能界限、容量界限、状态转换等情况下的合法、非法边界或端点的测试；在逻辑测试方面，审查语句覆盖及判定覆盖是否 100%；在函数执行性能方面，测试响应时间。

（2）黑盒测试在系统测试中的应用。

黑盒测试也称功能测试，它是通过测试来检测每个功能是否都能正常使用。在测试中，把程序看作一个不能打开的黑盒子，在完全不考虑程序内部结构和内部特性的情况下，在程序接口进行测试，它只检查程序功能是否按照需求规格说明书的规定正常使用，程序是否能适当地接收输入数据而产生

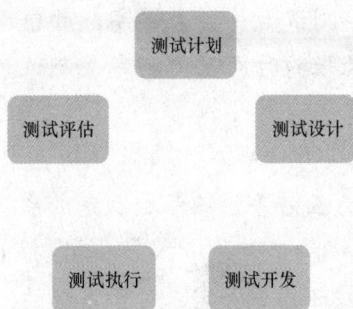

图 3-19　黑盒测试

正确的输出信息。黑盒测试着眼于程序外部结构，不考虑内部逻辑结构，主要针对软件界面和软件功能进行测试。黑盒测试（如图 3-19 所示）包括：测试计划、测试设计、测试开发、测试执行、测试评估。

　　首先，根据用户需求报告中关于功能要求和性能指标的规格说明书，定义相应的测试需求报告，即制订黑盒测试的最高标准，以后所有的测试工作都将围绕着测试需求来进行，符合测试需求的应用程序即是合格的，反之即是不合格的；同时，还要适当选择测试内容，合理安排测试人员、测试时间及测试资源等。其次，将测试计划阶段制订的测试需求分解、细化为若干个可执行的测试过程，并为每个测试过程选择适当的测试用例（测试用例选择的好坏将直接影响到测试结果的有效性）。再次，建立可重复使用的自动测试过程。然后，执行测试开发阶段建立的自动测试过程，并对所发现的缺陷进行跟踪管理。测试执行一般由单元测试、组合测试、集成测试、系统联调及回归测试等步骤组成，测试人员应本着科学负责的态度，一步一个脚印地进行测试。最后，合量化的测试覆盖域及缺陷跟踪报告，对于应用软件的质量和开发团队的工作进度及工作效率进行综合评价。在外部设备调试过程中，仅需测试外部设备性能是否满足营销管理系统要求，只需要考虑程序外部结构，不考虑内部逻辑结构，通过对外部设备的软件界面和软件功能进行测试，当软件界面和软件功能满足要求，测试完成。

3.5.4　应用情景（见案例 3-15、案例 3-16）

系统测试阶段建设管理实战情景案例（3-15）
——系统测试保障

1. 遇到的问题

系统测试不仅是软件开发的重要组成部分，而且在软件开发的系统工程中占据着相当大的比重，同时系统测试对于测试人员要求较高。营销管理系统复杂、时间紧、任务重，如何能在紧张的时间里圆满完成测试任务？

2．解决问题的思路和方法

对于营销管理系统测试主要工作从以下五方面着手，确保顺利完成系统测试工作。

（1）在系统测试召集专家过程中，需要考虑不同业务需求对于系统的要求，故从不同市局以及市局、区级、镇级分别召集专家进行测试。使得系统最大包容性，满足全省不同需求。

（2）在开发阶段，业务人员参与到开发过程中，建立优化系统的开发结果，在前期对于开发比较大的bug进行消除，使得留到测试阶段的重大bug较少。

（3）对于系统测试人员的选择，在专业性和稳定性要求较高，在选择前期明确系统测试人员的条件，使得后续测试人员素质能够得到保证。

（4）对于测试人员进行分专业培训，将测试要求、注意事项等分专业进行培训宣贯，明确测试方法、测试要点，使得每个测试人员能够顺利完成测试工作。

3．实施的效果

系统测试成功完成，系统符合试点实施条件。

系统测试阶段建设管理实战情景案例（3-16）
——集成测试保障

1．遇到的问题

营销管理系统集成涉及的范围较为广泛，集成的对象比较多样化，给集成测试带来了不少的困难。如何让集成测试能对营销管理系统的集成起到及时、有效、全面的检测效果，控制集成的风险，保证集成的进度？

2．解决问题的思路和方法

对营销管理系统的测试采取如下策略：原型测试先行，由技术到业务，由接口测试到系统测试逐层增量进行。

（1）原型测试先行。

在对一个集成对象进行集成之前，从营销管理系统集成设计的技术分类中选择确定该集成的实现方式，对选择的集成方式能否用于该集成对象先进行技术上的测试，通过搭建一个小型原型系统来进行。验证通过则表明该集成对象可以采用选中的集成实现方式，为后面的具体集成测试打下坚实的基础。

（2）分层增量测试。

对于一个集成对象的集成，先从技术角度独立测试每个接口，确定每个接口的连通性，数据处理的正确性，数据的安全性和性能都达到要求。然后从接口所涉及到的业务角度测试每个接口，确定接口能让业务正确执行，并能顺利完成。一个接口涉及到多个业务的，逐个进行业务测试，接口进行修改后，对接口涉及的业务都要重新测试。一个业务涉及多个接口的，逐段进行测试。

3. 实施的效果

较好的控制集成的风险，保证了项目集成的效率与质量。

3.6　试点实施阶段管理实战

3.6.1　工作目标

项目试点实施阶段的工作目标是做好营销管理系统上线前准备、系统操作培训、上线切换、系统试运行以及系统运行监控等工作，确保营销管理系统在试点单位的正常运行。营销管理信息系统试点实施过程主要有数据质量提升、试点局双轨上线试运行、试点局双轨试运行验收、试点局单轨上线、完成竣工验收等主要工作。

3.6.2　工作内容

营销管理系统的试点实施阶段主要工作包括上线前准备工作系统、双轨运行系统、单轨运行三大部分。其中，准备工作包括审核系统运行方案、正式环境系统安装部署、数据迁移、外部集成接口接入联调工作，核心业务和数据核对、银电联网数据外部准备工作的协调、系统操作培训、运行条件确认等；双轨运行部分主要工作是同时使用两套系统，用两套系统的算费数据对比结果来验证及核对算费模型、用户数据及报表的准确性；单轨运行部分主要工作是完成数据迁移、外部集成接口单轨运行、原系统与新系统切换、新系统单轨运行和竣工验收等工作。

（1）上线前准备工作。

系统上线前准备工作的目标是完成审核系统运行方案、正式环境系统安装部署、数据迁移、外部集成接口接入、核心业务和数据核对、系统操作培训、运行条件确认等主要工作，为营销管理系统的良好运行提供保证。

1）审核系统运行方案。

项目技术组提交《系统运行方案》、《系统投运方案》、《系统应急预案》，系统建设组织对技术组提交的方案进行审核并提出改进意见。《系统运行方案》主要内容包括运行的切换、运行期间应做的工作及要求等；《系统投运方案》主要内容包括系统投运时间、地点、计划以及应注意问题等内容；《系统应急预案》主要内容包括系统在运行期间出现紧急情况时的应急方案。

2）正式环境系统安装部署。

根据营销管理系统部署方案的总体工作安排，严格执行系统架构、主机规划、磁盘规划、数据库规划、系统应用环境、同城备用中心等方面的规划要求，依据系统架构、网络拓扑、安装部署计划、服务器规划、数据库规划和存储规划等方面的要求与高性能、健壮性、可伸缩性原则进行启动系统部署工作，在系统安装、数据库安装、应用服务器安装等方面展开系统安装部署。

按照系统部署方案，搭建正式环境，形成《环境搭建报告》，主要内容包括部署操作系统、数据库、中间件等系统运行所需硬软件资源。营销管理系统部署示意图如图3-20所示，在营销管理系统安装环境部署中，展现层采用weblogic中的web服务器来提供服务，客户端通过浏览器访问；系统接入层采用ISOA，为web和各业务组件服务之间通信，支持不同类型服务；展现层直接通过报表服务器实现报表的展现；业务组件服务EJB提供服务，实现业务逻辑处理和数据存储；数据层采用Orale 11g RAC。

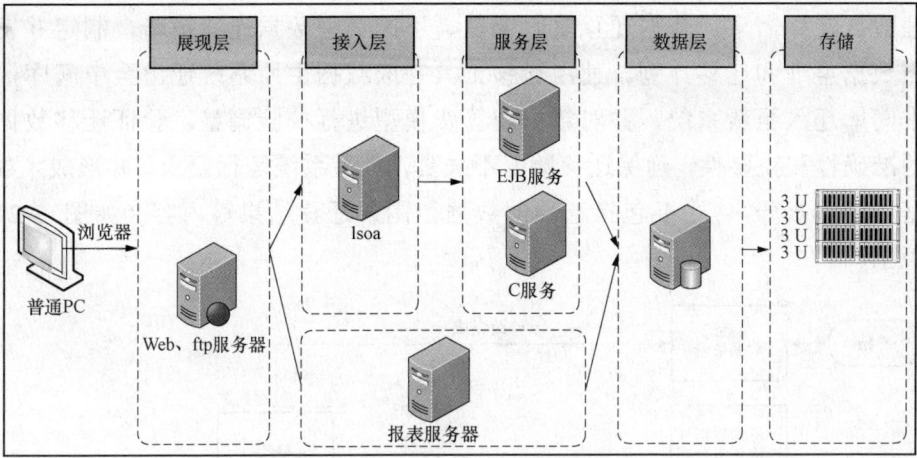

图 3-20　营销管理系统部署示意图

营销管理系统安装部署涉及系统环境搭建、参数配置、支撑环境安装部署、软件安装配置、程序部署及测试等板块的工作内容，具体包括了硬件基础设施、数据库安装部署、应用服务器安装、负载均衡部署、报表域等组件安装部署等，在试点实施阶段需要按照营销管理系统里程碑设定的时间完成以上工作内容的操作系统安装和部署工作，这项工作的工作量是非常大的，需要耗费较多的时间和资源。营销管理系统项目组据此编写的营销管理系统生产环境安装配置手册，有效地指导了项目组成员顺利地完成了系统安装部署工作，降低了部署操作系统过程中的复杂度，进一步提高了营销管理系统运维的效率。

3）系统角色权限配置。

系统角色权限配置的目的是为实现同一个系统在不同的单位都可以应用、让系统可以适应不同岗位的营销人员、保证业务流程在各单位能顺利流转。第一，梳理了 101 个业务流程环节，确定了 651 个系统岗位；第二，划分了营销管理系统 1065 个功能菜单，定制了 4464 个配置方案；第三，梳理了试点局业务人员，划分了 234 个系统角色。

4）数据迁移。

数据迁移分为数据预迁移和数据正式迁移两个部分。

数据预迁移就是做好数据迁移前的技术准备，按照数据迁移方案，整理数据迁移需求、数据迁移时间窗口、不同类型数据迁移策略，制定并发布数据整理和迁移计划。使用迁移工具完成数据由原系统迁出至中间库，中间库迁入至新系统，并对数据和算费模型进行校验调整，验证迁移数据的准确性和完整性，确保迁移数据不失真，满足系统运行要求，并形成《数据预迁移报告》，主要包括迁移的数据范围、迁移结果等内容（如图 3-21 所示）。

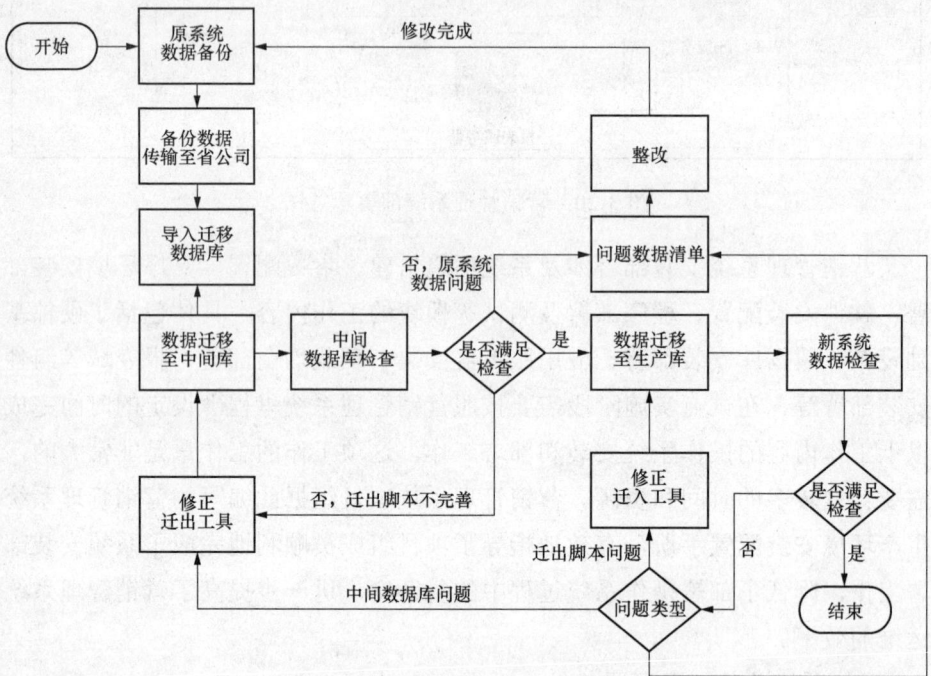

图 3-21　数据预迁移流程图

数据正式迁移主要分为原系统数据校验、数据清理、数据迁入新系统三大步骤。

首先，将系统用户数据从原系统迁出至中间库，迁出数据核对后，将用户数据迁入新系统生产环境，进行数据校验、系统试算费，并提供试算费对比结果，协助三个试点供电局完成数据调整。其次，对新系统用户数据清理，对原系统用户数据核对、检查，再次执行数据迁移，实现原系统与新系统的数据切换。对在途工单，依据在途工单迁移专项方案，确定新系统与原系统工单的流程、环节、角色的映射关系，以及过程数据的关联关系，将原系统已完结工作的、在途工作单的迁入新系统对应的流程环节，保障在途工作单能继续在新系统正常流转。最后，形成《数据迁移报告》，主要包括迁移的数据范围、迁移结果等内容。

在此阶段，生产数据库到管理数据库数据同步软件确定、报表工具、异地灾备中心建设实施、银电联网（在外联网应用区）的备用环境等工作需要协调与重视。

5）外部集成接口接入联调。

外部集成接口现场联调的工作主要包括营配信息集成、财务系统、资产管理系统、决策支持系统等"6+1"系统，4A 平台、企业门户系统、知识管理系统、数据资源管理平台、GIS 平台、邮件系统、短信平台、计量自动化系统、电力调度管理系统、呼叫中心语音平台、充值卡系统等非"6+1"系统（平台），自助服务终端、手持抄表器、封印手持终端、电能计量设备现场检验装置、电能计量设备室内检定装置、自动检定流水线、营业厅服务评价器和排队机、营业厅 POS 机等外部设备，银电联网、代收费系统、税控系统、派送外包系统等外围系统的联调工作。

其中，技术组按照"6+1"系统开发进行情况，统一安排其接口现场联调工作，并形成《"6+1"系统接口联调报告》；技术组统一安排银电联网接口现场联调工作，涉及地方银行的，技术组负责指导试点局实施组进行接口现场联调，并形成《银电联网接口联调报告》；技术组统一安排营配信息集成接口现场联调工作，并形成《营配信息集成接口联调报告》；试点局实施组负责发布本地化接口现场联调工作安排，进行接口现场接口联调工作，形成《地市局本地化接口现场联调报告》；最后，技术组汇总各类外部集成对象已形成的接口联调报告，汇编形成《外部集成接口联调报告》。

6）核心业务和数据核对。

对营销管理系统来说，数据是它的核心，它提供一套电费的基础数据，直接关系到供电企业的经营效益和客户服务质量的优劣，因此，新旧系统电量电费数据的一致性是新系统能否上线运行的重要标尺。依据上级单位营销一体化项目要求，需要按时、高效、保质、保量地完成广东电网公司营销管理系统数据迁移以及核对工作，确保迁移数据准确率达到 100%（如图 3-22

所示）。

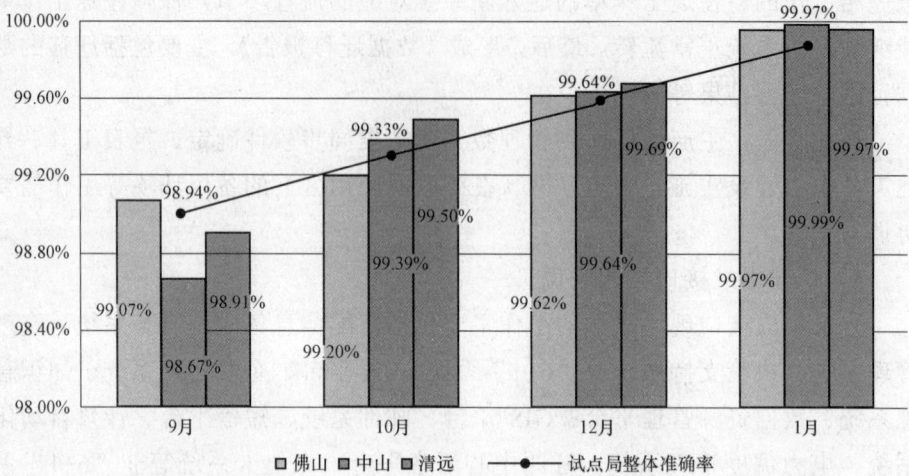

图 3-22 试点局新旧系统电费核对准确率

试点局试点实施阶段，新旧系统电费经核对后，整体准确率由不足 **99%** 上升到 **99.97%**，因此，在营销管理系统的试点实施阶段，必须对所有用户的电费数据进行试算，并进行新旧系统电费结果的比对，对有电费差异的用户，逐条分析存在差异的原因，并进行整改；对所有的业扩流程都要进行验证，并形成《电费试算及整改报告》，主要内容包括电费算法验证情况及算法差异说明等内容。具体来说，在运行期间，依据营销业务计费周期特征，进行算费、收费、报表核对、数据验证、业扩工作单流转等工作，并形成《电费试算及整改报告》和《原系统与新系统核心数据核对报告》，《电费试算及整改报告》主要内容包括电费算法验证情况及算法差异说明等内容，《原系统与新系统核心数据核对报告》主要内容包括核心的数据（含业扩、报表、计量、流转工作单、客服等）核对情况说明。同时，针对营销业务计费周期中算费、收费、报表、数据验证、业扩工作单位流转等工作在营销管理系统的实现情况进行把控，在此阶段，问题反馈和需求变更管理是关注点，及时与系统承建商、系统建设专家团队以及系统相关组织部门进行沟通和反馈，以落地不走样、普适易推广等为目的，严格执行工作方案和技术协议中对核心业务与数据核对的规定。

营销管理系统新旧系统档案、电费核查的步骤分为旧系统的档案迁入新系统、资料核查、电量电费核查三个主要步骤。其中，旧系统的档案迁入新系统阶段，开发商每次核对之前将档案迁入新系统，各单位（试点局）需要在开发商将档案转入新系统之后，在营销业主项目部的统一部署下开展资料、电量电费核查工作；在资料核查阶段，具体工作包括数据技术校验、档案资料手工核对两部分的工作，数据技术校验按照《数据核查规则》对电网域、核算域、计量设备域、客户域等进行技术检查，由业主项目部技术组出具检查报告，档案资料手工核对是利用新、旧营销系统的查询功能，对电网域、核算域、计量设备域、客户域等进行人工核对，对于新、旧系统不一致的内容，填报《试点局资料核对差异表》；在电量电费核查阶段，具体工作包括旧系统表码转入新系统、新系统电费计算、新旧系统电费计算结果核对、差异结果分析差异分析上报等工作，各单位对于计算后新旧系统电量、电费有差异的用户进行原因分析，剔除业务工单对结果的影响，各单位相关人员对照旧系统进行原因分析，并按照《试点局电费差异分析表格》记录。

对于新旧系统电费计算结果的差异分析后，得知新旧算法差异主要有如下分类：表码翻转判断、峰谷平电量算法差异、力调计算方式差异、无功电量为零功率因数计算差异、梯灯分摊电量方式差异、无电量户梯灯电量分摊差异、梯灯总表电量、跨季节阶梯电量阀值计算差异、阶梯电量阀值计算差异、需量基本电费算法差异、计费容量分摊取整差异、变损查表差异、扣减电量计算差异、总分表分摊线损等差异，在对比新旧系统算法差异以及参照业务模型说明书确定差异的处理方式，并及时上报相关的业务主管部门。

根据新旧系统电费计算结果的差异分析，在力调计算方式差异上，旧系统的算法是：佛山试点局中，功率因数默认按计量点算，可设置子计量点是否参与或参与并计算；清远试点局中，功率因数按变压器计算，执行条件是执行力调且无功电量大于零，公变用户且有无功表，按计量点单独计算功率因数；中山试点局中，功率因数默认按计算户，无功电量大于零计算力调，公用自备变关系户存在总分关系按总户计算功率因数，公用自备变关系户不存在总分关系按各户电量之和计算功率因数；新系统的算法是：接公用变压器符合考核要求的用户、存在转供关系的用户，按计量点单独计算功率因数；除公用变压器下不符合考核要求的用户和存在转供关系的用户外，其余用户按变压器（组）下所有用电性质计量点的有功总电量之和与无功总量之和计算功率因数（用电性质不在执行功率因数范围内的，参与功率因数计算，不执行考核）；所有退补电量参与功率因数计算；两户若存在转供关系，需在用户档案有转供标志。在得知力调计算方式差异之后，营销管理系统项目组根据市场营销业务模型说明书对于力调的标准，对这一差异的处理方式是采用新系统的算法以保证满足业务模型说明书和实际业务的要求。

营销管理系统建设项目组在处理无功电量为零功率因数计算差异时，因旧系统的各单位算法不一致，新系统中的算法是公变用户、转供用户按计量点算力调时无无功表功率因数为零；其余用户按变压器计算功率因数，按变压器下总有功电量、无功电量之和计算功率因数，无功电量为零功率因数为 1，根据实际业务的要求，经过咨询了业务专家与技术专家后，得出的处理方式是按照新系统的算法计算，但是需要完善新系统算法，无功电量为 0 不计算功率因数，其余计算。

此外，如定比线损计算差异分析中，旧系统按定比计算线损时

$$线损电量＝电量（包含变损）×线损比例$$

而新系统根据业务模型的要求，新系统电量不包含变损，即

$$线损电量＝电量（不包含变损）×线损比例$$

由此可见，在新旧系统算法差异结果分析与处理中，其中的唯一标准就是严格执行业务模型中的要求，遇到与实际业务要求需要完善的，经项目组与市场营销业务专家团队和技术团队协商后以业务模型为基础进行对应的完善。

7）银电联网数据外部准备工作的协调。

接收上级单位制定的《银电联网框架协议》、《银电联网代收电费技术协议》，按照要求与所负责的银行签订业务协议与技术协议，完成系统的开发、部署及联调测试的联系协调工作，与各家银行制定详细的数据准备工作计划，密切联系各家银行相关负责人，明确各家银行数据准备的时间及要求，严格按计划执行。

在项目建设的实际过程中，银电联调数据准备、接口测试工作涉及银行较多，现场联调测试阶段的时间紧、任务重，联调测试过程中稍有拖延，会

影响整体的进度安排。银电联网的数据初始化的工作内容包括字典数据、用户权限数据、业务数据等数据的初始化。其中，业务数据分为基础数据、历史数据、现行数据等，对于银行方的历史签约资料的迁移，由技术组统一安排，提供数据表模板，协调各银行将试点局的用电客户与银行的签约的历史资料同步到新营销系统；对于现行数据，如果需要导入新营销系统，通过与相关银行方协商确定使用规则的表格和样式，对数据进行初始化准备处理。营销管理系统建设项目组通过定期与各大银行召开沟通讨论会，明确各阶段的数据外部准备工作时间进度，讨论解决各方存在的问题与困难的解决办法，密切跟踪调试进度。

此外，根据南方电网公司一体化管理推进工作的要求，数据资源管理平台是南网"十二五信息化规划"中的综合技术平台的重要组成部分。对于营销管理系统业务系统接入及上线实施工作来说，业务系统与数据资源管理平台确认接入需求后，需针对存量主数据进行梳理，编制《物理模型与主数据模型映射关系表》，提供存量数据库文件，数据资源管理平台根据业务部门制定的相关数据质量办法，编制数据质量校验脚本，针对存量数据进行校验清洗，保障存量数据在导入平台主数据库的合规性、完整性。

8）系统操作培训。

营销管理系统操作培训的目的是通过培训能够独立使用营销管理系统，快速掌握软件的模块化安装、版本升级，掌握应用系统的具体操作、应用系统的参数设置与权限控制、网络及服务器的系统维护、日常管理以及性能优化、常见故障的处理方法等。营销管理系统培训工作流程可分为需求分析、制订计划、培训准备、实施培训、培训考评、效果评估、提高完善7个里程碑阶段。

营销管理系统操作的培训方式包括集中培训和常态培训，培训的课程规划将培训细分为测试人员培训、内训师培训、系统管理员培训、管理人员培训、基层操作人员以及信息客服人员培训。其中，内训师的培训目的是使培训对象掌握本项目的相关背景及基础知识，理解项目的建设原则和意义，掌握系统设计理念、管理理念和总体架构，掌握系统建设的思路和方法，掌握系统的总体业务流程，掌握系统的应用操作，包括系统业务功能、支撑功能、报表管理功能、业务需要的各种辅助、查询和管理功能等，掌握系统用到的项目管理方法和管理工具，掌握 IT 运维体系知识，经过培训可以成为本单位核心技术力量，成为企业内训师，能够担任管理人员培训和基层操作人员培训工作。系统管理员培训目的是使培训对象了解系统建设的思路和方法，理解系统设计和管理理念，掌握系统的配置、调试、软件的模块化安装、版本升级，掌握系统具体操作和基本原理，掌握系统后期维护技能以及日常故障处理能力，掌握基本系统安全知识，能够维护系统的安全设置、权限设置。基层操作人员培训目的是使培训对象了解系统的总体业务流程，掌握系统支撑功能、报表管理功能、业务需要的各种辅助、查询和管理功能等，经过培训使受训人员可以成为各个岗位的核心技术力量，能够熟练地掌握相关模块系统操作。信息客服人员培训目的是使培训对象了解系统建设的思路和方法，理解系统设计和管理理念，掌握系统具体操作和基本原理，掌握系统后期维护技能以及日常故障处理能力。

营销管理系统操作培训课程规划需要针对不同的培训对象设置不同的培训要求与培训内容。对内部培训师进行培训，由承建商的专业化的培训教师采用集中培训的方式，培训过程可分为课堂讲解、教师演示、案例讲解、讲练结合、学员练习与操作实习等几个主要环节。对未来营销管理系统管理员进行培训，由承建商专业化的培训教师采用集中培训和分散培训相结合的方式，使南方电网公司总部及广东电网公司本部、三个试点单位及其下属供电单位的培训人员能够使用维护工具完成系统的维护工作，解决一般性系统故障。对管理人员进行培训，部分单位由内训师授课，其他单位由承建商专业化的培训教师授课，采用集中培训和分散培训相结合的方式，使培训人员对系统的 IT 架构和 IT 技术有所了解，对系统用到的项目管理方法、工具和 IT 运维体系知识有所了解。对系统使用人员按不同岗位及管理层次进行相应的系统基层操作人员培训，由内训师授课，建议采用集中培训和分散培训相结合的方式，可采用课堂讲解、教师演示、案例讲解、讲练结合、学员练习与操作实习等环节，使培训人员能熟练地掌握营销管理系统的应用操作，达到实用化的需要。对系统信息客服人员培训，采用集中培训和分散培训相结合的方式，可采用课堂讲解、教师演示、案例讲解、讲练结合、学员练习与操作实习等环节，使培训人员能熟练地掌握营销管理系统运行维护技能。

9）试点局系统测试。

运行条件确认。在启动系统运行前，系统建设组织做好生产环境、培训环境准备，数据清理及迁移、数据初始化、生产环境验证、上线前提条件检查、用户培训等工作，编制系统上线前准备工作报告，并提交项目管控工作组。同时，按照运行条件具备清单，确认生产环境调试情况、核心业务和数据核对情况、银电联网接口、营配信息集成等外部集成接口接入运行情况、用户数据核对是否完成并确认等条件是否具备。

10）系统上线前关键工作。

营销管理系统上线前的关键工作具体涵盖数据迁移、联调测试、系统部署、试点局工作、入网安评等。

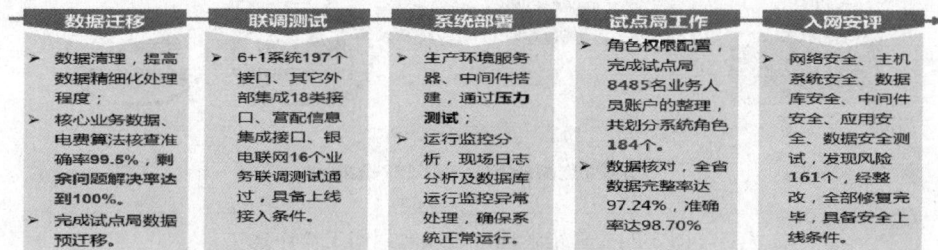

数据迁移	联调测试	系统部署	试点局工作	入网安评
▶ 数据清理，提高数据精细化处理程度； ▶ 核心业务数据、电费算法核查准确率99.5%，剩余问题解决率达到100%。 ▶ 完成试点局数据预迁移。	▶ 6+1系统197个接口、其它外部集成18类接口、营配信息集成接口、银电联网16个业务联调测试通过，具备上线接入条件。	▶ 生产环境服务器、中间件搭建，通过**压力测试**。 ▶ 运行监控分析，现场日志分析及数据库运行监控异常处理，确保系统正常运行。	▶ 角色权限配置，完成试点局8485名业务人员账户的整理，共划分系统角色184个。 ▶ 数据核对，全省数据完整率达97.24%，准确率达98.70%	▶ 网络安全、主机系统安全、数据库安全、中间件安全、应用安全、数据安全测试，发现风险161个，经整改，全部修复完毕，具备安全上线条件。

图 3-23 系统上线前关键工作

其中，数据迁移包括数据清理、核心业务数据和电费算法核查、试点局数据预迁移等内容，数据类问题解决率达 100%；联调测试包括企业内部"6+1"系统接口、外部集成 18 类接口、营配信息集成接口、银电联网 16 个业务联调测试，以上系统联调测试均通过；系统部署包括生产环境和运行监控分析，通过压力测试以及系统运行监控，确保系统的正常运行；试点局工作包括角色配置和数据核对，完成了试点局 8485 名业务人员账户整理和划分了 184 个系统角色，数据核对准确率达 98.70%；入网安评工作包括网络安全、主机系统安全等，通过安全测试，发现风险 161 个，经整改后全部修复完毕，为营销管理系统上线奠定了重要基础。

（2）系统双轨运行。

双轨运行阶段，完成数据迁移、外部集成接口接入、双系统操作、试点局双轨试运行验收和单轨运行条件确认等 10 项工作，按照"原系统在前、新系统在后"的模式，同时使用两套系统，用两套系统的算费数据对比结果来验证及核对算费模型、用户数据及报表的准确性。在营销管理系统双轨运行期间，需要持续监控营销系统正式环境运行情况、持续跟进营销系统与其他系统接口联调测试情况以及跟进并处理营销系统双轨试运行期间收集到的问题，切实做好及时发现问题和快速消缺等工作，保证系统双轨运行工作顺利进行。

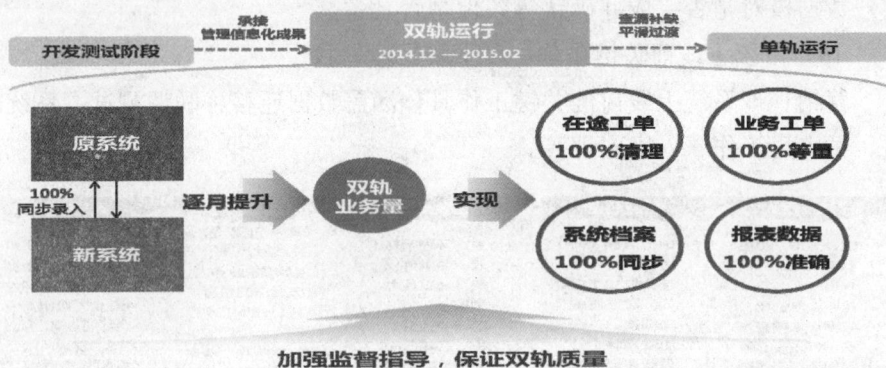

图 3-24　营销管理系统双轨期间工作计划

如图 3-24 所示，具体是要达到双轨业务量逐月提升，实现在途工单 100% 清理、业务工单 100% 等量、系统档案 100% 同步、报表数据 100% 准确，最终保证系统双轨运行工作顺利进行。

1）数据迁移。

①发布数据迁移工作安排。

技术组发布双轨运行阶段的数据迁移工作安排。

②数据迁移（地市局迁出）。

试点局实施组使用迁移工具完成数据由原系统迁出至中间库，并对迁出数据进行初步校验调整，验证迁移数据的准确性和完整性，确保迁移数据不失真，并形成《地市局数据迁移报告》。

③数据迁移（省公司迁入）。

技术组对地市局提交到中间库的迁移数据，分别由中间库迁入至新系统，并对迁入数据进行校验，验证迁移数据的准确性和完整性，确保迁移数据不失真，并形成《省公司数据迁移报告》。

④迁移数据整体校验及整改。

将用户数据迁入新系统生产环境，进行数据校验、系统试算费，并提供试算费对比结果，协助三个试点供电局完成数据整改，并形成《数据迁移报告（双轨）》。

2）外部集成接口接入。

①"6+1"系统接口接入。

技术组统一安排下，进行"6+1"系统接口接入，并形成《"6+1"系统接口接入报告》。

②银电联网接口现场接入。

技术组统一安排银电联网接口接入工作，涉及地方银行的，技术组负责指导试点局实施组进行接口接入工作，并形成《银电联网接口接入报告》。

③营销信息集成接口接入。

技术组统一安排营配信息集成接口接入工作，并形成《营配信息集成接口接入报告》。

④其他外部集成接口接入。

技术组统一安排其他外部系统、外部设备接口的接入工作。形成接口接入报告。

⑤地市局本地接口接入。

试点局实施组负责发布本地化接口接入工作安排，进行接口接入工作，形成《地市局本地化接口接入报告》。

⑥汇总各类接口接入情况，形成接口接入报告。

技术组汇总各类外部集成接入情况，汇编形成《外部集成接口接入报告》。

3）系统功能验收。

营销管理系统功能验收是项目的一个重要的环节，是项目建设的重要里程碑，是完成合同要求的主要交付成果后，系统正式投运前，由验收负责部门按照国家、行业及企业有关标准规范及项目相关有效文件（包括招标文件，项目合同等）要求组织进行的验收。

实施项目初步验收的前提条件是：项目已发布实施工作方案；通过入网安全评测；用户手册、运维手册、安装配置手册、管理员手册已通过审核；

系统投运方案已通过审核；系统启停作业指导书（含系统运行正常检验标准）已通过审核；系统定期维护作业指导书已通过审核；填写信息系统监控需求表、信息系统数据备份需求申请表并已通过审核；提供软硬件配置及关联关系表并已通过审核；须获得监理质量评估报告；系统通过安全等级保护定级备案；项目已遵照培训计划完成相关培训。

初步验收的主要目标是要求营销管理系统运行的相对稳定，功能验收是全面检验营销管理系统试点建设项目是否符合设计要求和质量检验标准的重要环节。同时，项目功能验收的内容、方法和资料又是进行项目推广阶段的重要基础。实施项目初步验收除了满足上述的前提条件之外，还需完成以下交付物：实施工作方案；功能测试报告、第三方性能、出厂安全测试报告；入网安全评测报告；用户手册及用户手册审核表；运维手册及运维手册审核表；安装配置手册及安装配置手册审核报告；管理员手册及管理员手册审核报告；系统投运方案；系统启停作业指导书（含系统运行正常检验标准）；系统定期维护作业指导书；信息系统监控需求表、信息系统数据备份需求申请表；软硬件配置及关联关系表；监理质量评估报告；安全等级保护定级备案材料；培训计划、培训报告等。

4）全业务压力测试。

营销系统以市场营销一体化管理成果为依据，按照技术先进、理念先进和适度超前的原则进行建设。系统业务压力测试工作基于系统功能测试完成的基础上，通过业务压力测试，将对广东电网有限责任公司营销管理系统试点建设项目进行业务压力评估，为试点局单轨正式上线和全省统一推广做好准备工作。

营销系统全业务压力测试的工作目标如下：评估系统性能指标是否满足实际业务运行的性能要求；评估系统在现有软、硬件环境下可支持的业务规模；收集系统业务运行及性能测试数据用于后续优化分析，提升运行效率。

营销管理系统业务压力测试工作组织围绕时间安排、人员组织、前期准备、测试场景、指标监控等方面进行。主要工作进程分为测试预演和正式测试两个阶段，两个阶段的核心工作内容涵盖总体情况分析、监控数据分析、异常回顾分析、整改建议以及落实情况等。业务压力测试性能监控数据见表 3-1。

表 3-1 业务压力测试性能监控数据

测试内容	分析内容
登录场景	登录日志统计情况分析
	Weblogic 监控分析
	数据库监控
工作单归档场景	登录日志统计情况分析
	Weblogic 监控分析
	数据库监控
前台收费	登录日志统计情况分析
	Weblogic 监控分析
	数据库监控
电费计算	登录日志统计情况分析
	Weblogic 监控分析
	数据库监控
电费发行	登录日志统计情况分析
	Weblogic 监控分析
	数据库监控
报表初始化	登录日志统计情况分析
	Weblogic 监控分析
	数据库监控

广东省电网信息中心则围绕登录响应时间、数据库采集、数据库主机性能、中间件监控情况、网络设备情况等内容对营销管理系统业务压力测试情况进行监控。

5）双轨运行的需求处理。

此阶段的关键工作是系统建设的问题反馈与对需求变更的管理。

①需求变更管理的必要性。

一是由需求管理的过程决定的。需求管理过程主要包括需求确认、需求跟踪、变更控制或管理。特别是需求变更给项目的工期、成本、质量等带来比较大的影响。提出需求变更是为了能很好地满足系统建设的需求或符合系统的目标。对于开发团队来说，需求的变更则意味着需要重新对后续工作进行评估、计划。

二是由营销管理系统试点建设采用的迭代增量式开发方式决定的。营销的特点就是要根据客户的要求调整，在迭代增量式开发中，整个系统建设的工作按照阶段划分为一系列迭代过程，不需要等全部需求落实后再进行，在一次迭代中确定部分需求，再通过客户的反馈来细化需求，并开始新一轮的迭代以及新的增量需求的完成和实现。

②需求变更管理的风险。

在营销系统试点建设项目中，如果不能合理处理需求变更，将给系统带来很大的风险。一是影响系统建设的质量及开发进度。从整个项目的角度，需求变更意味着风险，变更可能会造成已完成工作的修改、废除，甚而是推倒重来，因此对成本、进度、资源都会产生难以预测的风险。二是影响文档和代码的一致性。在处理需求变更时，需要同时处理相关的所有产出物，否则会造成配置项的状态不一致。比如需求实施后，仅仅修改了代码而没有修改相应的需求文档，就导致需求文档的内容与实际交付客户的系统不一致。这样会为以后的系统维护带来很大的困难和麻烦。三是影响开发者与用户的合作关系。如果变更不能很好地处理，相互之间的信任和客户关系会变得越来越差，甚至会转成对抗或不配合的状态，这对项目来说是致命性的影响。

因此，需求的变动一定是要可控的，重点在于尽可能减少对系统建设的整体影响，在营销管理系统建设的实践中，对于需求的关闭策略、类似测试等等都是降低需求变更对系统建设冲击的最好做法。

③需求变更的指导思想及原则。

针对需求变更的指导思想是，要正视需求变更，积极合理接收变更，并有效管理变更。

一是建立需求变更管理流程。对于营销管理系统等大型的项目需求变更，常常需要一个需求变更管理小组来负责项目过程中的需求变更，并管理其整个生命周期。

二是提高对需求变更的应变能力。在计划阶段，预留需求变更的成本。在需求阶段中，尽可能的捕获全部的客户需求，并记录不是很明确的部分。在架构设计时尽量采用易于改变和修改的架构，支持需求的变更。通过这些方式来提高系统对需求变更的应变能力。

三是处理确定的需求。先开发稳定的、确定的需求，对于不确定的，待确定后再行开发。

四是选择适合的专家团队或者代表。如果参与用户对系统意见各不相同，那么系统需求必将反复改变，从而影响项目进行，这就需要业主项目部通过组织实际业务的专家团队或者代表与相关的系统开发商来协调并统一确定最终需求。

④营销管理系统的需求变更管理工作内容。

营销管理系统的需求变更管理严格按问题管理流程和变更管理流程开展工作，试点实施期间，对系统问题按照分级分类、限时整改的要求实现闭环管控；对业务变更按照申请、审查、实施、监控的流程集中管控，具体工作内容如下：

一是对系统缺陷问题的处理与反馈各功能模块的主要设计人员和开发人员，收到系统缺陷问题后，按收到的问题报告进行排查和解决，系统缺陷解决后，通过系统测试和验证后，在管控系统上回复处理情况，最后反馈给提交问题人员。

二是对系统需求问题的处理与反馈。对于需求变更、新增需求或需各专业主管明确处理意见的，按变更管理流程处理，通过管控系统分级分类回复。其他部分提交各功能模块的主要设计人员和开发人员进行处理，其处理结果录入意见征集系统中进行反馈。

三是对实施过程问题的处理与反馈。对实施过程中出现的实施问题，试点实施一线单位现场实施人员发现的问题，可现场分析，可解决的及时解决并录入管控系统，不能解决的，反馈到营销管理系统试点实施组，由试点实施组安排解决。

⑤需求变更管理的流程。

对于需求变更应由各部门审核过滤后，以书面形式提交业主项目部业务组，业务组根据省公司业务规范进行识别和分析，结合各专业组的讨论意见，提交上级单位项目管控工作组。

6）双轨期间的应急处理。

系统运行期间，可能出现以下四大类的故障：第一，系统和网络类。这指操作系统、数据库软件、营销管理系统软件等软件和磁盘、内存以及网络交换机、IP 地址等涉及硬软件方面的故障，比如宕机等。第二，功能类。这指涉及营销管理系统使用功能发生故障，导致系统无法运行。第三，服务类。这指涉及营销管理系统业务服务类，由于停止或异常导致的系统无法运行。第四，数据类。这指迁入系统的数据缺失、错误等。

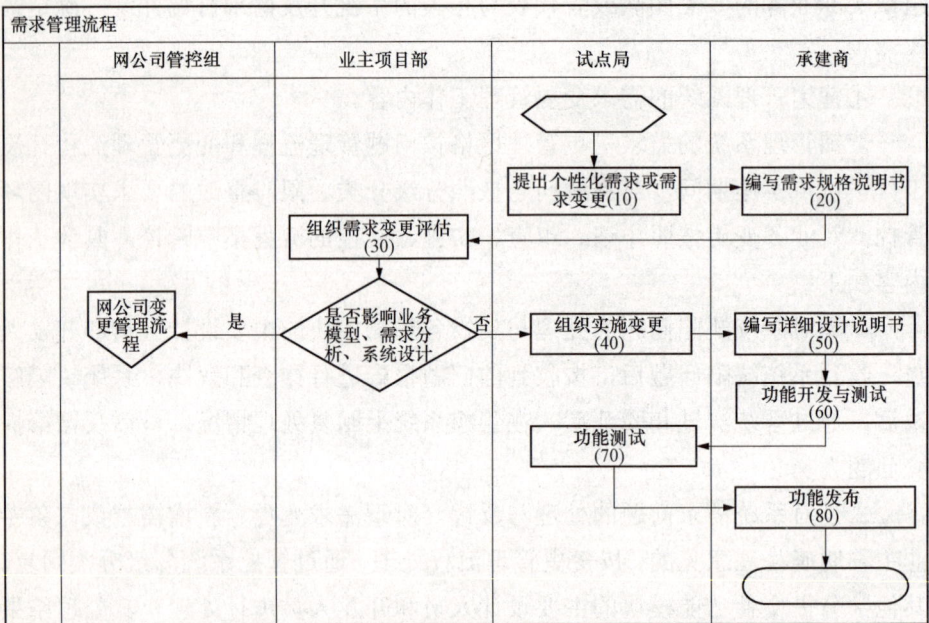

图 3-25　需求管理流程

对系统运行期间出现的这些故障，严格按照《广东电网公司营销管理信息系统应急预案》提供的应急处理办法进行处理。

7）试点局双轨试运行验收。

业主项目部组织对试点局进行双轨试运行验收工作，并形成《试点局双轨试运行验收报告》，主要内容包括验收结论及问题整改等内容。

8）审核单轨运行方案。

①提交单轨运行工作方案。

技术组提交《系统单轨运行方案》、《系统投运方案》、《系统应急预案》，配合业主项目部对工作方案进行审核。

②审核单轨运行工作方案。

业主项目部审核《系统单轨运行方案》、《系统投运方案》、《系统应急预案》，提出审核意见和建议。

③单轨运行条件确认。

在启动系统单轨运行前，业主项目部组织做好生产环境、培训环境准备，数据清理及迁移、数据初始化、生产环境验证、上线前提条件检查、用户培训等工作，编制系统上线前准备工作报告，并提交项目管控工作组。

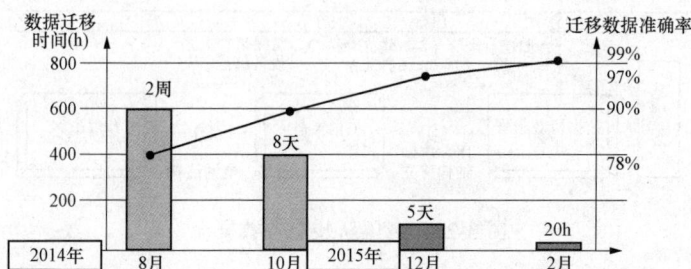

图 3-26　双轨运行期间试点单位数据迁移情况

双轨期间，经过 4 个月双轨运行检验，数据迁移快速可靠。数据迁移工作耗时大幅降低，由 2014 年 8 月的 2 周时间降到 2015 年 2 月的 20h，同时数据准确率大幅升高，由 2014 年 8 月的 80%提升至 2015 年 2 月的 99%。

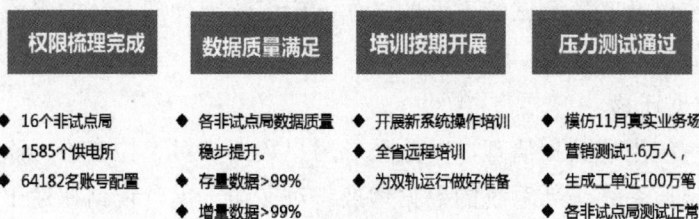

权限梳理完成	数据质量满足	培训按期开展	压力测试通过
◆ 16个非试点局	◆ 各非试点局数据质量	◆ 开展新系统操作培训	◆ 模仿11月真实业务场
◆ 1585个供电所	稳步提升。	◆ 全省远程培训	◆ 营销测试1.6万人，
◆ 64182名账号配置	◆ 存量数据>99%	◆ 为双轨运行做好准备	生成工单近100万笔
	◆ 增量数据>99%		◆ 各非试点局测试正常

图 3-27　推广单位双轨运行条件确认

各业务系统和平台间紧密集成、高度耦合，需要营销系统、安全生产系统、GIS 平台、数据资源平台等同步具备单轨条件，才能支持基础业务的开展。以高压新装业务数据流为例说明协同业务数据流的路径。

同时，按照单轨运行条件具备清单，确认双轨生产环境调试情况、核心业务和数据核对情况、银电联网接口、营配信息集成等外部集成接口接入运行情况，用户数据核对是否完成并确认等条件是否具备，进行单轨运行条件的确认工作。

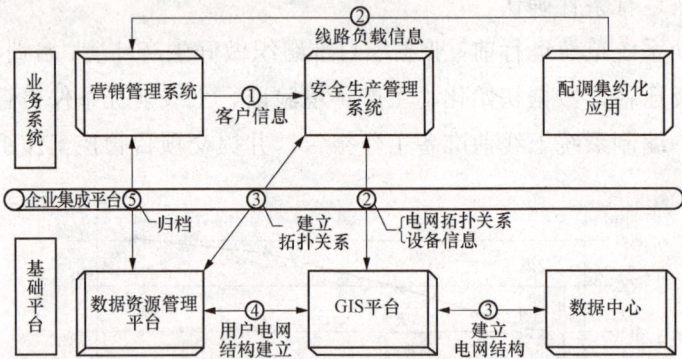

图 3-28 高压新装业务数据流

9）转 IT 客服。

按系统转客服相关要求进行转客服工作。

（3）系统单轨运行。

单轨运行阶段，完成数据迁移、外部集成接口单轨运行、原系统与新系统切换、新系统单轨运行和竣工验收等 6 项工作，并切实做好银电联网、营配信息系统以及联调测试等方面的工作，确保营销管理系统的平滑切换、稳定运行。

1）数据迁移。

对新系统用户数据清理，对原系统用户数据核对、检查，再次执行数据迁移，实现原系统与新系统的数据切换。对在途工单，依据在途工单迁移专项方案（数据迁移方案中），确定新系统与原系统工单的流程、环节、角色的映射关系，以及过程数据的关联关系，将原系统已完结工作的、在途工作单的迁入新系统对应的流程环节，保障在途工作单能继续在新系统正常流转，并形成《数据迁移报告（单轨）》，主要包括迁移的数据范围、迁移结果等内容，按以下顺序进行：发布数据迁移工作安排→数据迁移（地市局迁出）→数据迁移（省公司迁入）→迁移数据整体校验及整改。

2）外部集成接口单轨运行。

分批分步骤对外部集成接口、银电联网接口启动单轨运行工作，监控接口服务与数据交互情况，确认新系统必需的接口正常运转，并形成《外部集成接口接入报告（单轨）》，主要内容包括"6+1"系统接口、银电联网接口、营配信息集成、其他外部集成等接口应用接入情况，按以下顺序进行："6+1"系统接口单轨运行→银电联网接口单轨运行→营销信息集成接口单轨运行→其他外部集成接口单轨运行→地市局本地接口单轨运行→汇总各类接口运行情况，形成单轨接口运行报告。

单轨运行期间的银电联网工作，具体分为单轨前切换准备工作和单轨运行两个阶段。其中，单轨前准备工作包括：网络地址和备份初始化数据等环境准备、联系银行和对生产环境的数据库备份等数据准备工作、告知欠费客户缴费等公告准备工作；单轨运行阶段的工作涵盖了以下内容：原系统与新系统切、系统性能和系统应用等单轨运行监控、移交转运维等。特别地，在单轨切换上线方案选择中需要注意以下内容：根据银行上线经验，涉及账务交易系统最好选择一个业务量少的地区先作为试点，避免系统原因导致的大规模错账；提前准备上线的绿灯测试数据；签约同步，方便数据核对签约数据等。

单轨运行期间的营配信息一体化工作，营配信息一体化的目的是为了对客户、配电网的空间资源进行有效管理，建立客户、配电网资源的实用化维护工具，并为供电可靠性管理、客户停电管理、线损四分管理、业扩报装辅助决策及配网建设规划等领域提供标准化、一体化空间资源信息服务，结合数据库和地理信息技术建立了配网空间资源管理平台。在营配信息集成建设过程中，配网空间资源管理平台为数据工程、电子化移交提供了配网设备功能位置的录入和维护工具。营配信息一体化工作主要有以下几个特色：第一，以客户服务为中心，营配核心业务协同运作过程化、一体化；第二，遵循PDCA规则，建立全面的营配数据管理机制；第三，以功能强大的 GIS 系统为核心，构建"站—线—变—低压线路—客户"模型；第四，实现自动化系统和管理系统的集成；第五，建立全局停电池，提高综合停电管理水平和客户服务质量。

单轨运行之前的联调测试工作，具体包括业务场景梳理、自测、专家测试等内容。其中，业务场景梳理由业主项目部负责，之后由营销管理系统项目建设组实施技术连通性和业务联调自测，最后交由业务专家进行联调与业务测试。在经过环境部署、数据准备、数据资源管理平台校验得出的问题、场景梳理等工作后，包括自测和业务专家测试的联调测试工作正式开始。在自测中，需要测试的内容包括业务测试、性能测试等；在专家测试中，根据每轮测试结果和问题解决情况安排下一轮测试的具体工作。单轨运行之前的联调测试工作主要对未通过测试的业务场景和未解决的问题进行汇总，形成联调测试现场工作简报，明确营销管理系统联调测试的主要问题与风险、责任主体、负责厂商、目标完成日期等主要内容，分析对单轨运行是否有影响以及详细描述当前解决情况和实际的解决方案，然后对所有测试发现的问题进行跟踪以及组织业务专家对新梳理的营配类场景进行测试，完善的联调测试工作有利于确保系统在单轨期间能够顺利的运行。

3）原系统与新系统切换。

在数据迁移完毕，且数据核对校验正确，外部集成接口接入确认后，正式开始原系统与新系统切换，按以下顺序进行：正式发布系统切换通知→停止原系统及其服务→业务、接口切换到新系统→新系统切换后核查→正式发布新系统对外应用。

4）新系统单轨运行。

营销管理系统正式上线，做好系统运行维护工作，保障业务操作顺利、系统算费、报表正确（如图 3-29 所示）。

5）提交申请、配合上级部门完成试点单位竣工验收。

项目竣工验收工作是电力营销管理系统试点建设中一个重要的里程碑，竣工验收能够总结项目建设中的工作方法与经验，便于项目的推广实施阶段顺利开展，在此之后进入正式运行阶段，项目部的运转主体由项目建设单位转为项目推广单位。

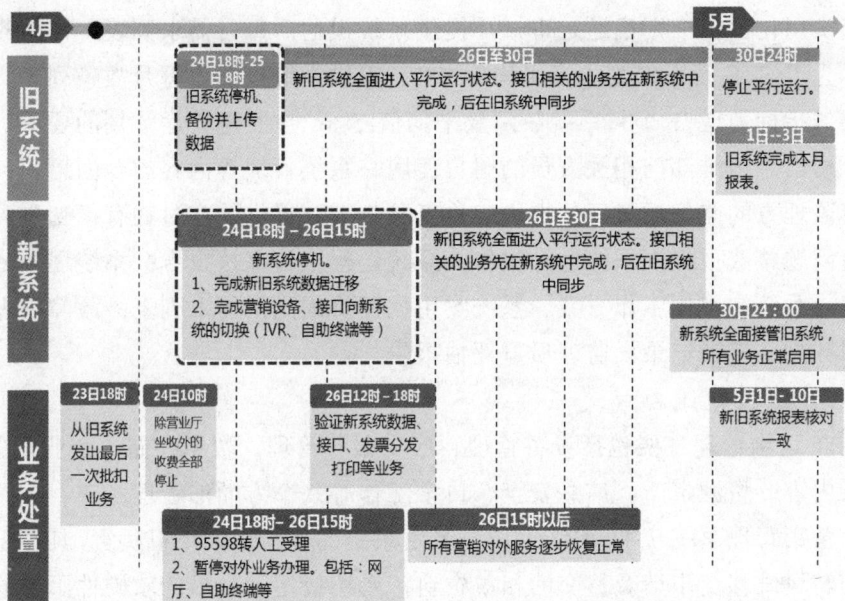

图 3-29 营销管理系统切换过程

竹工验收又称终验，是项目在完成相关有效文件（包括招标文件，项目合同等）的约定事项，达到项目总体的预期建设目标，经相关评审，其中系统开发相关项目应在初步验收 3 个月、各项指标均能达到约定要求后，由上级部门组织的评审。竣工验收的工作内容是系统建设组织对试点局进行试运行验收工作，并形成《试点局试运行验收报告》，主要内容包括验收结论及问题整改等内容。然后，提交试点实施《竹工验收申请》，配合上级单位完成系统开发竹工和试点实施竹工验收工作，并形成《竹工验收报告》，主要内容包括验收结论及备忘等。

竹工验收的前提条件包括以下内容：已通过实施项目初步验收，提交初步验收遗留问题整改报告且实施阶段所有成果已更新并符合验收要求；系统投运 3 个月以上，如合同对试运行时和正式运行时间有特殊要求，以合同为准；如果试运行期间对系统进行了功能修改、相关操作系统/数据库/中间件/交换机/防火墙等的配置修改、系统部署方式修改等较大修改，需重新通过功能及第三方的性能、安全测试；系统运行报告已通过信息和业务部门审核；系统现场处置方案已通过审核，提供应急演练记录；系统实用化工作方案、系统实用化评价细则已通过审核；提供系统投运后每月需求列表，需求收敛指标为近 3 个月系统需求量平均值 5%；提供系统投运后每月故障列表，故障收敛指标为近 3 个月系统故障量平均值 5%；按照建转运计划的要求，组织开展信息运维部门相关人员的用户使用、系统管理等内容的全面培训；须获得监理方的监理质量评估报告。竣工验收需要提供的交付物有：初步验收遗留问题整改报告；系统运行报告；系统运行报告审核报告；系统现场处置方案；系统实用化工作方案、系统实用化评价细则；需求列表；故障列表；培训计划、培训记录；监理质量评估报告。

6）转 IT 运维。

IT 运维管理主要包括设备管理、应用服务管理、数据存储、企业业务、目录内容、资源资产、信息安全、日常工作等八个方面的管理内容。

营销管理系统转 IT 运维工作主要由系统部署与运维小组负责，具体包括系统转运维移交申请及移交的相关资料，系统投运移交后的软硬件平台的运行维护工作，并形成《信息系统移交申请表》，主要内容包括把营销管理系统移交给 IT 客服的运维申请。运维项目竣工验收的前提条件是已提交运维报告并经过信息运维部门审核，提供运维期间每月需求、故障列表；运维项目竣工验收需要提供的交付物有运维报告；需求列表；故障列表。

3.6.3　主要方法与经验借鉴

营销管理系统建设在试点实施阶段的工作方法有：快速消缺管理、数据核对技术、关键链等方法，应用这些方法在项目试点实施中取得了较好的效果，保证了营销管理系统试点实施建设按时按质地完成。

（1）快速消缺管理在试点实施中的应用。

试点实施阶段的主要工作涉及上线前准备工作、系统运行工作等内容，完成系统安装部署、数据整理校对、迁移工具开发和校验、外部集成接口联调工作，做好系统操作培训、功能验证工作等。在此阶段，因为营销管理系统属于 IT 软件系统项目，软件系统的需求变更与缺陷问题是不可避免的，据此营销管理系统建设项目组提出了快速响应需求变更与快速消缺管理的理念，并在营销管理系统建设的实战中得到了较好的效果。

营销管理系统建设项目组通过成立快速消缺管理工作小组，建立相应的快速消缺管理制度，明确小组内部与开发承建商等各合作方的职责，坚持"及时发现、控制源头、分级管理、全面消除"系统试点实施缺陷管理原则，通过建立《系统快速消缺卡片》，一事一档，明确责任与处理时限，将快速消缺工作落到实处，力求实效。缺陷排查采取"项目组自查、承建商自查、职能部门巡查"相结合的方式，将缺陷对营销管理系统试点实施建设的影响程度分为紧急、重大、一般三类，做到尽快排查问题，消除影响营销管理系统建设与试点实施中的隐患和问题。快速消缺管理建立了需求变更与缺陷管理处理的常态机制，参与营销管理系统开发与试点实施的各方工作人员可通过即时通讯平台随时提出问题，各级人员可以随时查阅需求变更与缺陷处理进度情况，提出相应的意见和建议，需求变更和缺陷处理实现了多元化。

同时，通过建立消缺卡片，项目建设的决策者可以随时掌握营销管理系统试点实施过程中存在的困难和问题，为营销管理系统建设试点实施的优化提供了科学的依据，促进了各类管理、流程、业务缺陷的及时发现、全面消除，有效解决了营销管理系统在试点实施中存在的问题，确保了项目试点实施的进度和质量要求。

在营销管理系统双轨运行期间，信息系统服务平台共收集包括功能变更、缺陷与故障、系统咨询、数据及账号处理、权限变更等问题约1500余个，通过实施快速消缺管理制度和建立有效的工作沟通方式，及时关闭了相关问题，达到了较高的问题总关闭率，保障了系统在试点实施阶段的顺利运行。

（2）数据核对技术在试点实施中的应用。

在试点实施阶段，营销管理系统上线运行前，新旧系统的数据转换需要进行严格的数据质量校验。由于数据核对工作具有极为繁琐、工作量大、耗时长、难找出差异问题等特点，为提高广东电网公司营销管理系统数据迁移的准确率以及效率，必须采取合理的数据核对实施策略，掌握数据核对的关键技术要点以及科学的实施方法。

在营销管理系统试点实施中，数据核对是对旧系统数据质量、新系统数据转换、数据质量和新旧系统电费算法差异、业务变更等多方面的核对和验证。在总体实施策略中，数据核对采取数据转换、生成电费档案、电量电费数据核对三个主要的步骤。其中，数据质量问题、数据转换问题、新旧系统电费算法差异、用电业务变更等需要分别处理，如属于算法差异，需要进行确认，统一算法来解决所出现的问题。

在数据验证策略上，广东电网公司营销管理系统项目组制定数据验证规则，开发数据校验工具，验证数据迁出工具、迁入工具的安全性和可靠性，保证迁移数据的完整性和准确性。数据验证的主要方法包括：省地联动，使用系统工具进行全业务数据验证，试点局进行人工抽样核查；动态数据，如工作单、欠费等数据进行专项验证；迁移过程数据的断点再现；重要客户档案数据逐条确认；周期性试算费验证数据准确性；迭代式迁移测试，配合业务专家验证迁移数据的准确性。

此外，在数据核对分析中，数据核对是对旧系统数据质量的分析，也是对新系统电量电费算法的确认，数据核对的思路采用"先总后分，逐步细化"的原则，依次核对总电费、总电量，如果总电量相等，总电费不等，则核对分项电费；如果总电量不相等，则核对分项电量。电量电费的核对按照以上原则，逐步排查。

（3）计划及进度控制技术在试点实施中的应用。

营销管理系统属于企业"6+1"系统之一，资源受到一定的限制，且涉及各地单位大量的数据迁移与不同外部集成接口的联调测试，项目进度难以把控，为了充分满足"一体化管理要求落地不走样、各阶段工作进度可控不滞后、系统建设成果普适易推广"的要求，故采用相关的计划及进度管理技术作为试点实施阶段的进度计划实施与管理的工具，依据业主项目部制订营销管理系统试点建设总体工作计划、各阶段详细工作计划、专项工作计划、月计划和周计划，同步细化试点实施的工作计划，按照计划及进度管理流程执行各项工作。

首先，同步细化实施计划，做好计划变更。首先，依据业主项目部制订的各类工作计划，梳理出与试点实施相关的工作，细化并形成试点实施阶段工作计划。其次，对制订的工作计划，对会影响实施进度的工作进行标注，分为高、中、低三个等级进行差异化管理。最后，当计划发生变更时，需及时核实，做好计划变更，同时对因计划提前或推迟导致的影响进行评估，并制定处理对策，确保计划顺利执行。

其次，及时汇总反馈，做好进度管理。安排专人负责计划执行情况的及时汇总及反馈工作，对比计划与实际执行情况，做好实时进度管理。进度按正常、提前、延后、严重滞后四个级别进行差异化管理，每天统计各个级别占当天应完成进度比例，重点关注严重滞后的进度，当天发现，当天进行进度分析，制定解决措施，消除进度滞后带来的各种风险；对延后的进度，对负责人进行提醒；对超前的进度，对工作质量进行评估，并进行进度优化。

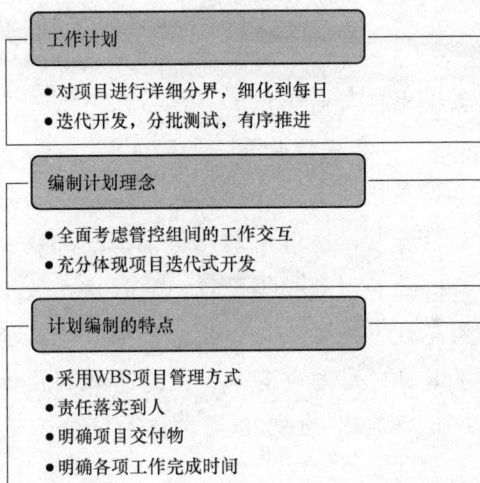

工作计划
- 对项目进行详细分界，细化到每日
- 迭代开发，分批测试，有序推进

编制计划理念
- 全面考虑管控组间的工作交互
- 充分体现项目迭代式开发

计划编制的特点
- 采用WBS项目管理方式
- 责任落实到人
- 明确项目交付物
- 明确各项工作完成时间

图 3-30　工作计划编制的思路与特点

3.6.4　应用情景（见案例 3-17 至案例 3-19）

试运行阶段建设管理实战情景案例（3-17）
——数据质量提升

1. 遇到的问题

数据是系统的血液，数据质量是系统应用的基础。根据上级单位确定的数据模型，描述 1 个高压客户的字段属性个数是原来个数的两倍，增加到 1900 多个，涉及新增数据量 30 亿条。如何做好数据质量提升、迁移、核查等工作，减轻基层单位数据处理负担，降低数据迁移的风险是试运行阶段的一个重要难题。

2. 解决问题的思路和方法

试运行阶段的数据质量的提升结局方案主要是在数据编制更新阶段、处理问题数据阶段和数据质量检验三阶段进行，每阶段对应的方法如下：

（1）针对数据质量的提升，编制数据更新的映射关系，建立典型设备参数标准。

（2）针对基层定位和处理问题数据，建立数据质量提升平台。

（3）针对数据质量和对应关系的检验，在数据迁移后组织试点局开展数据比对与电费试算。

3. 实施的效果

在数据编制更新阶段，经过编制数据更新的映射关系、建立典型设备参数标准，通过信息化转化工具，减轻基层单位数据处理负担。在处理基层定位和问题数据阶段，通过建立数据质量提升平台，为基层定位和处理问题数据提供便捷工具。在数据质量检验阶段，数据迁移后组织试点局开展数据比对与电费试算，结果表明，试点局在特定时间段的新旧系统电费一致率达到99.5%以上，充分检验了迁移后的数据质量和对应关系。

试运行阶段建设管理实战情景案例（3-18）
——系统操作培训

1. 遇到的问题

信息化建设中我们往往关注系统功能的完整性，却容易忽视系统在基层班组的实际推广应用。如何做好营销管理系统的操作培训、提升测试专家的工作质量等工作，是试运行阶段的工作难点。

2. 解决问题的思路和方法

系统操作培训工作可分为培训工作与系统建设工作同步开展和通过测试专家的后评价等手段两个方面，对应的方法如下：

（1）培训工作与系统建设工作同步开展。在营销管理系统建设的初期，项目组所抽调的专家都是本单位的业务骨干，该批业务骨干按规定参加系统测试，业务骨干同时肩负本单位系统内训师的职责，返回本单位后可对基层操作人员进行及时和有效的培训。

（2）测试专家的后评价等手段。营销管理系统试点建设单位中市场部与人资部相互配合，通过具体的评价指标对参与测试的专家工作质量进行后评价，以达到切实提升参与专家的工作质量，确保系统试点建设和系统操作培训工作的顺利进行。

3. 实施的效果

由于在营销管理系统的建设初期就有各单位的业务骨干参加，系统上线前由内训师以及系统建设开发人员对基层班组工作人员培训，在系统试运行阶段基层班组的操作人员能够快速适应新的营销系统的使用，达到了系统建设与培训工作同时开展，专家工作质量得到有效提升的良好效果。

试运行阶段建设管理实战情景案例（3-19）
——系统联调测试

1. 遇到的问题

营销管理系统属于企业"6+1"试点及推广系统中的重要一部分，因为各系统开发进度不同，测试时间跨度较大，影响各系统间连通联调测试进度，造成联调测试时间紧张，这是试运行阶段不可回避的工作难点之一。

2. 解决问题的思路和方法

营销管理系统联调测试阶段应对进度不一、资源紧缺等工作难点，对应的方法如下：

（1）积极与上级单位和同级建设单位沟通，收集系统测试内容及计划，明确系统的测试单位，清晰界定各方测试职责范围，梳理相应的测试工作量、所需资源以及支撑的项目。

（2）增加测试资源支持，尽早确定联调测试实施外协团队及测试专家顾问团队，集中调度各级资源（开发商、第三方等），协调开发商及第三方等各级资源协助测试人员开展连通联调测试。

（3）及早介入，采取迭代测试方法开展交付测试，测试阶段做到"发现一个问题，解决一个问题"，实现问题的闭环管理。

（4）由联调测试组统筹协调跨各业主项目部的问题，倒排工期。各业主项目部也要充分调配项目资源，做好项目管理，尽早开展连通联调测试，预留充分的系统测试及系统整改时间。

3. 实施的效果

由于在营销管理系统的建设初期就及时向上级单位汇报沟通和协调问

题，跟踪落实项目实施进度，保证了系统试运行阶段联调测试能按时按质完成，取得了良好的效果。

3.7 推广阶段管理实战

3.7.1 工作目标

营销管理系统试点建设项目推广阶段的目标是全面考核建设工作，检查是否符合设计要求和系统建设质量的重要环节，对促进建设项目及时投产、发挥投资效果及在本单位其他供电局推广应用,确保各系统间业务交互顺畅，加强系统间协同，保障跨系统业务稳定连续的重要作用。

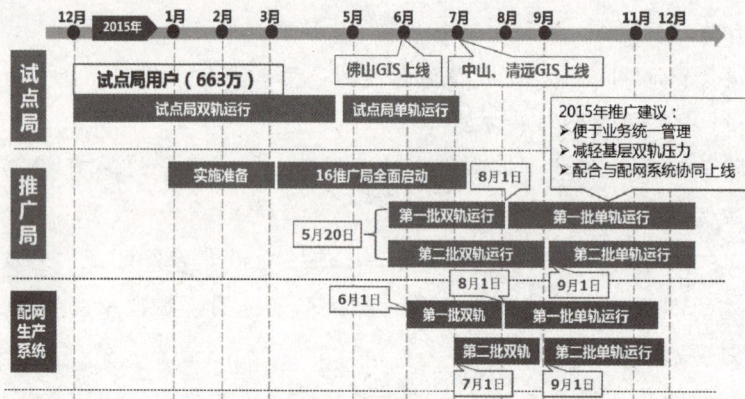

图 3-31 系统推广工作目标及进度安排

其中，第一批推广单位 6 个，包括东莞、珠海、江门、惠州、肇庆、阳江，用户 970.3 万，第二批推广单位 10 个，包括汕头、揭阳、河源、韶关、湛江、茂名、梅州、云浮、潮州、汕尾，用户 1446.8 万。

3.7.2 工作内容

（1）项目推广工作。

为保证系统建设目标的实现，广东电网公司根据上级单位提出的"一体化管理要求落地不走样、各阶段工作进度可控不滞后、系统建设成果普适易推广"的要求，营销管理系统推广工作主要围绕：提前开展推广单位实施工作，同步吸收试点单位实施经验；推广工作统一部署，强化省地联动管控机制的思路开展工作。系统推广主要分为工作准备以及系统上线两个阶段，主要工作内容包括完成各个地市局分布式系统或设备升级改造；完成营销管理系统数据迁移；完成营销管理系统外部集成接口联调及接入；完成系统培训；还有若干数据准备工作，试算等等（同实施）完成原新系统切换，实现系统上线运行。

1）工作准备阶段。

①创建组织机构。

按照上级单位管理信息化推进总体工作方案的要求，组建各推广单位营销管理系统推广业主项目部，确定组织结构、工作成员和工作职责。广东电网公司成立营销管理系统推广业主项目部后，提交上级单位营销建设管控组并发文。

②推广应用启动会。

广东电网公司召开营销管理系统推广应用工作启动会，对参与推广地市局和人员宣贯工作部署和要求。

③编制方案及审核。

按上级单位要求，广东电网公司推广业主项目部组织编制系统推广应用工作方案，确认推广应用工作内容和时间安排，以及相关工作的责任人，并提交上级单位营销建设管控组审批。广东电网公司推广业主项目部组织编制各项专项方案，并提交上级营销建设管控组审批，各项专项方案见表3-2。

表3-2　　　　　　　　　广东电网公司各项专项方案

专项方案	主 要 内 容	工 作 要 求
系统部署调整方案	主要包括部署调整计划、部署资料集、主机调整规划、磁盘调整规划、常见问题处理等内容	确认各地市局软硬件安装环境的确认以及平台软件安装与测试等内容
数据清理方案	主要包括数据清理计划、数据收集范围、数据收集方法、数据收集内容、数据转换工具等内容	完善各地市局客户档案信息以及实现"站—线—变—户"数据同源
数据迁移方案	主要包括数据迁移计划、数据迁移范围、数据迁移方法、数据迁移规则、数据验证方法、数据验证规则等内容	合理安排各地市局数据迁移的批次和提升数据迁移的效率

专项方案	主 要 内 容	工 作 要 求
外部集成联调方案	主要包括外部集成联调计划、各个接口的联调策略以及接口平滑过渡策略等内容	确保各地市局外部设备能够正确安装、使用以及出现问题处理方式
系统测试方案	主要包括测试计划、测试策略、测试范围、测试流程、功能测试、非功能测试等内容	确保在各地市局正式安装的营销管理系统能稳定运行
系统投运切换方案	主要包括总体计划、工作步骤、投运切换前的准备工作	检查各地市局的网络环境准备、服务器准备、系统准备工作、应急预案等内容
系统运行方案	主要包括运行计划、运行条件确认、运行系统操作要求等内容	对各地市局系统运行条件的确认
系统应急方案	对营销管理系统运行状态进行分析，进行风险评估并给出相应的解决方法	主要包括对应用系统投运过程中可能出现的问题进行风险评估，给出可能出现问题的解决流程，提出灾难发生后出现紧急问题的解决方法等内容
权限配置方案	主要包括权限角色内容、权限配置流程等内容	明确地市局权限角色配置
运维保障方案	主要包括运维保障计划，运维保障方法等内容	提高项目相关人员运维水平，细化运维内容，保障推广阶段地市局营销系统安全稳定运行
地市局系统培训方案	主要包括培训计划、培训目的、培训范围、培训场地及设施、培训师资、培训纪律、培训课程规划等内容	根据地市局的实际情况对系统相关人员开展系统操作培训
地市局一体化设备配套改造升级方案	主要包括现状调研、升级改造可行性评估、升级改造计划等内容	调研各地市局一体化设备现状，编制升级改造方案，对各地市局一体化设备配套改造升级

④数据预迁移。

数据预迁移工作包括：数据迁移工具测试、数据预迁移、核心业务和数据核对等工作。数据预迁移工作包括做好数据迁移前的技术准备，按照数据迁移方案，整理数据迁移需求、数据迁移时间窗口、不同类型数据迁移策略，制订并发布数据整理和迁移计划，使用迁移工具完成数据由原系统迁出至中间库，中间库迁入至新系统，并对数据和算费模型进行校验调整，验证迁移数据的准确性和完整性，确保迁移数据不失真，满足系统运行要求，并形成《数据预迁移报告》；核心业务和数据核对工作包括对所有用户的电费数据进行试算，并进行新旧系统电费结果的比对，对有电费差异的用户，逐条分析存在差异的原因，并进行整改。

⑤外部集成本地接口现场联调。

外部集成本地接口现场联调的主要工作是分批分步骤做好"6+1"系统接口现场联调、银电联网接口现场联调、营销信息集成接口现场联调、各地市局本地外部集成等外部系统（设备）的现场联调工作。

⑥系统培训。

推广业主项目部组织进行营销管理系统上线前的培训工作，组建内训师团队。具体工作内容包括：编制系统培训教材及课件，并提交审核；推广业主项目部发布系统培训安排及考核标准，组建内训师团队；推广服务商配合推广业主项目部，开展内训师集中培训工作，配置上机操作环境和考核题库，培训完毕后进行考核；依据发布的培训安排，开展各推广单位的基层人员系统培训工作，并进行考核，考核结果提交推广业主项目部；推广业主项目部负责提供课件、视频、测试库等多样化的在线远程学习渠道，以快速提高系统操作水平。

⑦系统运行条件确认。

在启动系统运行前，依据运行条件具备清单，确认基本功能测试是否通过、外部集成接口是否接入联通、用户数据核对是否完成并确认等前提条件。

2）系统上线阶段。

营销管理系统建设推广阶段的系统上线阶段主要工作包括数据迁移、外部集成接口运行、系统切换、新系统运行、新系统应用监控等工作。

①数据迁移。

对新系统用户数据清理，对原系统用户数据核对、检查，再次执行数据迁移，实现原系统与新系统的数据切换。对在途工单，依据在途工单迁移专项方案（数据迁移方案中），确定新系统与原系统工单的流程、环节、角色的映射关系，以及过程数据的关联关系，将原系统已完结工作的、在途工作单的迁入新系统对应的流程环节，保障在途工作单能继续在新系统正常流转，并形成《数据迁移报告》，主要包括迁移的数据范围、迁移结果等内容。在营销管理系统推广阶段，数据迁移是一项核心工作，在数据迁移的过程中因为多个推广局同时上线的原因，给数据迁移中所需要的时间、专家团队等人力、网络等资源带来了严峻的挑战，存在系统切换失败、历史数据库难以应对、数据量大、涉及地域广、协同难度大、网络条件不具备等风险，必须对数据进行分批次合理安排迁移时间，以保证数据迁移在原系统到新系统的成功切换。

②外部集成接口运行。

分批分步骤对外部集成接口、银电联网接口启动运行工作，监控接口服务与数据交互情况，确认新系统必需的接口正常运转，并形成《外部集成接口接入报告》，主要内容包括"6+1"系统接口、银电联网接口、营配信息集成、其他外部集成等接口应用接入情况。

③系统切换。

在数据迁移完毕，且数据核对校验正确，外部集成接口接入确认后，正式开始原系统与新系统切换。

④新系统运行。

营销管理系统正式上线，做好系统运行维护工作，保障业务操作顺利、系统算费、报表正确。

⑤新系统应用监控。

新系统单轨运行过程中，进行应用监控，统计新系统应用情况并分析使用效果，监控新系统运行过程中出现的问题，协助问题的处理。

⑥系统运行应急处理。

系统运行期间可能出现系统和网络类、功能类、服务类、数据类四大类的故障，对系统运行期间出现的这些故障，严格按照《广东电网公司营销管理信息系统应急预案》提供应急处理办法进行处理。在推广实施阶段，由于试点单位较少，而广东省电网推广的各地市局众多，在充分考虑了各地市局推广单位的地域等特点，主要采取片区集中支持方式来着重开展现场服务与技术支持等工作。此外，针对各地市局推广单位可能出现的紧急情况，推广工作项目组还可通过视频沟通会议等及时沟通平台解决跨地域的紧急情况，确保紧急情况得到有效及时的处理。

3.7.3　主要方法与经验借鉴

按照上级单位的"集中管控，分级负责、加深理解，管控到位、沟通高效，推进有序"的管控要求，广东电网在营销管理系统推广应用阶段落实项目计划、项目质量、缺陷及需求管理、项目沟通管控要求，实现上级管控、省公司推广，地市局应用的三级联动管理机制。

（1）提前开展推广单位实施工作，同步吸收试点单位实施经验。

三个试点供电局实现了系统双轨运行，其间应结合三个试点供电局的实施过程，吸取经验，提前开展推广单位的实施工作，做好相关系统、设备的升级改造，为系统推广应用打好坚实基础。

（2）统一管理、分工负责。

营销管理系统推广应用的工作时间短、任务重，营销管理系统推广阶段各有关部门明确任务，协调一致，健全各项责任机制，具体任务落实到责任人，充分发挥主体作用，科学组织，积极投入人力物力，充分地保障了系统推广应用工作的顺利推进。

（3）发挥推广单位自组织能力。

依据广东电网推广业主项目部发布的推广应用的总体计划和要求，推广单位制订本单位的系统推广应用明细计划，按标准和规范完成各项工作任务，最终按时保质的完成系统全省推广应用的目标。

在系统推广初始阶段，各推广局业扩、计量、抄收核等核心业务覆盖率普遍在50%以下，通过业主项目部的指导及各推广局的积极配合，一个月时间将业扩、计量、抄收核等核心业务覆盖率总体提升到95%左右，多数推广局覆盖率均达100%。

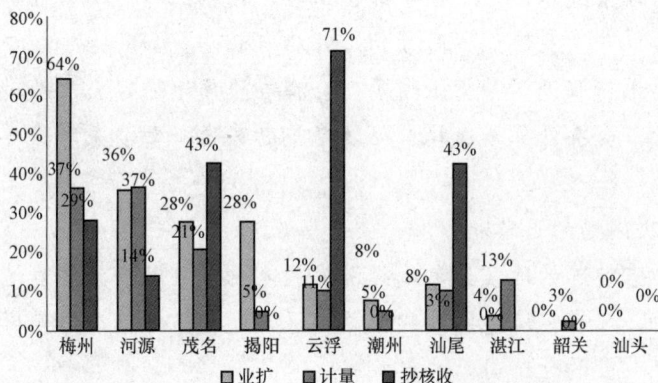

图 3-32　第二批推广局业务工单供电所覆盖率情况

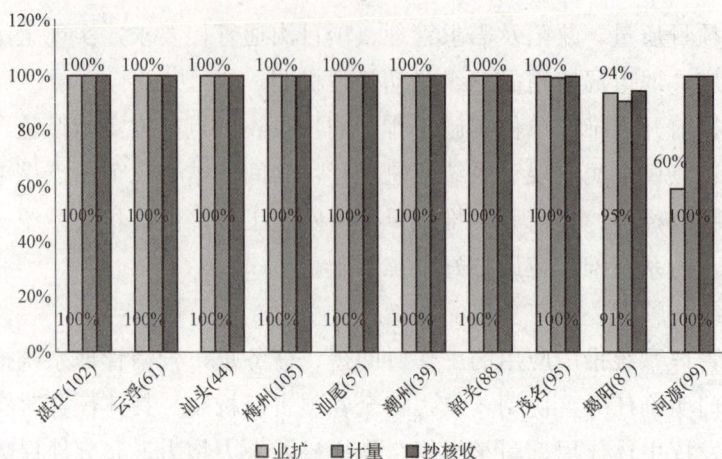

图 3-33   第二批推广局业务工单供电所覆盖率情

3.7.4 应用情景（见案例 3-20、案例 3-21）

推广阶段建设管理实战情景案例（3-20）
——地市局集成接口联调

1. 遇到的问题

营销管理系统建设是一项系统性工程，推广工作时间紧任务重，存在外部集成接口开发及联调不同步的工作难点，营销管理系统有 27 类外部集成对象需要进行联调，种类比较多，会存在进度不一致、改造过程不可控等不利因素，会有外部集成接口开发延期的风险，需要采取必要的措施予以规避。

2. 解决问题的思路和方法

由于广东特殊的地理位置，经济发展不平衡，既有经济发达的珠江三角洲经济带，又有经济欠发达的偏远山区，而广东电网公司是网公司范围内用电客户最多的子公司。

因此，对于地市局的外部集成接口联调测试的难点，通过"提出确定一个，发布一个，改造一个，逐步推进"和"合理分批分期"相结合的原则，对外部集成接口的开发测试进行跟踪，掌握最新的进展，对已具备调试条件，在充分考虑当期的外集成对象，根据"先进性兼容"和"地域临近"合理的批次思路，安排调试工作，动态的安排其联调工作。

3. 实施的效果

通过对外部集成接口的开发测试进行跟踪，保证了营销管理系统建设推广阶段的对外部集成借口的开发测试工作，顺利完成系统各地市供电局的推广与实施工作。

推广阶段建设管理实战情景案例（3-21）
——数据迁移与系统切换

1. 遇到的问题

营销管理系统建设是一项系统性工程，推广工作时间紧任务重，存在系统切换不顺利的工作难点，电力行业的营销管理系统与电信、银行一样，服务客户数量大，原系统切换为新系统的时间短，要求高，存在系统切换失败的风险。同时，原系统数据结构与新系统数据结构存在不一致，工作量也比较大，存在数据迁移工作延期的风险。此外，对于地市局等推广单位来说，存在系统不熟悉，新系统与原系统结构、界面风格差异大，不熟悉新系统的业务功能，正式上线后影响日常工作开展的风险。根据以上三项问题与存在风险，需要采取必要的措施予以规避。

2. 解决问题的思路和方法

针对数据迁移风险，提前制定中间库数据结构，完成迁出迁入工具的开发、测试和校验工作，数据清理人员通过细致的工作保证数据清理质量，共同完成数据清理、迁移工作。

针对系统切换不顺利，项目组提前做好原系统与新系统切换方案和系统切换应急方案，核查切换前各项工作是否符合上线量化的指标，制定切换时间，业务组、技术组、推广供电局、承建商和原系统承建商全力协助，确保一次性成功切换。

针对地市局等推广单位对系统不熟悉的问题，项目推广单位可以将新系统的培训、试运行作为重点工作来抓，做好各阶段的宣贯、培训及效果检查。特别地，针对不熟悉系统的情况，各地市局可以通过。

3. 实施的效果

营销管理系统建设推广阶段的系统切换是极其重要的一个环节，密切联系与协调各方的工作，确保了新旧系统的顺利切换和数据的顺利迁移，规避了系统切换与数据迁移失败所带来的各种风险，达到了系统建设的预期目的。

附　录

广东电网公司

关于印发广东电网公司营销管理信息系统
试点建设实施方案的通知

广电市〔2014〕21号

直属各供电局：

根据《南方电网公司管理信息化推进总体工作方案》和《南方电网公司营销管理系统建设推进行动方案》，广东电网公司被确定为"6+1"工程营销管理系统试点单位。为确保按期完成工作目标，按照网公司"一体化管理要求落地不走样、各阶段工作进度可控不滞后、系统建设成果普适易推广"的要求和《广东电网公司"6+1"工程试点建设及推广工作方案》的统一安排，特制订公司《营销管理系统试点建设实施方案》（以下简称方案）。

方案经网公司营销管理系统建设管控领导组、公司营销管理系统试点建设业主项目部审查通过，现予以印发，请各单位认真贯彻落实。

特此通知。

广东电网公司

2014年4月8日

广东电网公司营销管理系统试点建设实施方案

根据《南方电网公司管理信息化推进总体工作方案》和《南方电网公司营销管理系统建设推进行动方案》，广东电网公司被确定为"6+1"工程营销管理系统试点单位。为确保按期完成工作目标，结合网公司"一体化管理要求落地不走样、各阶段工作进度可控不滞后、系统建设成果普适易推广"的要求和《广东电网公司"6+1"工程试点建设及推广工作方案》的统一安排，特制订本方案。

1 工作目标

广东电网公司作为试点单位，以网公司发布的《市场营销业务模型说明书》和《营销管理系统需求规格说明书》及设计说明书为基础，组织系统功能开发和试点实施。计划 2014 年 11 月完成系统开发及功能验收；2014 年 12 月 15 日前，在佛山、中山、清远等三个试点供电局实现系统双轨运行，2015 年 3 月实现单轨运行，2015 年 5 月完成竣工验收；2015 年 11 月完成全省推广，实现信息系统对营销业务的全面覆盖、纵向贯通和横向集成。

2 建设任务

建设任务从试点建设范围、系统功能建设和外部集成建设三个方面进行阐述，对当前营销业务应用现状也做了详细说明，包括当前营销组织及机构现状、系统现状和网络现状，具体请参见附录 9.5 营销业务应用现状。

2.1 试点建设范围

营销管理系统采用全网统一版本，网省两级集中部署，覆盖公司本部及所辖 19 个供电局。试点建设任务为佛山、中山、清远三个供电局，供 1.1 万名业务人员使用，服务 479.9 万客户，如下表所示：

序号	基层单位名称	户 数		预计终端数量
		2014 年	2015 年	
1	佛山供电局	250.7 万	258.2 万	2300
2	中山供电局	97.1 万	100.0 万	1700

序号	基层单位名称	户 数		预计终端数量
		2014 年	2015 年	
3	清远供电局	132.1 万	136.1 万	2500
4	合计	479.9 万	494.3 万	6500

2.2 系统功能建设

本次建设的系统功能覆盖 10 个一级业务和 28 项二级业务，含 218 个功能项、1122 个功能子项。

序号	业 务 分 类	
	一级业务	二级业务
1	市场营销策划	市场营销策划
2	电力交易	市场分析预测、购电管理、跨区跨省电能交易管理、跨国（境）电能交易管理
3	需求侧管理	有序用电管理、客户能效管理
4	市场开发	新兴业务管理、服务品牌建设
5	营业管理	业扩管理、供用电合同管理、电价电费管理、管理线损管理、用电检查
6	客户服务	服务渠道管理、客户关系管理、客户停电管理
7	电能计量管理	资产管理、运行管理、实验室管理
8	营销分析与稽查监控	稽查监控、营销统计、营销分析、营销作业风险管理
9	电力市场建设	电力市场建设
10	营销项目管理	在资产管理系统（其他项目子系统）中实现
11	/	班组标准化管理
12	/	本地化功能

2.3 外部集成建设

营销管理系统的运行需要和其他外部系统（设备）进行数据交互集成，本次建设涉及的外部集成对象共包括网公司统一的 27 类、公司统一的 12 类及供电局本地外部集成对象。

分　类		外部集成对象
网公司统一管控的外部集成	"6+1"系统	财务系统、资产管理系统、决策支持系统
	非"6+1"系统（平台）	4A平台、企业门户系统、知识管理系统、数据资源管理平台、GIS平台、营配信息集成、邮件系统、短信平台、计量自动化系统、电力调度管理系统、呼叫中心语音平台、充值卡系统
	外部设备	自助服务终端、手持抄表器、封印手持终端、电能计量设备现场检验装置、电能计量设备室内检定装置、自动检定流水线、营业厅服务评价器和排队机、营业厅POS机
	外围系统	银电联网、代收费系统、税控系统、派送外包系统
公司统一建设的外部集成		有线电视、税务单联发票、支付宝代收、微信客服平台、营配现场作业系统、营销业务全过程监控系统、低压预售电、市民网站、电话支付、营销数据普查平台、对外网站系统、客户细分分析模块
地市局外部集成		佛山：客户服务监控系统、在线稽查、自动外呼系统、电网经济运行支撑系统、绩效系统、节能系统、需求侧管理系统、客户服务支持系统、OAK办公系统、电能量管理平台
		中山：停电自动匹配管理
		清远：中国移动无线城市

3 组织机构及职责

3.1 业主项目部

根据《南方电网公司管理信息化推进总体工作方案》和公司"6+1"工程试点建设的总体安排成立业主项目部，具体职责如下：

（1）负责落实网公司营销管理系统建设管控领导组和公司管理信息化推进领导小组对营销管理系统的建设要求，汇报营销管理系统建设推进情况，协调解决本单位重大决策问题。

（2）负责组建覆盖业务部门、信息部门、试点单位的项目建设团队。

（3）负责审查试点建设过程中制定的有关方案和关键成果并报送网公司审批。

（4）负责配合公司管理信息化推进领导小组制定考核方案，并对本项目部有关单位和个人进行管理考核。

业主项目部下设综合组、业务组、技术组：

3.1.1 综合组

职责如下：

（1）综合组在业主项目部领导下开展工作，具体承接网公司管控工作组中项目小组的工作要求。

（2）负责建立业主项目部的工作管理机制，保证业主项目部的工作能够高效有序地进行；负责项目的日常管理、考勤管理和会议管理。

（3）负责汇总编制日/周/月报并向网公司及相关单位通报；负责组织撰写相关汇报材料。

（4）负责对项目的总体质量进行管理，确保交付成果及进度符合要求。

（5）负责项目总体进度情况汇总与资料管理，包括项目里程碑成果的收集、组织评审及归档等。

（6）负责组织项目各阶段验收。

（7）负责编制《广东电网公司营销管理系统试点建设实施方案》。

（8）负责组织系统测试的各项准备工作。

（9）负责组织宣传工作。

（10）负责网公司派驻专家和公司各地市局抽调专家的人员的各项支持保障工作。

（11）负责完成业主项目部交办的其他各项任务。

3.1.2 业务组

业务组下设十个专业工作小组（详见附件9.1.1）。

职责如下：

（1）在业主项目部领导下开展工作，具体承接网公司业务管控工作组中业务小组的工作要求。

（2）负责落实业务管控要求，确保系统符合一体化业务需求。

（3）负责编制功能验证方案、验证用例以及确定非功能测试中的案例场景；分专业对系统功能进行初步测试与功能验证，并形成测试与验证初步意见。

（4）负责需求变更的收集、审查和确认。

（5）负责落实营配信息集成相关功能要求。

（6）负责银电联网业务协议签订。

（7）负责编制公司数据质量提升实施方案，审核各地市局的数据质量提升实施方案，协调技术组将核查规则固化到信息系统中，组织开展数据质量评价。

（8）组织对关键用户培训并组建内训师团队。

（9）负责公司范围内的其他"6+1"系统业主项目部进行跨部门的业务协同工作。

（10）负责组织系统功能测试，配合技术组进行系统需求确认、数据整理与迁移、上线试运行工作。

（11）负责完成业主项目部交办的各项任务。

3.1.3 技术组

技术组下设九个专业工作小组（详见附件9.2）。

职责如下：

（1）在业主项目部领导下开展工作，具体承接网公司业务管控工作组中技术小组的工作要求。

（2）负责根据营销管理系需求文档开展设计成果修订的工作，提出具体修订意见。

（3）负责对系统整体架构、数据结构、关键技术提出技术专业初步意见，确保符合网公司相关信息化技术路线和技术标准。

（4）负责营销管理系统外部集成的技术标准的编制。

（5）负责组织系统代码开发、模块测试、数据整理与迁移、管理员培训、上线试运行工作，进行质量管理和现场管理。

（6）负责银电联网技术协议的编制与初步审查。

（7）负责将数据核查规则固化到信息系统中，协助业务组开展数据质量自查及整改工作。

（8）负责组织编写外部集成规范，并组织外部集成系统及设备厂商开展升级改造工作；负责开展"6+1"系统联调测试，负责银电联网、营配信息集成平台、营业厅排队机等外部集成接口的开发与联调工作。

（9）负责开发基地技术环境、测试环境的IT资源准备工作。

（10）负责向信息中心移交生产运行系统。

（11）负责完成业主项目部交办的各项任务。

3.2 试点局实施组

试点局由分管营销的领导牵头成立组织机构，编制本单位实施方案，落实公司营销管理系统建设任务。完成系统测试、银电联网调试、外部集成接口调试、设备改造、营销数据核查、数据迁移、系统培训，以及本单位系统双轨和单轨运行等工作，对工作中出现的问题及时反馈，确保营销管理系统的平滑切换、稳定运行。

职责如下：

（1）负责贯彻落实网、省公司关于实施工作的要求。

（2）负责向公司营销系统建设业主项目部汇报工作。

（3）负责本单位实施工作，严格按照计划要求，执行系统实施的各项任务。

（4）负责及时发现并消除由于信息系统升级给营销业务带来的风险，确保营销系统的平滑切换。

（5）保证营销管理系统中各类数据准确性和完整性，提高数据质量和系统实用化水平。

（6）及时反映实施过程中的有关问题。

3.3 承建商

承建商成立营销管理系统项目工作组，项目工作组下设项目综合组、系统开发组、业务需求组、系统部署组、数据迁移组、系统测试组、外部集成组、银电联网组、营配信息集成组、数据质量组及试点实施组十一个专业组，其中试点实施组下设省公司、佛山、中山、清远四个现场实施小组。

职责如下：

（1）负责贯彻落实网省公司在系统开发和试点实施过程中的各项决定。

（2）配合业主项目部进行营销业务需求的甄别、分析和确认工作。

（3）按照业主项目部项目管控要求，完成营销管理系统开发、功能测试、试点实施和推广实施工作，并按时提交成果。

（4）配合业主项目部协同解决跨业务部门、跨业主项目部、跨项目的问题。

（5）配合业主项目部开展"6+1"系统联调测试、银电联网、营配信息集成平台、营业厅排队机等外部集成的系统升级和设备改造，以及外部集成接口联调工作。

（6）及时汇报系统开发、试点实施的进展情况和解决存在的问题。

4　主要里程碑

序号	阶段	里程碑	责任分工	完成时间
1	工作准备	编制印发《营销管理系统试点建设实施方案》，召开启动会	业主项目部	2014 年 4 月
2	系统开发	需求及设计确认	网公司管控组 业主项目部	2014 年 4—5 月
3		完成代码开发	技术组	2014 年 4—10 月
4		银电联网协议签订	业务组	2014 年 6 月
5		完成系统测试	业务组	2014 年 7—10 月
6		外部集成业务系统及接口联调	技术组	2014 年 11 月
7		完成系统初验	网公司管控组	2014 年 11 月
8		交付双轨上线版	技术组	2014 年 11 月
9	试点实施	数据质量提升	试点供电局	2014 年 9 月
10		试点局双轨上线试运行	试点供电局	2014 年 12 月
11		试点局双轨试运行验收	业主项目部	2015 年 3 月
12		试点局单轨上线	试点供电局	2015 年 3 月
13		完成竣工验收	网公司管控组	2015 年 5 月

5　工作步骤及内容

试点建设分为工作准备、系统开发、试点实施三个阶段，具体内容如下：

5.1　工作准备阶段（2014 年 3 月—2014 年 5 月）

5.1.1　创建组织机构（2014 年 3 月）

5.1.1.1　工作目标

成立公司营销管理系统建设业主项目部，指导试点供电局成立实施组。

5.1.1.2　工作内容

（1）组建营销管理系统建设业主项目部。

按照网公司管理信息化推进总体工作方案的要求，组建营销管理系统建设业主项目部，确定组织结构、工作成员和工作职责。

（2）试点供电局组建营销管理系统实施组。

试点供电局成立营销管理系统实施组，制定本单位的营销管理系统实施方案，承接公司营销管理系统建设任务，完成本单位系统实施工作。

5.1.2 方案编制（2014年3月—2014年5月）

5.1.2.1 工作目标

编制印发《营销管理系统试点建设实施方案》和各专项方案。

5.12.2 工作内容

（1）编制印发《营销管理系统试点建设实施方案》。

业主项目部负责编制《营销管理系统试点建设实施方案》主要包括工作目标、建设任务、组织机构及职责、主要里程碑、工作步骤及内容、风险及应对措施、项目管控等内容。

（2）编制专项方案初稿。

编制专项技术方案初稿，方案编制工作安排如下：

1）技术组编制以下方案。

《营销管理系统开发阶段工作方案》主要包括开发组织机构及工作职责、开发工作计划安排、测试工作计划、关键风险及应对措施等内容。

《营销管理系统试点实施阶段工作方案》主要包括试点实施组织机构及工作职责、实施工作计划安排、关键风险及应对措施等内容。

《系统安装部署方案》主要包括部署计划、部署资料集、主机规划、磁盘规划、系统安装、数据库安装、应用服务器安装、常见问题处理等内容。

《数据清理方案》主要包括数据清理计划、数据收集范围、数据收集方法、数据收集内容、数据转换工具等内容。

《数据迁移方案》主要包括数据迁移计划、数据迁移范围、数据迁移方法、数据迁移规则、数据验证方法、数据验证规则等内容。

《外部集成联调方案》主要包括外部集成联调计划、各个接口的联调策略以及接口平滑过渡策略等内容。

《系统投运方案》主要包括总体计划、工作步骤、投运前的准备工作（网络环境准备、服务器准备、系统准备工作、应急预案等内容。

《系统双轨运行方案》主要包括双轨运行计划、双轨运行条件确认、双轨运行系统操作要求等内容。

《系统单轨运行方案》主要包括单轨运行计划、单轨运行条件确认、单轨运行系统操作要求等内容。

《系统应急方案》主要包括对应用系统投运过程中可能出现的问题进行风险评估，给出可能出现问题的解决流程，提出灾难发生后出现紧急问题的解决方法等内容。

2）业务组编制以下方案。

《系统测试方案》主要包括测试计划、测试策略、测试范围、测试流程、功能测试、非功能测试等内容。

《系统培训方案》主要包括培训计划、培训目的、培训范围、培训场地及设施、培训师资、培训纪律、培训课程规划等内容。

3）试点局编制以下方案。

《营销管理系统试点建设实施方案》主要包括工作目标、建设任务、组织机构及职责、主要里程碑、工作步骤及内容、风险及应对措施、项目管控等内容。

《一体化设备配套改造升级方案》主要包括现状调研、升级改造可行性评估、升级改造计划等内容。

《外部集成开发联调方案》主要包括地市局接口的外部集成联调计划、各个接口的联调策略以及接口平滑过渡策略等内容。

以上方案需提交业主项目部审查。

5.1.3 工作启动会（2014 年 4 月）

5.1.3.1 工作目标

召开营销管理系统试点建设工作启动会。

5.1.3.2 工作内容

召开营销管理系统试点建设工作启动会，对参与试点建设的单位和人员宣贯工作部署和要求。

5.1.4 建立研发与联调测试基地（2014 年 4 月）

5.1.4.1 工作目标

完成营销管理系统研发与联调测试基地的建立。

5.1.4.2 工作内容

建立营销管理系统研发与联调测试基地，搭建系统联调、测试环境，以便后续按需分专业分批次组织专家和用户代表集中参与系统功能测试。

5.1.5 试点供电局现状调研（2014年4月）

5.1.5.1 工作目标

对试点供电局现有系统部署等现状进行调研。

5.1.5.2 工作内容

对试点供电局进行调研，形成《试点供电局现状调研报告》，主要内容外部接口厂商、用途、用户数量、现有系统部署等现状进行调研，并结合调研情况进行分析，以对项目实施工作进行优化。

5.2 系统开发阶段（2014年4月—2014年11月）

5.2.1 需求及设计成果确认（2014年4月—2014年5月）

5.2.1.1 工作目标

对需求、设计成果进行学习和讨论，深入理解需求、设计成果，掌握现有系统与一体化营销管理系统之间的差异，同时进行细化需求收集、测试用例编制，为系统功能测试、系统实施打好基础。

5.2.1.2 工作内容

（1）需求设计成果确认。

由项目管控工作组业务小组专家成员对营销业务专家库、关键用户、网公司总体建设方案、市场部系统建设推进方案、试点实施工作方案、系统建设管控方案进行宣贯，对业务专家和技术专家宣贯业务模型和需求规格说明书并确认相关成果，形成《营销管理系统试点开发需求确认表》，具体内容包括广东电网公司细化需求。

（2）编制、审核功能测试用例。

业务组组织专家、关键用户编制《系统测试用例（初稿）》，并提交业主项目部审核。

5.2.2 外部集成工作准备（2014年4月—2014年6月）

5.2.2.1 工作目标

完成"6+1"系统和平台、外部设备、外围系统等网、省、地的外部集成接口的开发和联调准备工作。

5.2.2.2 工作内容

（1）宣贯外部集成接口技术规范。

技术组宣贯外部集成接口技术规范，并组织外部接口厂商对接口技术规范进行确认，书面确认后，配合网公司发布。

（2）"6+1"系统接口联调准备。

按网公司安排，制定"6+1"系统接口开发测试计划，并提交项目管控工作组（项目小组总体协调，业务小组负责业务方面、技术小组负责技术方面）审查确认。

（3）其他外部集成接口联调准备。

对其他"网公司统一建设系统外部集成"、"非网公司统一建设系统外部集成"、"试点单位本地化外部集成"对象进行接口设计、制定开发和调试计划。并提交"网公司统一建设系统外部集成"计划到项目管控工作组（项目小组总体协调，业务小组负责业务方面、技术小组负责技术方面）进行审查。

5.2.3　代码开发（2014年4月—2014年10月）

5.2.3.1　工作目标

完成营销管理系统功能、外部集成接口和数据迁移工具的开发。

5.2.3.2　工作内容

（1）系统开发启动及宣贯。

系统开发启动，对系统开发质量、进度、沟通要求进行宣贯。

（2）审核《营销管理系统开发工作方案》。

业主项目部审核《营销管理系统开发工作方案》，确定开发计划，《营销管理系统开发工作方案》应包括项目背景、项目目标、开发计划、工作步骤等内容。

（3）系统模块开发与测试。

业主项目部组织承建商以网公司发布的《市场营销业务模型说明书》和《营销管理系统需求规格说明书》及设计说明书为基础进行系统功能开发，对审批通过的广东电网细化需求进行同步开发。要求承建商制定系统功能开发计划，按计划分批次、分模块提交系统功能、对应的功能清单、操作手册和系统测试报告。

开发进度见下表：

序号	计划时间	交付功能模块
1	2014 年 5—7 月	业扩管理
		供用电合同管理
		电价电费管理
		资产管理
		运行管理
		服务渠道管理
		客户关系管理
		系统基础功能
		工作流功能
2	2014 年 8—9 月	管理线损管理
		用电检查
		稽查监控
		营销统计与分析
		客户停电管理
		实验室管理
		查询和管理功能
		报表管理功能
3	2014 年 10 月	市场交易计划管理
		购电管理
		跨区跨省电能交易管理
		跨国（境）电能交易管理
		新兴业务管理
		有序用电管理
		客户能效管理
		班组标准化管理

业主项目部技术组对系统开发质量进行管控，以版本管理为主线，借助质量管理工具对代码质量、配置管理、交付文档等进行检查，主要交付成果包括源代码、功能模块清单、操作手册、《业务模型符合度验证报告》、《技术

符合度验证报告》、《单元测试报告》、《集成测试报告》等。

《业务模型符合度验证报告》主要内容包括业务实现与相关业务模型、需求和设计文档的一致性情况。

《技术符合度验证报告》主要内容包括技术实现与规范的一致性情况。

《单元测试报告》主要内容包括各个功能模块单元测试的情况说明。

《集成测试报告》主要内容包括各个功能模块集成测试的情况说明。

（4）"6+1"系统接口功能开发与测试。

根据"提出确定一个，发布一个，改造一个，逐步推进"的原则，对财务系统、资产管理系统、决策支持系统进行接口功能开发，并在模拟环境中测试。

序号	分 类		外部集成对象	计划时间
1	网公司管控	"6+1"系统	财务系统、资产管理系统（生产、物资、基建、其他项目管理子系统）、决策支持系统	2014 年 7—10 月

（5）其他外部集成接口功能开发与测试。

根据"提出确定一个，发布一个，改造一个，逐步推进"的原则，对银电联网、代收费系统、GIS 平台等其他非"6+1"外部对象进行接口功能开发，对审批通过的广东电网外部集成接口进行同步开发，并在模拟环境中测试。

序号	分 类		外部集成对象	计划时间
1	网公司管控	网公司统一建设	4A 平台、企业门户系统、知识管理系统、数据资源管理平台、GIS 平台	2014 年 7—10 月
			银电联网	2014 年 7—10 月
			营配信息集成	2014 年 7—10 月
		网公司统一技术协议	代收费系统、派送外包系统、邮件系统、短信平台、计量自动化系统、电力调度管理系统、呼叫中心语音平台、税控系统、自助服务终端、手持抄表器、封印手持终端、电能计量设备现场检验装置、电能计量设备室内检定装置、自动检定流水线、营业厅服务评价器和排队机、营业厅 POS 机、充值卡系统	2014 年 7—10 月

序号	分　类		外部集成对象	计划时间
2	公司管控	公司统一建设	有线电视、税务单联发票、支付宝代收、微信客服平台、营配现场作业系统、营销业务全程监控系统、低压预售电、市民网站、电话支付、营销数据普查平台、对外网站系统、客户细分分析模块	2014 年 8—10 月
		地市局外部集成	佛山：客户服务监控系统、在线稽查、自动外呼系统、电网经济运行支撑系统、绩效系统、节能系统、需求侧管理系统、客户服务支持系统、OAK 办公系统、电能量管理平台	2014 年 8—10 月
			中山：停电自动匹配管理	2014 年 8—10 月
			清远：中国移动无线城市	2014 年 8—10 月

（6）组织业务专家进行模块测试。

承建商按网公司、业主项目部要求和开发计划，将测试合格后的模块提交部署后，业主项目部按系统模块测试方案，先行分批分专业组织专家进行模块功能点测试，测试合格后，提交网公司管控组审查，再由网公司组织全网专家进行模块功能测试。

参与模块功能测试的专家，依据《市场营销业务模型说明书》和《营销管理系统需求规格说明书》及设计说明书对模块功能质量进行把关，检查合格后，给予签字确认；检查不合格的，则启动问题管理流程。

（7）配合业模及技术符合度验证。

业主项目部完成流程节点功能开发并测试通过后，配合网公司项目管控工作组的业务小组对流程节点进行业务模型符合度验证，配合项目管控工作组的技术小组按网公司技术管控组的要求对系统进行技术符合度验证，提交业模及技术符合度反馈表。对系统测试发现的问题，按问题处理流程在基地现场确定解决方案及解决时限要求。

（8）外部设备升级改造。

地市局负责按公司制定宣贯的外部集成接口技术规范和《一体化设备配套改造升级方案》有序稳步地推进外部设备改造工作。

（9）数据迁移工具开发与测试。

原系统厂商负责开发数据迁出工具，新系统承建商负责开发数据迁入和数据校验工具，并测试工具的稳定性和正确性。

5.2.4 银电联网（2014年4月—2015年2月）

5.2.4.1 工作目标

完成银电联网业务协议签订、银电联网技术协议签订、完成通信链路建设、银电联网功能开发与测试、银电联网接口测试环境联调、银电联网接口现场联调、银电联网接入（双轨）、银电联网接入（单轨）为营销管理系统运行提供保证。

5.2.4.2 工作内容

（1）接收银电联网框架协议。

业务组和技术组接到网公司与四大行签署的银电联网的框架协议，开展银电联网业务协议和技术协议的签订工作。

（2）银电联网业务协议签订。

业主项目部配合网公司完成与四大行框架协议签订和技术协议的确认，业务组财务部人员在2014年6月前完成与四大行分行补充协议签订，并以四大行的框架协议为标准，与银联、邮储银行、人民银行、光大银行、交通银行及农商行进行洽谈并签订合作协议，指导试点供电局与地方银行签订合作协议。

（3）完成通信链路建设。

技术组调控中心负责按照合作协议进行通信链路建设，要求在2014年9月前完成。

（4）银电联网功能开发与测试。

对银电联网进行接口功能开发，并在模拟环境中测试，并形成《银电联网接口功能测试报告》，主要内容包括联网测试的银行、测试时间、测试地点、测试环境、测试通过的交易以及测试不通过的交易等情况说明。

（5）银电联网接口测试环境联调。

在研发与联调测试基地进行银电联网接口的联调，并形成《银电联网联调报告》，主要内容包括联调情况说明。

（6）银电联网接口现场联调。

进行银电联网接口现场联调，协调各个银行参与联调测试，配合银行在测试环境中安装测试系统并维护测试环境；协调各个银行编写测试场景并进行审核；协调解决测试中的问题；组织编写《银电联网联调报告》，主要内容包括测试情况，评估测试情况等。

（7）银电联网接入（双轨）。

分批分步骤各个银电联网接口应用接入双轨环境，并形成《银电联网接入报告（双轨）》，主要内容包括银电联网双轨运行接入情况的说明。

（8）银电联网接入（单轨）。

分批分步骤各个银电联网接口应用接入单轨环境，并形成《银电联网接入报告（单轨）》，主要内容包括银电联网单轨运行接入情况的说明。

5.2.5 数据质量提升（2014 年 4 月—2014 年 12 月）

5.2.5.1 工作目标

完成编制数据质量提升工作方案、分类标准及核查规则、系统数据核查规则固化、数据核查工具、编写测试用例、测试报告，完成数据质量提升，确保系统数据满足上线要求，试点局要求在 2014 年 9 月前完成，其他单位 12 月前完成。

5.2.5.2 工作内容

（1）编制数据质量提升工作方案、分类标准及核查规则。

业主项目部组织业务组、技术组根据《营销基础档案数据分类标准》和《营销数据质量核查规则》编制《数据质量提升工作方案》。

《数据质量提升工作方案》主要内容包括工作背景、工作目标、工作计划及执行等内容。

（2）在现有系统固化数据补录规则。

业主项目部组织技术组按新系统模型，在原有营销管理系统基础上固化数据补录规则。

（3）组织开发数据核查工具、编写测试用例、测试报告。

业主项目部业务组、技术组组织开发数据核查工具及测试，并编写《数据核查工具测试用例》、《数据核查工具测试报告》。

《数据核查工具测试用例》主要包括各个功能测试相关用例等内容。

《数据核查工具测试报告》主要包括数据迁移的测试情况报告。

（4）开展数据质量评估。

按网公司制定的营销数据核查规则，开展数据质量迁移评估工作。要求试点供电局 2014 年 9 月份完成，其他供电局在 2014 年 12 月份完成。其中主要营销基础档案（包括客户域、营销设备域、电网域、核算域、账务域）正确率达到 100%。

5.2.6 营配信息集成（2014 年 4 月—2015 年 2 月）

5.2.6.1 工作目标

完成编制营配信息集成开发测试计划、营配信息集成接口现场联调、营配信息集成接口双轨、单轨接入，确保营销管理系统与其他"6+1"系统同步运用。

5.2.6.2 工作内容

（1）编制营配信息集成开发测试计划。

业主项目部组织技术组制定《营配信息集成测试工作计划》。

（2）组织营配信息集成接口现场联调。

业主项目部技术组组织完成营配信息集成部署，按与其他"6+1"系统联调计划组织开展现场联调，并编写《营配信息集成接口联调报告》。

（3）营配信息集成接口接入（双轨）。

根据与其他"6+1"系统双轨接入工作计划时间，技术组完成营配信息集成接口双轨接入，并提交《营配信息集成接口接入报告（双轨）》，主要内容包括营配信息集成双轨运行接入情况的说明。

（4）营配信息集成接口接入（单轨）。

根据与其他"6+1"系统单轨接入工作计划时间，技术组完成营配信息集成接口单轨接入，并提交《营配信息集成接口接入报告（单轨）》，主要内容包括营配信息集成单轨运行接入情况的说明。

5.2.7 外部设备升级改造（2014 年 4 月—2014 年 10 月）

5.2.7.1 工作目标

对试点供电局现有营销设备按照统一技术规范完成升级改造。

5.2.7.2 工作内容

对试点供电局外部接口现状进行调研，结合调研情况进行分析，制定合理的计划，配合营销系统上线完成升级改造工作。

（1）宣贯外部设备接口技术规范。

技术组宣贯设备集成接口技术规范，并组织外部设备厂商对接口技术规范进行确认。

（2）地市局对各自设备进行摸底调查，制定升级改造计划。

按公司安排，对本地的设备进行统一摸底调查，按照不同设备特点形成设备升级自查表，制定《一体化设备配套改造升级方案》，主要内容包括升级改造的设备清单、改造计划及改造方案等。

（3）地市局对各自设备升级调试。

各个地市对不同设备进行升级调试，确保上线时间点能够及时、准确地切换，并形成《一体化设备配套改造升级调试记录》，主要包括设备的调试时间、调试人员、调试结果等内容。

（4）地市局对各自设备升级制完成改造。

按照项目推进的统一要求，地市局针对不同设备类型，配合系统上线进行升级改造，并形成《一体化设备配套改造升级报告》，主要内容包括改造完成的升级情况。

5.2.8　系统测试（2014 年 7 月—2014 年 10 月）

5.2.8.1　工作目标

审核系统测试方案，完成营销管理系统整体性功能测试和非功能测试。

5.2.8.2　工作内容

（1）系统测试启动及宣贯。

系统整体性功能测试工作启动，对整体性功能测试安排，功能验证通过的标准和要求进行宣贯，并形成《系统测试准备情况报告》，主要内容系统测试的前期准备情况。

（2）审核系统测试方案。

业主项目部审核《系统测试方案》和《系统测试用例》，确定系统测试安排。

（3）整体性功能测试。

业主项目部编写业务场景和测试用例，业务场景和测试用例通过审查后，业主项目部开展整体性功能测试，并将测试结果报项目管控工作组（业务小组）审查。测试结果通过审查后，配合网公司组织全网业务专家进行整体性功能测试验证，并形成《系统功能测试报告》和《功能验证报告》。

在研发与联调测试基地，按需分专业分批次组织专家、关键用户、承建商设计人员和实施人员集中参与系统模块测试，确保模块测试对相应模块系统内部业务需求全覆盖。对系统测试发现的问题，按问题处理流程在基地现场确定解决方案及解决时限要求，系统功能测试计划见下表：

序号	计划时间	测试功能模块
1	2014 年 8 月	业扩管理
		供用电合同管理
		电价电费管理
		资产管理
		运行管理
		服务渠道管理
		客户关系管理
		系统基础功能
		工作流功能
2	2014 年 10 月	管理线损管理
		用电检查
		稽查监控
		营销统计与分析
		客户停电管理
		实验室管理
		查询和管理功能
		报表管理功能
3	2014 年 11 月	市场交易计划管理
		购电管理
		跨区跨省电能交易管理
		跨国（境）电能交易管理
		新兴业务管理
		有序用电管理
		客户能效管理
		班组标准化管理

（4）非功能测试。

对营销管理系统进行性能、安全测评等方面的非功能测试，并形成《第三方测试报告》，主要内容包括测试的环境、测试的结论等内容。

5.2.9 外部集成业务系统及接口联调（2014 年 8 月—2014 年 11 月）

5.2.9.1 工作目标

完成"6+1"系统和平台、外部设备、外围系统等网、省、地的外部集成接口的测试环境联调工作。

5.2.9.2 工作内容

根据"提出确定一个，发布一个，改造一个，逐步推进"的原则，在研发与联调测试基地进行外部集成接口的联调，其中技术组负责外部集成接口协议的管控，地市局负责外部集成接口测试联调工作，外部集成接口联调计划见下表：

序号	分　类		外部集成对象	计划时间
1	网公司管控	"6+1"系统	财务系统、资产管理系统（生产、物资、基建、其他项目管理子系统）、决策支持系统	2014 年 8—11 月
		网公司统一建设	4A 平台、企业门户系统、知识管理系统、数据资源管理平台、GIS 平台	2014 年 8—11 月
			银电联网	2014 年 8—11 月
			营配信息集成	2014 年 8—11 月
		网公司统一技术协议	代收费系统、派送外包系统、邮件系统、短信平台、计量自动化系统、电力调度管理系统、呼叫中心语音平台、税控系统、自助服务终端、手持抄表器、封印手持终端、电能计量设备现场检验装置、电能计量设备室内检定装置、自动检定流水线、营业厅服务评价器和排队机、营业厅 POS 机、充值卡系统	2014 年 8—11 月
2	公司管控	公司统一建设	有线电视、税务单联发票、支付宝代收、微信客服平台、营配现场作业系统、营销业务全过程监控系统、低压预售电、市民网站、电话支付、营销数据普查平台、对外网站系统、客户细分分析模块	2014 年 8—11 月
		地市局外部集成	佛山：客户服务监控系统、在线稽查、自动外呼系统、电网经济运行支撑系统、绩效系统、节能系统、需求侧管理系统、客户服务支持系统、OAK 办公系统、电能量管理平台	2014 年 9—11 月
			中山：停电自动匹配管理	2014 年 9—11 月
			清远：中国移动无线城市	2014 年 9—11 月

5.2.10 开发初步验收，交付双轨上线版（2014 年 11 月）

5.2.10.1 工作目标

完成系统功能完善，通过开发初验，提交双轨上线版。

5.2.10.2 工作内容

（1）系统迭代开发，进行功能完善。

专家和关键用户在系统功能测试中发现的问题，通过系统迭代开发，进行解决，同时完善系统功能。

（2）完成开发初步验收。

业主项目部向项目管控组提交《开发初步验收申请》及相关成果文件。

系统试点单位配合网公司组织全网业务专家进行整体性功能测试验证，测试验证通过后进行开发初步验收。

（3）开发初验通过后，交付双轨上线版。

开发初验通过后，形成《开发初步验收报告》，交付双轨上线版，发布代码，进行现场部署。

5.3 试点实施阶段（2014 年 7 月—2015 年 5 月）

5.3.1 上线准备（2014 年 7 月—2014 年 11 月）

5.3.1.1 工作目标

完成系统安装部署、数据准备、数据预迁移、系统操作培训、功能测试与外部集成接口现场联调、并列运行影响评估、系统运维人员组建、试点局系统测试、双轨运行前提条件确认等主要工作，为双轨运行提供保证。

5.3.1.2 工作内容

（1）试点实施启动及宣贯。

试点实施工作启动，对试点实施工作部署和任务要求进行宣贯。

（2）审查试点实施阶段工作方案。

业主项目部审核《营销管理系统试点实施阶段工作方案》，审核通过后提交网公司营销建设管控组审查。

（3）正式环境系统安装部署。

按照系统部署方案，搭建正式环境，形成《环境搭建报告》，主要内容包括：部署操作系统、数据库、中间件等系统运行所需硬软件资源。

（4）数据预迁移。

做好数据迁移前的技术准备，按照数据迁移方案，整理数据迁移需求、数据迁移时间窗口、不同类型数据迁移策略，制定并发布数据整理和迁移计划。使用迁移工具完成数据由原系统迁出至中间库，中间库迁入至新系统，并对数据和算费模型进行校验调整，验证迁移数据的准确性和完整性，确保迁移数据不失真，满足系统运行要求，并形成《数据预迁移报告》，主要包括迁移的数据范围、迁移结果等内容。

（5）核心业务和数据核对。

对所有用户的电费数据进行试算，并进行新旧系统电费结果的比对，对有电费差异的用户，逐条分析存在差异的原因，并进行整改；对所有的业扩流程都要进行验证，并形成《电费试算及整改报告》，主要内容包括电费算法验证情况及算法差异说明等内容。

（6）外部集成接口现场联调。

进行"6+1"系统接口和其他外部集成接口现场联调，协调各个外部集成厂商参与联调测试，指导各个参与外部集成厂商在测试环境中安装测试系统并维护测试环境，控制各系统的测试版本；协调各外部集成厂商编写测试场景并进行审核；指导各外部集成厂商完成联调测试准备工作；协调解决测试中的问题；组织编写测试报告，评估测试结果预警质量风险，并形成《"6+1"系统接口联调报告》和《其他外部集成接口联调报告》，主要内容包括"6+1"系统接口和其他外部集成接口现场联调情况说明。

（7）系统操作培训。

系统操作培训包括对业务操作人员和 IT 客服人员的业务培训和系统操作培训。组建内训师队伍，审核系统培训教材及课件，发布系统培训安排，完成系统操作集中培训，同时配置题库，进行培训考核。

（8）试点局系统测试。

编制功能验证方案，明确验证的标准。分批对试点供电局某一时点的整体数据进行迁移和校验，组织完成系统测试，并形成《试点局上线前系统测试报告（本地接口）》，主要包括试点局本地接口测试情况说明。

（9）并列运行影响评估。

在系统运行阶段，技术组对试点局与非试点局中运行的统一建设的系统进行上线影响评估，并给出解决方案，如网上营业厅等系统，并形成《并列运行影响评估及措施》，主要内容包括是否具备并列运行的条件评估，并对上线有营销的条件给出应对措施。

（10）审核双轨运行工作方案。

业主项目部审核《系统双轨运行工作方案》，提出审核建议，《系统双轨运行工作方案》主要内容包括双轨运行的切换、双轨运行期间应做的工作及要求等。

（11）组建客服和运维团队。

组建系统客服团队和系统运维团队，并形成《客户支持方案》，主要内容包括客服和运维团队的组织机构及如何保证营销管理系统的维护等内容。

（12）双轨运行前提条件确认。

在启动系统双轨运行前，依据双轨运行条件具备清单，确认基本功能测试是否通过、外部集成接口是否接入联通、用户数据核对是否完成并确认等前提条件。

5.3.2 双轨运行（2014年12月—2015年2月）

5.3.2.1 工作目标

完成数据迁移、外部集成接口接入、启动双轨运行、双系统操作、算费及报表核对、系统应用监控、开发初步验收等主要工作。按照"原系统在前、新系统在后"的模式，同时使用两套系统，用两套系统的算费数据对比结果来验证及核对算费模型、用户数据及报表的准确性。

5.3.2.2 工作内容

（1）数据迁移。

将系统用户数据从原系统迁出至中间库，迁出数据核对后，将用户数据迁入新系统生产环境，进行数据校验、系统试算费，并提供试算费对比结果，协助三个试点供电局完成数据调整，并形成《数据迁移报告（双轨）》，主要内容包括数据迁移的时间、范围及结果等内容。

（2）外部集成接口接入。

分批分步骤将"6+1"系统接口、银电联网接口、营配信息集成、其他外部集成等接口应用接入，并形成《外部集成接口接入报告（双轨）》，主要内容包括"6+1"系统接口、银电联网接口、营配信息集成、其他外部集成等接口应用接入情况。

（3）启动双轨部署及投运。

完成数据迁移后，进行新系统数据初始化，启动系统双轨部署及投运。

（4）双系统操作。

操作人员将数据同时录入两套系统，对于高压报装数据应保证100%的在新系统录入，对于低压报装数据，在新系统中录入比例不应小于50%，对大厅收费数据，在新系统中的录入比例不应小于50%。

（5）核心业务和数据核对。

在双轨运行期间，依据营销业务计费周期特征，进行算费、收费、报表核对、数据验证、业扩工作单流转等工作，并形成《电费试算及整改报告》和《原系统与新系统核心数据核对报告》，《电费试算及整改报告》主要内容包括电费算法验证情况及算法差异说明等内容，《原系统与新系统核心数据核对报告》主要内容包括核心的数据（含业扩、报表、计量、流转工作单、客服等）核对情况说明。

（6）系统应用监控。

对系统应用情况进行统计分析，对监控发现的问题，及时改进和优化，并形成《系统应用监控报告》，主要内容包括对系统运行状况、性能等进行监控。

（7）试点局双轨试运行验收。

业主项目部组织对试点局进行双轨试运行验收工作，并形成《试点局双轨试运行验收报告》，主要内容包括验收结论及问题整改等内容。

（8）审核单轨运行方案。

技术组提交《系统单轨运行方案》、《系统投运方案》、《系统应急预案》，业主项目部对技术组提交的方案进行审核并提出改进意见。

《系统单轨运行方案》主要内容包括单轨运行的切换、单轨运行期间应做的工作及要求等。

《系统投运方案》主要内容包括系统投运时间、地点、计划以及应注意问题等内容。

《系统应急预案》主要内容包括系统在单轨运行期间出现紧急情况时的应急方案。

（9）单轨运行条件确认。

在启动系统单轨运行前，业主项目部组织做好生产环境、培训环境准备，数据清理及迁移、数据初始化、生产环境验证、上线前提条件检查、用户培训等工作，编制系统上线前准备工作报告，并提交项目管控工作组。同时，按照单轨运行条件具备清单，确认双轨生产环境调试情况、核心业务和数据核对情况、银电联网接口、营配信息集成等外部集成接口接入运行情况，用户数据核对是否完成并确认等条件是否具备。

（10）转 IT 客服。

按系统转客服相关要求进行转客服工作。

5.3.3 单轨运行（2015 年 3 月—2015 年 5 月）

5.3.3.1 工作目标

完成数据迁移、外部集成接口单轨运行、原系统与新系统切换、新系统单轨运行等主要工作，实现营销管理系统正式上线运行。

5.3.3.2 工作内容

（1）数据迁移。

对新系统用户数据清理，对原系统用户数据核对、检查，再次执行数据迁移，实现原系统与新系统的数据切换。对在途工单，依据在途工单迁移专项方案（数据迁移方案中），确定新系统与原系统工单的流程、环节、角色的映射关系，以及过程数据的关联关系，将原系统已完结工作的、在途工作单的迁入新系统对应的流程环节，保障在途工作单能继续在新系统正常流转，并形成《数据迁移报告（单轨）》，主要包括迁移的数据范围、迁移结果等内容。

（2）外部集成接口单轨运行。

分批分步骤对外部集成接口、银电联网接口启动单轨运行工作，监控接口服务与数据交互情况，确认新系统必需的接口正常运转，并形成《外部集成接口接入报告（单轨）》，主要内容包括"6+1"系统接口、银电联网接口、营配信息集成、其他外部集成等接口应用接入情况。

（3）原系统与新系统切换。

在数据迁移完毕，且数据核对校验正确，外部集成接口接入确认后，正式开始原系统与新系统切换。

（4）新系统单轨运行。

营销管理系统正式上线，做好系统运行维护工作，保障业务操作顺利、系统算费、报表正确。

（5）提交申请、配合网公司完成试点单位竣工验收。

提交试点实施《竣工验收申请》，配合网公司完成系统开发竣工和试点实施竣工验收工作，并形成《竣工验收报告》，主要内容包括验收结论及备忘等。

（6）转 IT 运维。

系统转运维移交申请及移交的相关资料，系统投运移交后的软硬件平台的运行维护工作，并形成《信息系统移交申请表》，主要内容包括把营销管理系统移交给 IT 客服的运维申请。

5.4 工作步骤

阶段	一级任务	二级任务	责任分工	完成时间	交付成果
工作准备	创建组织机构	组建营销管理系统建设业主项目部	公司人事部	2014 年 3 月	公司发文
		试点供电局组建营销管理系统实施组	业主项目部	2014 年 4 月	试点供电局项目组织机构、人员及职责
	方案编制	编制印发《营销管理系统试点建设实施方案》	业主项目部	2014 年 3 月 17 日—2014 年 4 月 15 日	《营销管理系统试点建设实施方案》*
		编制专项方案初稿	技术组	2014 年 4 月 1 日—2014 年 4 月 30 日	《系统开发阶段工作方案》* 《系统试点实施阶段工作方案》* 《系统开发工作计划》* 《系统测试方案》* 《系统安装部署方案》* 《数据迁移方案》* 《外部集成联调方案》* 《系统双轨运行方案》（初稿） 《系统单轨运行方案》（初稿） 《系统投运方案》（初稿） 《系统应急预案》（初稿）

阶段	一级任务	二级任务	责任分工	完成时间	交付成果
工作准备	方案编制	编制专项方案初稿	业务组	2014 年 4 月 1 日—2014 年 4 月 30 日	《系统培训方案》（初稿）
			试点局	2014 年 4 月 1 日—2014 年 5 月 31 日	《营销管理系统试点建设实施方案》《外部集成联调方案》
	工作启动会	召开营销管理系统试点建设工作启动会	业主项目部	2014 年 4 月 1 日	项目启动会通知*
	建立研发与联调测试基地	建立研发与联调测试基地	技术组	2014 年 4 月 1 日—2014 年 4 月 30 日	软硬件资源清单《环境搭建报告》
	试点供电局现状调研	试点供电局现状调研	技术组	2014 年 4 月 1 日—2014 年 4 月 30 日	《试点供电局现状调研报告》
系统开发	需求及设计成果确认	需求及设计成果确认	网公司营销建设管控组业主项目部	2014 年 4 月 1 日—2014 年 5 月 31 日	《营销管理系统试点开发需求确认表》
		编制、审核功能测试用例	业务组	2014 年 4 月 1 日—2014 年 6 月 15 日	《系统测试用例（初稿）》
	外部集成工作准备	宣贯外部集成接口技术规范	技术组	2014 年 4 月 1 日—2014 年 4 月 30 日	外部集成接口相关技术规范
		"6+1"系统接口联调准备	技术组	2014 年 4 月 1 日—2014 年 4 月 30 日	"6+1"系统接口开发测试计划*
		其他外部集成接口联调准备	技术组	2014 年 4 月 1 日—2014 年 4 月 30 日	其他外部集成开发测试计划*
	代码开发	系统开发启动及宣贯	技术组	2014 年 4 月 25 日	《系统开发准备情况报告》*系统开发启动通知
		审核《营销管理系统开发工作方案》	业主项目部	2014 年 4 月 28 日—2014 年 4 月 30 日	《系统开发工作方案》*
		系统模块开发与测试	技术组	2014 年 4 月 5 日—2014 年 10 月 31 日	源代码*功能模块清单*操作手册*《业务模型符合度验证报告》*《技术符合度验证报告》*《单元测试报告》*《集成测试报告》*

阶段	一级任务	二级任务	责任分工	完成时间	交付成果
系统开发	代码开发	"6+1"系统接口功能开发与测试	技术组	2014 年 4 月 5 日—2014 年 10 月 31 日	"6+1"系统接口功能清单*
		其他外部集成接口功能开发与测试	技术组	2014 年 4 月 5 日—2014 年 10 月 31 日	其他外部接口功能清单*
		组织业务专家进行模块测试	业务组 技术组	2014 年 4 月 5 日—2014 年 10 月 31 日	系统模块测试方案测试结果*
		配合业模及技术符合度验证	业务组 技术组	2014 年 7 月 5 日—2014 年 10 月 31 日	业模及技术符合度反馈表*
		外部设备升级改造	试点局	2014 年 4 月 5 日—2014 年 10 月 31 日	《一体化设备配套改造升级报告》*
		数据迁移工具开发与测试	技术组	2014 年 4 月 5 日—2014 年 10 月 31 日	数据迁出工具 数据迁入工具 数据校验工具
	银电联网	接收银电联网框架协议	业务组	2014 年 4 月 1 日—2014 年 4 月 30 日	银电联网框架协议
		银电联网业务协议签订	业务组	2014 年 4 月 1 日—2014 年 6 月 30 日	银电联网业务协议*
		银电联网技术协议签订	技术组	2014 年 4 月 1 日—2014 年 6 月 30 日	银电联网技术协议及开发调试计划*
		地方区域性银行银电联网业务协议签订	试点局	2014 年 4 月 1 日—2014 年 6 月 30 日	银电联网业务协议*
		地方区域性银行银电联网技术协议签订	试点局	2014 年 4 月 1 日—2014 年 6 月 30 日	银电联网技术协议及开发调试计划*
		完成通信链路建设	技术组	2014 年 5 月 5 日—2014 年 9 月 30 月	通信链路
		银电联网功能开发与测试	技术组	2014 年 4 月 5 日—2014 年 10 月 31 日	银电联网接口功能测试报告*
		银电联网接口测试环境联调	技术组	2014 年 7 月 1 日—2014 年 10 月 31 日	《银电联网联调报告》*
		银电联网接口现场联调	技术组	2014 年 8 月 1 日—2014 年 11 月 15 日	《银电联网接口联调报告》*
		银电联网接入（双轨）	技术组 试点局	2014 年 11 月 24 日—2014 年 12 月 15 日	《银电联网接入报告（双轨）》*
		银电联网接入（单轨）	技术组 试点局	2015 年 2 月 23 日—2015 年 2 月 28 日	《银电联网接入报告（单轨）》*

阶段	一级任务	二级任务	责任分工	完成时间	交付成果
系统开发	数据质量提升	编制数据质量提升工作方案、分类标准及核查规则	业务组	2014年4月	《数据质量提升工作方案》* 《营销基础档案数据分类标准》* 《营销数据质量核查规则》*
		按新系统模型制定并固化在用系统数据补录规则	业务组	2014年4月1日—2014年6月30日	数据补录规则固化到数据质量平台*
		组织开发数据核查工具、编写测试用例、测试报告	技术组	2014年7月1日—2014年10月31日	数据核查工具 《测试用例》* 《测试报告》*
		组织开展数据质量评估	业务组	2014年9月1日—2014年12月31日	《数据质量评估报告》* 注：试点局9月30日前，其他单位12月31日前
	营配信息集成	编制营配信息集成开发测试计划	技术组	2014年4月1日—2014年4月30日	营配信息集成测试工作计划*
		营配信息集成接口现场联调	技术组	2014年8月1日—2014年11月15日	《营配信息集成接口联调报告》*
		营配信息集成接口接入（双轨）	试点局	2014年11月24日—2014年12月15日	《营配信息集成接口接入报告（双轨）》*
		营配信息集成接口接入（单轨）	试点局	2015年2月23日—2015年2月28日	《营配信息集成接口接入报告（单轨）》*
	设备升级与改造	宣贯外部设备接口技术规范	技术组	2014年4月1日至2014年4月30日	外部接口宣贯会议记录
		制订升级改造计划	试点局	2014年4月1日—2014年5月30日	《一体化设备配套改造升级方案》
		外部设备升级改造调试	试点局	2014年4月5日—2014年8月31日	《一体化设备配套改造升级调试记录》
		外部设备升级改造	试点局	2014年9月5日—2014年10月31日	《一体化设备配套改造升级报告》*
	系统测试	系统测试启动及宣贯	业务组	2014年7月1日	《系统测试准备情况报告》* 系统测试启动通知

阶段	一级任务	二级任务	责任分工	完成时间	交付成果
系统开发	设备升级与改造	审核系统测试方案	业务组	2014年7月1日—2014年10月31日	《系统测试方案》*《系统测试用例》*
		整体性功能测试	业务组	2014年7月1日—2014年10月31日	《系统功能测试报告》*《功能验证报告》*
		非功能测试	技术组	2014年10月1日—2014年10月31日	《第三方测试报告》*《典型应用场景》*
	外部集成业务系统及接口联调	外部集成接口测试环境联调	技术组	2014年8月1日—2014年11月30日	《外部集成接口联调报告》*
	开发初验，交付双轨上线版	系统迭代开发，进行功能完善	技术组	2014年11月3日—2014年11月14日	问题解决、功能优化清单*
		提交申请，配合完成开发初步验收	业主项目部	2014年11月17日—2014年11月21日	《开发初步验收申请》*
		网公司组织全网业务专家进行整体性功能测试验证	网公司营销建设管控组业务组	2014年11月17日—2014年11月21日	《功能测试报告》
	开发初验，交付双轨上线版	网公司初步验收	网公司营销建设管控组	2014年11月17日—2014年11月21日	《开发初步验收报告》
		开发初验通过后，交付双轨上线版	技术组	2014年11月26日—2014年11月28日	双轨上线版*
试点实施	上线准备	试点实施启动及宣贯	业务组	2014年7月1日	《试点实施准备情况报告》*试点实施启动会通知*
		审核《营销管理系统试点实施阶段工作方案》	业主项目部	2014年7月7日—2014年7月11日	《系统试点实施阶段工作方案》*
		正式环境系统安装部署	技术组	2014年7月1日—2014年7月31日	《环境搭建报告》*
		数据预迁移（地市局）	试点局	2014年7月14日—2014年8月22日	《数据预迁移报告（地市局）》*
		数据预迁移（省公司）	技术组	2014年7月14日—2014年8月22日	《数据预迁移报告（省公司）》*

阶段	一级任务	二级任务	责任分工	完成时间	交付成果
试点实施	上线准备	预迁移数据校验	试点局	2014年7月14日—2014年8月22日	《数据预迁移校验报告》*
		核心业务和数据核对	试点局	2014年4月1日—2014年9月22日	《电费试算及整改报告》*
		"6+1"系统接口现场联调	试点局	2014年8月1日—2014年11月15日	《"6+1"系统接口联调报告》*
		外部集成接口现场联调	试点局	2014年8月1日—2014年11月15日	《其他外部集成接口联调报告》*
		审核系统培训方案	业主项目部	2014年7月14日—2014年7月31日	《系统培训方案》*
		系统操作培训	试点局	2014年9月1日—2014年11月28日	内训师名单 培训计划* 《培训教材及考题》
		试点局上线前系统测试（本地接口）	试点局	2014年10月8日—2014年11月21日	《试点局上线前系统测试报告（本地接口）》* 权限配置清单*
		并列运行影响评估	技术组	2014年9月1日—2014年11月28日	《并列运行影响评估及措施》*
		审核双轨运行方案	业主项目部	2014年11月3日—2014年11月14日	《系统双轨运行方案》*
	上线准备	组建客服和运维团队	技术组 试点局	2014年11月3日—2014年11月14日	《客户支持方案》*
		双轨生产环境调试	技术组 试点局	2014年11月3日—2014年11月14日	《生产环境调试报告》*
		双轨运行前提条件确认	业主项目部	2014年11月17日—2014年11月28日	双轨运行条件确认单*
	双轨运行	数据迁移	试点局	2014年11月24日—2014年12月1日	《数据迁移报告（双轨）》*
		外部集成接口接入（双轨）	试点局	2014年11月24日—2014年12月31日	《外部集成接口接入报告（双轨）》*
		启动双轨部署及投运	试点局	2014年12月2日—2014年12月2日	双轨启动确认单*
		双系统操作	试点局	2014年12月2日—2015年2月27日	双轨运行问题处理列表*

阶段	一级任务	二级任务	责任分工	完成时间	交付成果
试点实施	双轨运行	核心业务和数据核对	试点局	2014 年 12 月 2 日—2015 年 2 月 27 日	《电费试算及整改报告》* 《原系统与新系统核心数据核对报告》* 新系统应用情况统计表*
		系统应用监控	技术组	2014 年 12 月 2 日—2015 年 2 月 27 日	《系统应用监控报告》*
		试点局双轨试运行验收	业主项目部	2015 年 2 月 16 日—2015 年 2 月 19 日	《试点局双轨试运行验收报告》*
		审核单轨运行方案	业主项目部	2015 年 2 月 16 日—2015 年 2 月 19 日	《系统单轨运行方案》* 《系统投运方案》* 《系统应急预案》*
		单轨运行条件确认	业主项目部	2015 年 2 月 20 日—2015 年 2 月 23 日	单轨运行条件确认单*
		转 IT 客服	技术组	2015 年 2 月 23 日—2015 年 2 月 27 日	相关涉及客户的移交材料
	单轨运行	数据迁移	试点局	2015 年 2 月 23 日—2015 年 3 月 2 日	《数据迁移报告（单轨）》*
		外部集成接口接入（单轨）	试点局	2015 年 2 月 23 日—2015 年 2 月 28 日	《外部集成接口接入报告（单轨）》*
		原系统与新系统切换	试点局	2015 年 3 月 3 日—2015 年 3 月 3 日	原系统与新系统切换确认单*
		新系统单轨运行	试点局	2015 年 3 月 3 日—2015 年 5 月 29 日	新系统应用情况统计表*
		提交申请、配合网公司完成试点单位竣工验收	业主项目部	2015 年 5 月 18 日—2015 年 5 月 22 日	《竣工验收申请》*
		网公司完成试点单位竣工验收	网公司营销建设管控组	2015 年 5 月 18 日—2015 年 5 月 22 日	《竣工验收报告》
		转 IT 运维	技术组	2015 年 5 月 25 日—2015 年 5 月 27 日	《信息系统移交申请表》 转运维相关资料

备注：交付成果中带*为提交网公司营销管控组。

6 风险及应对措施

营销管理系统建设是一项系统性工程，试点工作时间紧任务重，存在系统功能开发延期、银电联网进度滞后、外部集成接口开发及联调不同步、系统切换不顺利等风险，需要采取必要的措施予以规避。

序号	风险点名称	风 险 描 述	应 对 措 施
1	系统功能开发延期	营销管理系统覆盖10个一级业务和28项二级业务，含218个功能项、1122个功能子项，开发量大，时间紧，存在延期风险	应建立分模块开发，分模块进行功能测试的工作模式。快速地进行系统的迭代开发，完善系统，保障开发进度
2	外部集成接口开发及联调不同步	营销管理系统有27类外部集成对象需要进行联调，种类比较多，会存在进度不一致、改造过程不可控等不利因素，会有外部集成接口开发延期的风险	应通过"提出确定一个，发布一个，改造一个，逐步推进"的原则，对外部集成接口的开发测试进行跟踪，掌握最新的进展，对已具备调试条件的，立即安排调试工作，动态地安排其联调工作
3	银电联网进度	在与工、农、建、中四大银行及邮储银行、银联、人行结算中心、广发、农商行、支付宝等金融（支付）机构进行框架协议的签订、技术协议确认过程中，由于对方属于强势对象，银行方可能存在不能按网公司计划签订上述协议的情况，同时也存在接口开发测试进度延迟的情况	需要成立银电联网专项小组，制定详细的计划。严格按计划保障四大行及邮储银行、银联、人行结算中心、广发、农商行、支付宝等金融（支付）机构的协议如期签订，为四大行广东省分行、其他银行，以及地方银行银电联网工作打好基础
4	系统切换不顺利	电力行业的营销管理系统与电信、银行一样，服务客户数量大，原系统切换为新系统的时间短，要求高，存在系统切换失败的风险	应提前做好原系统与新系统切换方案和系统切换应急方案，核查切换前各项工作是否符合上线量化的指标，制定切换时间，业务组、技术组、试点供电局、承建商和原系统承建商全力协助，一次性成功切换
5	数据迁移风险	原系统数据结构与新系统数据结构存在不一致，工作量也比较大，存在数据迁移工作延期的风险	应提前制定中间库数据结构，完成迁出迁入工具的开发、测试和校验工作，并要求数据清理人员保证数据清理质量，共同完成数据清理、迁移工作
6	数据安全与保密	营销管理系统省级集中后，各部门在共享业务数据的同时，可能会造成营销数据外泄的风险，与外部集成厂家的交互数据过程中，若权限控制不严，也存在数据泄密的风险	加强数据传输与使用的安全管控，对访问权限按数据属性进行分级管控；项目业主与参建单位及个人签订数据使用保密协议 采取技术手段提高数据安全性，例如核心数据需加密传输，数据库服务器须具备数据存储加密与完整性保护功能，防止数据的非授权访问和修改

7 项目管控

广东电网公司营销管理系统试点建设项目管控承接网公司《中国南方电网公司营销管理系统建设管控方案》，对应承接了相关的组织结构及职责，并对项目管控、管控方法要求进行了细化。

7.1 管控组织机构及职责：

承接网公司《中国南方电网公司营销管理系统建设管控方案》，广东电网公司系统建设业主项目部下设综合组、业务组、技术组及三个试点单位试点实施组。

7.2 管控工作要求

（1）集中管控，分级负责。

业主项目部按照网公司管控方案要求，按网、省、地三级细化并落实营销管理系统建设管控要求，充分发挥业主项目部的属地化管控主体作用，明确地市局负责内容和工作模式。确保顺利实现营销管理系统 2014 年试点上线和 2015 年全省推广。

（2）加深理解，管控到位。

加强对营销业务模型、系统详细设计、营销管理系统建设系列方案等前期成果的培训与宣贯，确保对营销管理系统建设管控各项要求理解到位、措施到位、责任到位、落实到位，尤其要保证系统详细设计、开发实现对营销业务模型的依从性和符合度。

（3）沟通高效、推进有序。

建立营销管理系统建设管控联络人机制，各相关单位要指定专人担任联络人，负责按要求及时汇报系统建设过程中的各类问题并跟踪解决，组织参加项目例会，报送项目建设周报、月报和专题汇报，确保网省两级沟通高效、信息准确、组织有序、进度可控、质量符合标准。

7.3 管控要点

7.3.1 阶段工作管控要点

从工作准备、系统开发和试点实施三个阶段进行管控，管控要点具体如下：

7.3.1.1 工作准备阶段

工作准备阶段要求在 2014 年 5 月底前完成，主要工作步骤如下图所示：

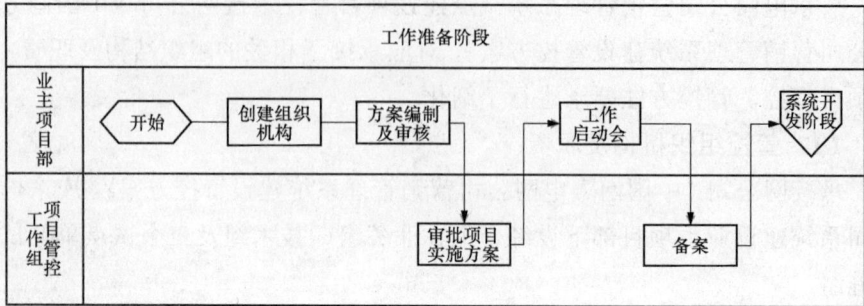

本阶段承接的网公司管控要点如下：

（1）组织编写方案。

业主项目部根据网公司发布的模板及要求，组织编制《营销管理系统试点建设实施方案》和《系统安装部署方案》、《数据迁移方案》、《外部集成联调方案》、《系统双轨运行方案》、《系统单轨运行方案》、《系统投运方案》、《系统应急方案》、《系统测试方案》、《系统培训方案》等专项方案，并提交网公司项目管控工作组（项目小组总体协调，业务小组负责业务方面、技术小组负责技术方面）审核。实施方案及各专项方案的审查要点包括：工作计划、详细实施步骤及工作内容、组织保障、关键风险及应对措施等。

（2）项目准备情况报备。

业主项目部完成项目准备工作后，按照《营销管理系统试点建设实施方案》启动各项工作，并将准备工作完成情况和工作启动时间报网公司项目管控工作组（项目小组）备案。

7.3.1.2 系统开发阶段

系统开发阶段承建网公司管控方案中的系统开发和系统测试两个阶段内容。

系统开发阶段工作要求在 2014 年 11 月底前完成。系统开发过程中，采用"边开发边审查"的管控思路，对系统开发成果进行滚动审查。主要工作步骤如下图所示：

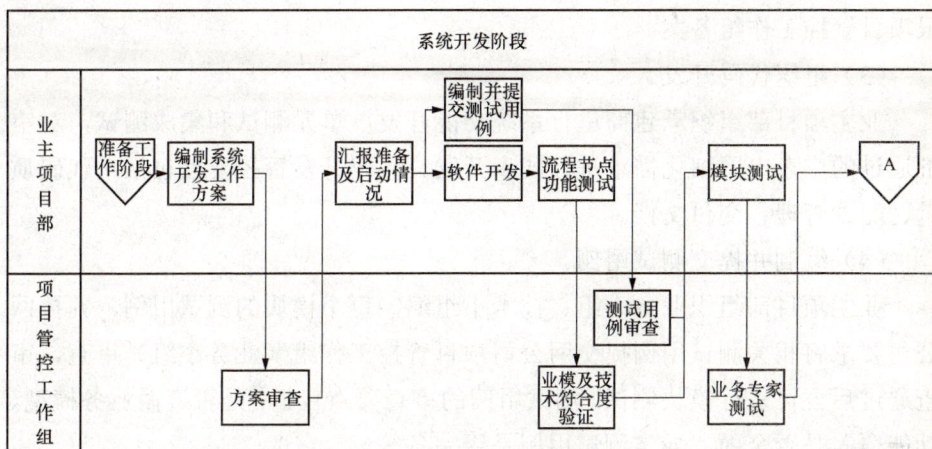

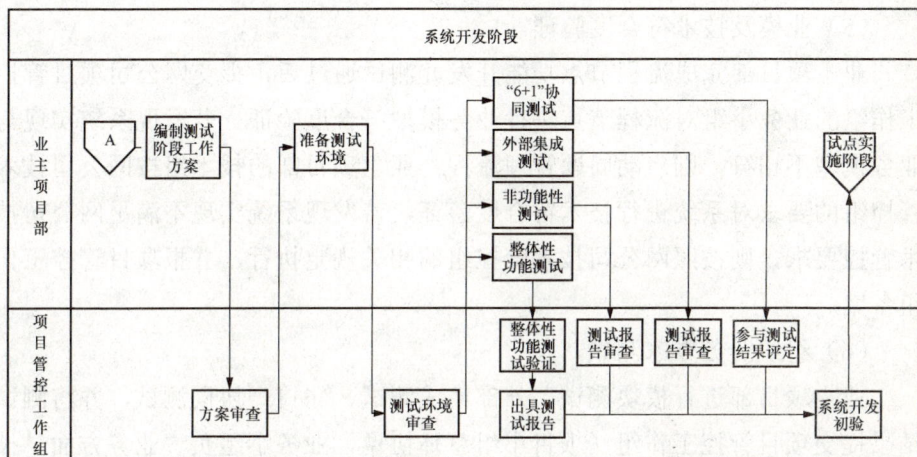

本阶段承接的接网公司管控要点如下：

（1）编写系统开发阶段工作方案。

业主项目部编制系统开发阶段工作方案，并于系统开发阶段启动前2周提交网公司项目管控工作组（项目小组总体协调，业务小组负责业务方面、技术小组负责技术方面）审查。该方案的审查要点包括：开发工作计划、开发工作内容、系统测试工作计划、关键风险及应对措施等。

（2）系统开发启动报备。

业主项目部做好准备工作后，启动软件开发工作，并将系统开发准备工作完成情况（含人员到位情况、软硬件环境及场地准备情况等）和启动时间报项目管控工作组备案。

（3）组织代码开发。

业主项目部组织承建商进行系统功能开发、单元测试和集成测试，对审批通过的广东电网细化需求进行同步开发。代码开发管控要点包括：代码质量、配置管理、交付文档。

（4）编制并提交测试用例。

业主项目部组织业务小组、技术小组编制每个模块的测试用例，并按网公司要求将相关测试用例提交网公司项目管控工作组（业务小组）审查，审查通过后方可进行模块测试。测试用例的审查要点包括：是否遵循业务模型、功能覆盖是否全面、异常测试用例是否完备等。

（5）业模及技术符合度验证。

业主项目部完成流程节点功能开发并测试通过后，提交网公司项目管控工作组的业务小组对流程节点进行业务模型符合度验证，若发现系统实现与业务模型不相符，则启动问题管理流程；业主项目部的技术组按网公司技术管控组的要求对系统进行技术符合度验证，若发现系统实现不满足网公司技术管控要求，则按照网公司技术管控组的相关规定执行，并报项目管控工作组备案。

（6）组织业务专家测试。

业主项目部进行模块测试、外部集成测试、"6+1"协同测试，并将测试结果提交项目管控工作组（项目小组总体协调，业务小组负责业务方面、技术小组负责技术方面）审查。测试结果通过审查后，网公司项目管控工作组（业务小组总体协调，技术小组负责技术方面）组织全网业务专家进行测试，测试通过后方可进入下一工作阶段。测试过程中若发现系统实现与业务模型不相符、系统测试报告结论为不通过等情况，则启动问题管理流程。

（7）系统测试工作方案编写。

业主项目部组织技术小组编制系统测试工作方案，并按要求提交网公司项目管控工作组（项目小组总体协调，业务小组负责业务方面、技术小组负责技术方面）审查。该方案应包含功能测试、非功能测试、外部集成测试、"6+1"协同测试，审查要点包括：测试计划、测试内容、测试方法、测试环境、关键风险及应对措施等。

（8）系统测试环境准备。

业主项目部组织技术小组做好测试环境准备工作，编制准备工作报告，并提交网公司项目管控工作组（项目小组）审查。

（9）整体性功能测试。

系统建设业主项目部编写业务场景和测试用例，并在整体性功能测试启动前 2 周提交项目管控工作组（业务小组）审查。业务场景和测试用例的审查要点包括：是否遵循业务模型、功能覆盖是否全面、常规及异常测试用例是否完备等。业务场景和测试用例通过审查后，系统建设业主项目部开展整体性功能测试，并将测试结果报项目管控工作组（业务小组）审查。测试结果通过审查后，项目管控工作组（业务小组）组织全网业务专家进行整体性功能测试验证，出具测试报告。测试验证过程中，若发现系统实现与业务模型不相符、系统测试报告结论为不通过等情况，则启动问题管理流程。

（10）非功能测试。

非功能测试包括性能测试、安全测试等。系统建设业主项目部编写典型应用场景，并组织第三方进行测试。项目管控工作组（项目小组总体协调，业务小组负责业务方面、技术小组负责技术方面）在测试前审查典型应用场景，测试后审查第三方测试报告。典型应用场景的审查要点包括：典型应用场景是否覆盖全面、是否符合试点单位和各推广单位的业务特点等；第三方测试报告审查要点包括：系统性能指标是否达到需求，系统安全测试是否达到公司技术管控组发布的信息安全相关管理办法的要求。若测试报告结论为不通过，则启动问题管理流程。非功能性测试审查要求包括：系统性能指标是否达到需求，系统安全测试是否达到网公司《信息安全督查管理办法》、《信息安全等级保护管理办法》和《信息安全防护管理办法》要求等，如非功能性测试没有通过，试点建设业主项目部根据反馈内容进行整改，整改完成后再进行测试，直至系统测试通过为止。

（11）外部集成测试。

外部集成测试是指与"6+1"系统以外其他系统的协同测试。业主项目部编写业务场景、测试用例，并开展外部集成测试。网公司项目管控工作组（业务小组）在测试前审查业务场景、测试用例，组织全网业务专家参与测试，测试后审查外部集成测试报告。业务场景、测试用例的审查要点包括：典型业务场景、测试用例是否覆盖全面、是否符合试点单位和各推广单位的业务特点等。若测试报告结论为不通过，则启动问题管理流程。

（12）"6+1"协同测试。

"6+1"协同测试由管理信息化推进办公室组织。系统建设业主项目部编写业务场景、测试用例，并组织人员参与测试。网公司项目管控工作组（项目小组总体协调，业务小组负责业务方面、技术小组负责技术方面）在测试前审查业务场景、测试用例，测试后参与测试结论评定。业务场景、测试用例的审查要点包括：典型业务场景、测试用例是否覆盖全面。若测试报告结论为不通过，则启动问题管理流程等。

（13）系统开发初验。

网公司项目管控工作组（项目小组总体协调，业务小组负责业务方面、技术小组负责技术方面）组织系统开发初验，系统建设业主项目部配合。系统开发初验完成后形成系统试点版本。

7.3.1.3 试点实施阶段

试点实施阶段工作要求在 2015 年 5 月底前完成，主要工作步骤如下：

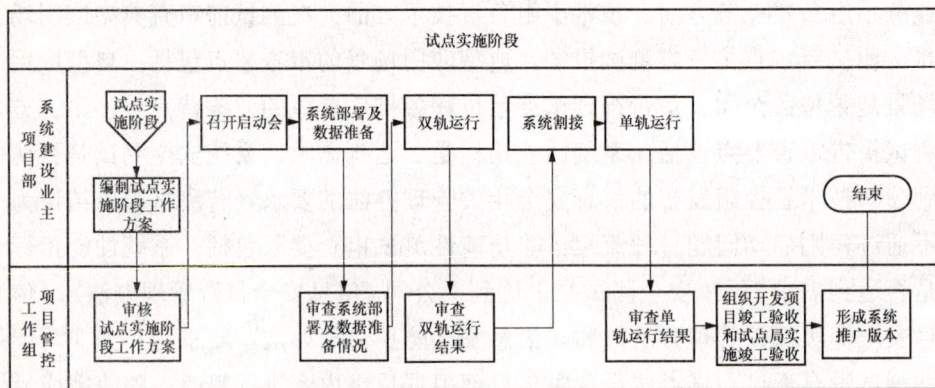

本阶段承接的网公司管控要点如下：

（1）试点实施阶段工作方案编写。

系统建设业主项目部编制试点实施阶段工作方案，并于实施阶段启动前 2 周提交网公司项目管控工作组（项目小组总体协调，业务小组负责业务方面、技术小组负责技术方面）审查。该方案的审查要点包括：数据质量提升情况、数据清理及迁移方案、培训方案、权限配置方案、生产环境测试方案、双轨运行方案、系统割接方案、单轨运行方案、运维保障方案、应急预案等。

（2）实施启动情况备案。

系统建设业主项目部组织试点单位召开启动会，将启动会相关情况提交项目管控工作组（项目小组）备案。

（3）系统上线前准备。

系统建设业主项目部组织做好生产环境、培训环境准备，数据清理及迁移、数据初始化、生产环境验证、上线前提条件检查（如电费试算、报表数据、在途工单、计量资产库存等）、用户培训等工作，编制系统上线前准备工作报告，并提交项目管控工作组（项目小组总体协调，业务小组负责业务方面、技术小组负责技术方面）审查。

（4）系统双轨运行。

系统建设业主项目部组织做好双轨运行工作，具备单轨运行条件后编制双轨运行报告、用户报告、运维报告，并提交项目管控工作组（项目小组总体协调，业务小组负责业务方面、技术小组负责技术方面）审查。

（5）系统单轨运行。

系统建设业主项目部组织做好系统割接、单轨运行工作，单轨运行 3 个月后编制单轨运行报告、用户报告、运维报告，并提交项目管控工作组（项目小组总体协调，业务小组负责业务方面、技术小组负责技术方面）审查。

（6）发布管理备案。

系统建设业主项目部发现系统代码缺陷，制定消缺方案，描述缺陷表象、分析原因、评估影响，制定软件发布计划，并确保修改内容与软件发布计划相符，组织测试并编制测试报告，软件发布计划提前 1 周、测试报告至少提前 1 个工作日报项目管控工作组（项目小组总体协调，业务小组负责业务方面、技术小组负责技术方面）备案。涉及需求、设计的调整，启动变更管理流程（详见"工作方法管控要点"），在变更管理的执行阶段做好发布管理。

（7）竣工验收。

公司管理信息化推进办公室组织开发项目竣工验收和试点单位实施竣工验收，业主项目部配合。竣工验收后形成系统推广版本。

7.3.2　专项工作管控要点

7.3.2.1 银电联网

银电联网工作承接网公司的管控要点具体如下：

（1）银电联网方案编写。

业主项目部组织编制银电联网专项方案，与《营销管理系统试点建设实施方案》、《营销管理系统建设推广实施方案》同时提交网公司项目管控工作组（项目小组总体协调，业务小组负责业务方面、技术小组负责技术方面）审查。该方案的审查要点包括：银电联网工作计划与实施计划里程碑时限的一致性、详细步骤及工作内容、关键风险及应对措施等。

（2）协议签订报备。

业主项目部根据网公司签订的框架协议、技术协议，组织业务小组、技术小组完成补充协议及与其他银行合作协议的签订工作，并将工作进展和结果报网公司项目管控组备案。

（3）银电联网测试。

业主项目部组织业务小组、技术小组编写测试用例、业务场景，并根据功能测试、外部集成测试安排，开展银电联网测试并形成测试报告，并提交网公司项目管控工作组（项目小组总体协调，业务小组负责业务方面、技术小组负责技术方面）在测试前审查。

（4）接入报备。

业主项目部综合小组、业务小组、技术小组在试点实施、推广应用阶段，根据实施工作方案和计划，做好银电联网接入工作，并将工作进展和结果报网公司项目管控工作组（项目小组）备案。

（5）风险防控。

业主项目部在银电联网的全过程做好风险评估工作，制定应急预案。

7.3.2.2 数据质量提升

数据质量提升工作承接网公司的管控要点具体如下：

（1）编制方案并上报。

业主项目部（业务小组）组织编写《数据质量提升工作方案》、《营销基础档案数据分类标准》和《营销数据质量核查规则》，并上报网公司项目管控工作组（项目小组、业务小组、技术小组）。

（2）进度跟踪。

业主项目部（综合小组）按照数据质量提升工作计划对业主项目部的数据质量提升工作进度进行跟踪，对发现质量问题，组织讨论并解决。

（3）组织开发核查工具。

业主项目部（技术小组）组织开发数据核查工具、编写测试用例、测试报告，并上报网公司项目管控工作组（项目小组、业务小组、技术小组）。

7.3.2.3　营配信息集成

营配信息集成承接网公司的管控要点具体如下：

（1）配合相关系统设计审查。

业主项目部配合网公司项目管控工作组（业务小组、技术小组）对其他"6+1"系统需求规格说明书和系统设计审查，审查要点为：功能、数据、接口是满足营配信息集成要求等。

（2）配合相关系统计划审查。

业主项目部配合网公司项目管控工作组（项目小组总体协调，业务小组负责业务方面、技术小组负责技术方面）参与其他"6+1"系统建设工作计划审查，审查要点为：其他系统建设进度与营销系统建设进度是否匹配、是否满足营配信息集成要求等。

（3）参与测试方案审查。

业主项目部参与网公司项目管控工作组（业务小组、技术小组）对系统测试方案、测试用例进行营配信息集成专项审查，确保测试能够全面覆盖营配信息集成的业务要求和技术要求。

（4）配合测试结果审查。

业主项目部配合网公司项目管控工作组（业务小组）对系统测试报告进行营配信息集成专项审查，以便审查通过后系统方可投入试运行。

（5）参与需求及设计变更。

为配合营配信息集成功能实现而提出的需求或设计变更，纳入变更管理。

（6）做好风险防控。

在营配信息集成的全过程中，业主项目部对存在任何的风险进行全面评估，制订应急预案，确保营销管理系统与其他"6+1"系统按计划顺利对接。

7.4　管控方法

按照《南方电网公司营销管理系统建设管控方案》中"集中管控，分级负责、加深理解，管控到位、沟通高效，推进有序"的管控要求，落实项目计划、项目质量、缺陷及需求管理、项目沟通管控要求，实现网公司管控、省公司建设，地市局应用的三级联动管理机制。

7.4.1　计划及进度管理

按照管控要求，业主项目部制订营销管理系统试点建设总体工作计划、各阶段详细工作计划、专项工作计划、月计划、周计划及其执行过程，均纳入计划及进度管理范畴，密切监控项目进度，及时解决问题，确保成果按时交付，计划按期推进，落实一体化成果，工作流程如下：

7.4.1.1　项目计划

业主项目部根据项目建设行动方案，在建设实施方案中分解、明确实施工作内容，设定里程碑节点。

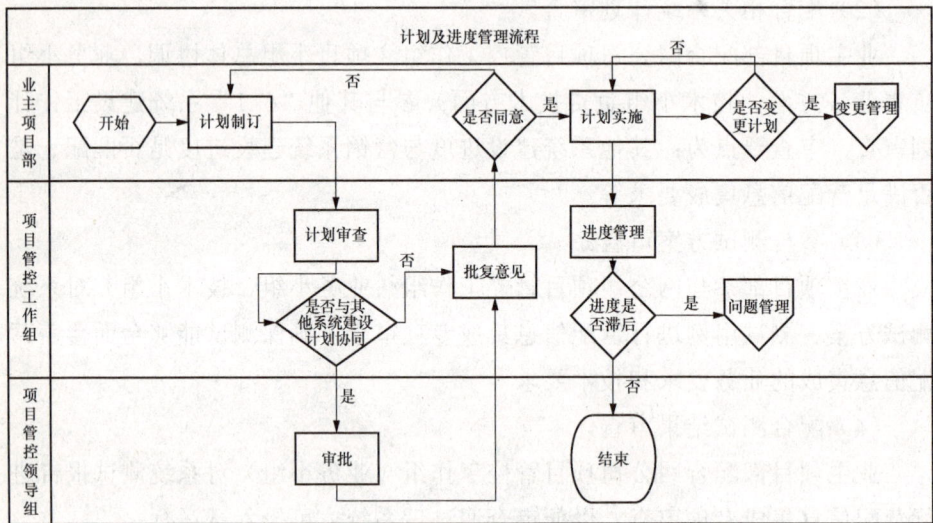
计划及进度管理流程

月计划、周计划应基于各阶段详细工作计划、专项工作计划进行细化完善，分别通过月报、周报提交至项目管控工作组（项目小组）。

与公司"6+1"系统相关的协同工作计划需承接管理信息化推进办公室发布的"6+1"系统集成计划，并提出协同配合工作需求。

工作开展过程中，提前发布下一阶段的工作详细计划，并在工作开始前2周提交至网公司项目管控工作组（项目小组），为各方面工作的良好协作提供保障。

7.4.1.2　进度管理

业主项目部按照批复的工作计划组织实施，密切监控工作过程，采用红绿灯可视化管。各小组、部门通过周报、月报及专题报告向业主项目部汇报项目进度情况，然后汇总形成项目进度跟踪表，对工作进度进行量化，确定完成率，形成红绿灯可视化界面发布。对计划执行过程中出现的各类偏差及时发现并予以补救，要求做到对问题尽可能超前预测，补救措施及时有效。如需调整计划，则启动变更管理流程。

7.4.1.3　项目阶段评价

对工作准备、系统开发、系统测试、试点实施四个阶段，以及专项工作进行项目阶段评价。评价工作有两个目的，一个是进行绩效预考核，另外一个是总结经验，吸取教训。根据项目阶段评价的结果，为下一阶段的工作顺利开展提供科学有效的管理支持。

7.4.2　质量管理

质量管理包括：用户体验管理、质量认责管理、版本管理、技术管理、数据安全管理和文档质量管理。

7.4.2.1　用户体验管理

系统建设过程中，应重视用户体验，重视基层班组应用，重视决策层辅助支持，提高建设质量，成立参与了业务模型编写的业务专家团队，关键用户团队以及专业技术团队，在研发与联调测试基地集中参与开发指导、功能评审、功能测试以及加载正式数据后的功能验证工作。

在重大技术路线选择、与广大用户密切相关的系统功能、人机互动方式等设计成果方面，公开发布设计方案并征集反馈和优化意见，提高决策效率。

系统建设需满足班组工作台设计要求，综合考虑基层班组作业工作特性和信息系统使用习惯，把班组关注的工作集中整合在一起，优化信息系统界面，简化系统操作，理清应用之间的集成交互关系。

7.4.2.2　质量认责管理

建立项目模块级的质量认责体系及质量过程审查制度，确定每个模块的质量责任人和审查标准，依据审查计划开展审查活动，实现系统质量管理精细化。

需要对参建人员形成正面激励，提升系统建设效率和质量。与人事考核工作达成一致，形成统一标准，实现项目过程中的考核信息能够在最终的人事考核中形成正确的影响，提高项目对人员的约束能力和激励能力，确保项目要求能够得到有力执行。

7.4.2.3 版本管理

遵循"统一管理、分工负责；统一标准、统一设计；试点先行、分步推广"的建设管理原则，网公司统一组织建设全网统一版本，网省两级部署，业务数据省级集中，业务流程分级分类管控，网、省、地、县四级机构全方位覆盖的横向集成的企业级应用系统。应按"全网一套程序，一套发布流程"的原则统一管理软件版本。

以版本管理为主线，借助质量管理工具在开发工作过程中按照业务模型、需求、设计各阶段成果进行严格把关，增强开发、测试、部署过程中的代码质量管理，为系统整体上线提供基础保障。

7.4.2.4 技术管理

成立技术管控组，承接南网专业技术管控制度和技术标准，对设计、开发阶段成果进行遵从性审查，包括 EA 管控、SOA 管控、数据管控、4A 管控、安全管控执行情况的监督检查，对不符合管控标准的成果提出整改要求。

7.4.2.5 数据安全管理

加强数据传输与使用的安全管控，制定数据安全与保密管理办法，对访问权限进行分级管理，对营销核心数据进行字段级访问授权控制，若需要营销管理系统提供核心数据的，需对数据加密传输。

在开发过程中，与承建商签订数据保密协议，承建商在数据处理过程中应严格遵守保密协议内容，以防用户数据泄露；相关单位如需使用营销数据需经评估批准，并承诺不对外泄露相关数据。

7.4.2.6 文档质量管理

业主项目部负责开展项目过程产出文档的配置管理，文档包括各阶段工作方案、系统代码、代码质量检查报告、测试用例、测试记录、测试报告、问题记录、变更记录、日报、周报、月报、专题汇报、会议纪要、用户培训材料、用户培训记录、数据质量评价报告等，并提交网公司项目管控工作组（项目小组总体协调，业务小组负责业务方面、技术小组负责技术方面）进行质量评审。

7.4.3 问题及变更管理

与《南方电网公司营销管理系统建设管控方案》中问题管理流程和变更管理流程进行对接，对系统问题按照分级分类、限时整改的要求实现闭环管控；对业务变更按照申请、审查、实施、监控的流程集中管控。

7.4.3.1 问题管理

问题管理在系统开发、测试和试点实施过程中应建立问题管理机制，遵循"分级分类解决"原则，形成"问题提出，分级分类定性"的闭环管理机制。

操作问题由内训师解决，系统问题由实施组解决。紧急问题和重大问题当天解决；一般问题三天内解决。

系统问题引入管控系统进行跟踪管理，实现问题的全程监管，提高问题处理效率，降低实施风险。

与《南方电网公司营销管理系统建设管控方案》中问题管理流程对接的流程如下图所示：

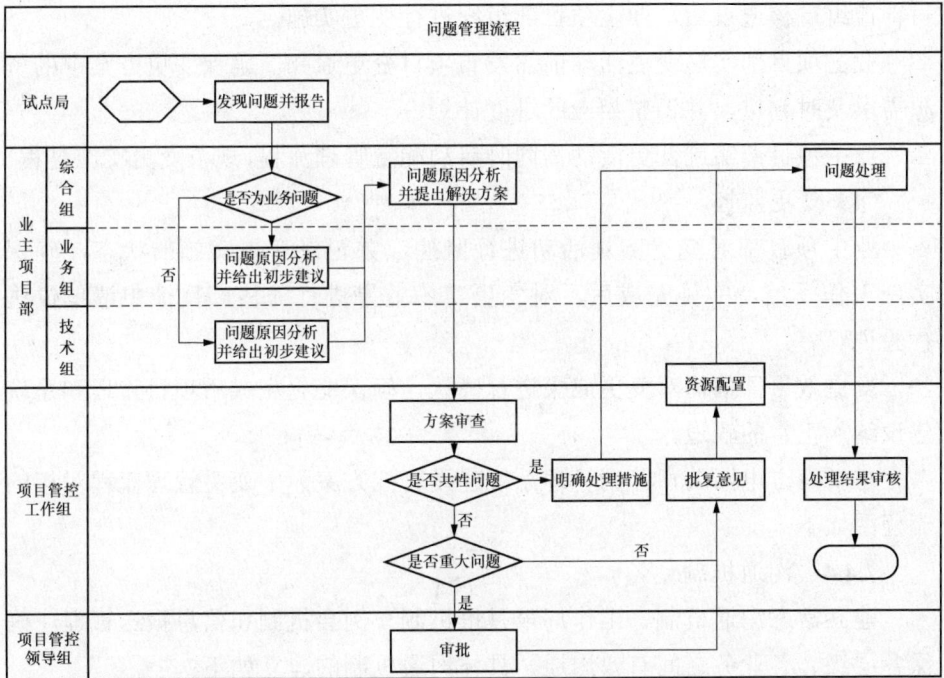

7.4.3.2 变更管理

（1）变更申请。

由提出需求变更的试点供电局向业主项目部提出变更申请，若仅涉及操作界面设计的一般变更，由建设业主项目部先行处理，在当期周报中报备并说明原因。对于重大变更需求，上报网公司管控组和公司管理信息化推进领导小组。

试点供电局需填写《变更申请表》，并提交变更方案、变更影响分析报告等备审材料。

（2）变更审查。

由业主项目部对变更申请进行审核。

变更影响分析需对变更是否可实现进行论证，确认变更请求由技术要求转化为资源需求。

变更影响分析报告需包括成本评估、资源评估、进度评估等内容。

（3）变更实施。

变更申请审核通过后，业主项目部负责确认变更方案，重大变更由网公司管控组审核通过后，业主项目部组织进行变更实施。

业主项目部实施变更活动前需发布项目变更通知，确保变更方案中的资源需求及时到位，并调整相应的进度计划。

业主项目部实施变更活动需同时启动配置管理流程，规范变更实施过程。

（4）变更监控。

业主项目部对变更实施活动进行监控，并记录变更实施的状态，确保实施工作受控。实施完成后，对变更实施效果进行评估，反馈申请单位进行验证。

变更效果评估需对变更成果进行确认，确保变更完成后项目管理和系统建设纳入正常的轨道。

与《南方电网公司营销管理系统建设管控方案》中变更管理流程对接的流程图如下：

7.4.4 沟通机制

建立常态沟通机制、工作周报月报机制、例会机制和信息报送管理，确保各层级、各业务之间有效沟通，具体沟通机制的建立如下：

7.4.4.1 建立常态沟通机制，定期汇报实施进展

为保障上下沟通畅通，同时确保实施过程中遇到的难点、重点问题能及时解决，应建立工作汇报制度，明确汇报形式、汇报周期及信息发布途径，确保试点实施工作按计划推进。

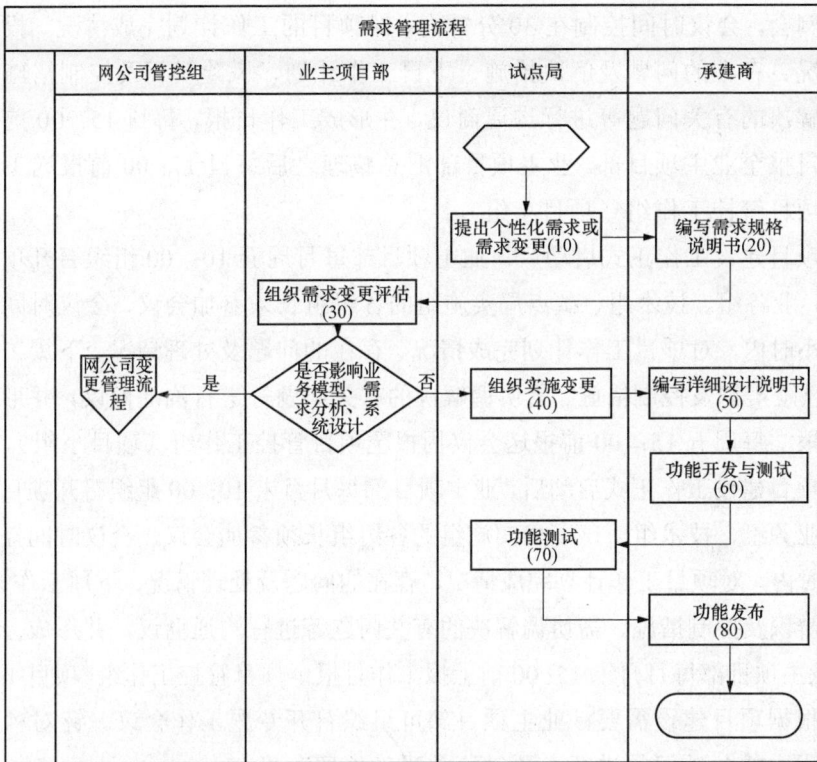

需求管理流程

网公司管控组	业主项目部	试点局	承建商
		提出个性化需求或需求变更(10)	编写需求规格说明书(20)
	组织需求变更评估(30)		
网公司变更管理流程	是否影响业务模型、需求分析、系统设计	组织实施变更(40)	编写详细设计说明书(50)
			功能开发与测试(60)
		功能测试(70)	
			功能发布(80)

汇报形式可以包括邮件汇报、专题汇报和汇报例会等形式，邮件汇报强调信息的畅通、专题汇报强调问题解决、汇报例会确保了上传下达，信息共享。

7.4.4.2　建立工作周报月报机制

在营销管理系统试点开发和推广应用全过程中，业主项目部建立工作周报月报机制，总结工作成果，制订下阶段工作计划，汇总待协调问题及处理反馈到网公司管控组、公司管理信息化推进领导小组及推进办公室，配合上级组织对里程碑节点的时间和要求进行核查。

7.4.4.3　建立例会机制

业主项目部应定期组织召开项目建设推进例会，传达网公司管控组、公司管理信息化推进领导小组的各项要求，检查各项工作的进展与质量。收集在系统开发、试点实施和推广过程中的意见，向网公司管控组参会人员反馈。

项目例会包括日例会、周例会、月例会、专题工作会议。

项目建设工作正式启动后，业务组、技术组每日8：30分别组织召开项目日例会，会议时间控制在 30 分钟内，对项目的工作计划完成情况、投入资源情况、存在的问题及解决措施、下日工作计划、风险辨识及控制措施、需协调解决的有关问题等进行沟通商议，并形成工作日报，每日 15：00 前报送会议日报至业主项目部。业主项目部汇总整理之后每日 17：00 前报送工作日报至项目管控工作组（项目小组）。

项目建设工作正式启动后，业主项目部每月周五 10：00 组织召开项目周例会，业务组、技术组、试点局实施组的各组组长须参加会议，会议时间控制在一小时内，对项目工作计划完成情况、存在的问题及处理情况、下周工作计划、风险辨识及控制措施、需协调解决的有关问题等进行沟通商议，并形成会议周报，每周五 15：00 前报送会议周报至项目管控工作组（项目小组）。

项目建设工作正式启动后，业主项目部每月月末 10：00 组织召开项目月例会，业务组、技术组、试点局实施组的各组组长须参加会议，会议时间控制在两小时内，对项目工作计划完成情况、存在的问题及处理情况、下周工作计划、风险辨识及控制措施、需协调解决的有关问题等进行沟通商议，并形成会议月报，业主项目部每月月末 15：00 前上报工作月报至项目管控工作组（项目小组）。

根据项目建设需要，业主项目部可组织召开专题工作会议。针对项目建设过程中的各项问题进行专题讨论并明确处理意见。

7.4.4.4 信息报送管理

项目建设工作正式启动后，业务组、技术组每日 15：00 前报送工作日报至业主项目部，业主项目部汇总整理之后每日 17：00 前报送工作日报至项目管控工作组（项目小组）。工作日报内容主要包括本日工作计划完成情况、投入资源情况、存在的问题及解决措施、下日工作计划、风险辨识及控制措施、需协调解决的有关问题等。

业务组、技术组、试点局实施组每周五 10：00 前报送工作周报至业主项目部，业主项目部汇总整理之后每周五 15：00 前报送工作周报至项目管控工作组（项目小组）。工作周报内容主要包括本周工作计划完成情况、存在的问题及处理情况、下周工作计划、风险辨识及控制措施、需协调解决的有关问题等。

业务组、技术组、试点局实施组每月月末 10：00 前上报工作月报至业主项目部，业主项目部汇总整理之后每月月末 15：00 前上报工作月报至项目管控工作组（项目小组）。工作月报内容主要包括本月最后一周工作计划完成情况、下周工作计划、本月工作总结、存在的问题及处理情况、下月工作安排、风险辨识及控制措施、需协调解决的有关问题等。

7.4.5 培训管理

业主项目部组织开展系统应用培训工作，按照培训规划、培训实施、培训考核、培训总结的培训管理流程开展工作，具体如下图所示：

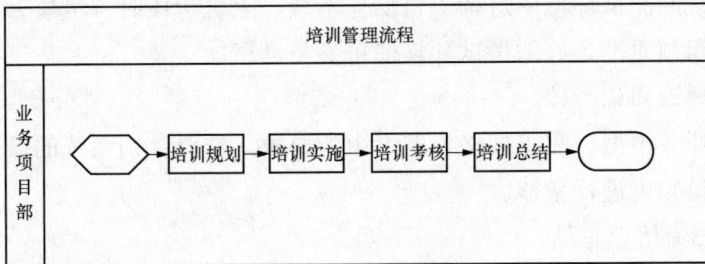

7.4.5.1 培训规划

建立培训体系，包括：制定培训流程，审核培训课程，确定培训方式和组织培训考核等。

制定系统培训方案，明确培训目标、培训对象、培训方法和实施计划，并在培训工作开始前 2 周提交至项目管控工作组（项目小组）备案，方案应包括：培训目的、培训对象、培训方法、实施计划、培训考核和培训总结等。

7.4.5.2 培训实施

按培训方案要求，分阶段和模块进行培训安排，并提交业主项目部确认，发布培训计划，并组建内训师团队，分批分专业组织对相关人员进行培训。

培训对象主要分为五类：

（1）内训师。

（2）信息客服人员。

（3）系统管理员。

（4）管理人员。

（5）基层操作人员。

先进行集中培训，在测试环境中，对内训师和系统管理员以课堂授课和演示的方式来开展分岗位、分专业的培训；管理人员和基层操作人员培训则由内训师承担。

7.4.5.3 培训考核

为保证培训效果，了解学员的掌握情况，需对参加培训的人员进行培训考核，培训考核分上机操作考核和理论知识考核两类。

（1）上机操作考核。

在系统的测试环境中进行上机操作考核，上机考核时，考核人员只需点击培训组织预先准备好的考试环境即可参与考试。

（2）理论知识考核。

提取业务模型、需求规格说明书中的要求，结合营销系统的操作映射，对业务理论知识进行考核。

7.4.5.3 培训总结

培训的总结包括培训师的总结和学员的总结，培训师的总结可以很好地对下次培训做更好地实施指导，优化整个培训过程。学员的总结可以对培训知识进行一次完整的回顾，发现在培训中未懂的知识，培训后可以有针对性的学习，同时也可对培训师、培训场地等方面提出建议，优化健全培训流程。

培训总结的交付物中还应该包括培训后数据分析报告，以便对培训的效果进行直观的分析。

7.4.6 地市局管理

地市局作为营销管理系统应用的责任主体，由分管营销的领导牵头成立组织机构，编制本单位实施方案，落实公司营销管理系统建设任务，具体要求如下：

7.4.6.1 甄选专家，积极参与业主项目部安排的各项任务

按照业主项目部对业务和技术专家的要求，甄选专家，妥善安排好专家的工作调配，以便专家参与业主项目部安排的测试用例编制、系统功能测试、数据迁移、外部集成接口联调等各项任务。

7.4.6.2 数据质量提升

数据质量核查、整改和评价工作。要求试点供电局 2014 年 9 月份完成，其他地市局在 2014 年 12 月份完成。其中主要营销基础档案（包括客户域、

营销设备域、电网域、核算域、账务域）正确率达到 100%。

7.4.6.3 银电联网

对地方区域性银行，地市局负责业务协议和技术协议的签订。

7.4.6.4 外部设备升级改造

负责按公司制定宣贯的外部集成接口技术规范和《一体化设备配套改造升级方案》有序稳步地推进外部设备升级改造工作。

7.4.6.5 外部集成接口

地市局负责按外部集成联调方案、联调测试工作流程、测试准入和完成标准，进行设备改造和外部集成接口联调工作，确保在双轨运行前完成接口接入工作，实现单轨期间接口正常运转。

试点局如需增加本地化接口建设，需报业主项目部业务组进行评审，确认其是否具有推广应用价值，若有推广应用价值，报网公司批准后建设。

7.4.6.6 系统双、单轨运行

地市局负责本单位数据迁移、系统培训及系统双轨和单轨运行等工作，确保系统的平滑切换、稳定运行。

8 参考资料

《南方电网公司管理信息化推进总体工作方案》（南方电网信息〔2014〕3 号）

《南方电网公司营销管理系统建设推进行动方案》（南方电网市场〔2014〕10 号）

《南方电网公司信息化项目建设管理办法》（南方电网信息〔2011〕8 号）

《南方电网公司关于规范企业级应用系统建设管理九项指导意见》（南方电网信息〔2013〕6 号）

《广东电网公司"6+1"工程试点建设及推广工作方案》（广电信〔2014〕8 号）

《南方电网公司营销管理系统建设管控方案》

9 附录

9.1 业务专家

9.1.1 业务组成员

序号	专业小组	组长	成　员
1	银电联网组		
2	业扩		
3	抄核收		
4	用电检查		
5	停电线损		
6	计量管理		
7	客户服务		
8	市场交易与市场开发		
9	营销稽查		
10	营配集成		

9.1.2　营销业务专家库

序号	专业分工	专家名单	关键客户（班组人员）
1	业扩		
2	抄核收		
3	用电检查		
4	停电线损		
5	计量管理		
6	客户服务		
7	市场交易		
8	市场开发		
9	营销稽查		
10	营配集成		

备注：专家库成员根据试点建设工作需要调用。

9.2　技术组成员

序号	专业小组	组长	成　员
1	技术协调		
2	系统开发		
3	数据迁移		
4	银电联网		

序号	专业小组	组长	成　员
5	营配信息集成		
6	其他外部接口		
7	系统测试		
8	系统客服		
9	系统部署与运维		

9.3　一级业务与功能点对应表

（略）

9.4　外部接口功能清单

（略）

9.5　营销业务应用现状

（略）

9.6　项目实施计划进度图

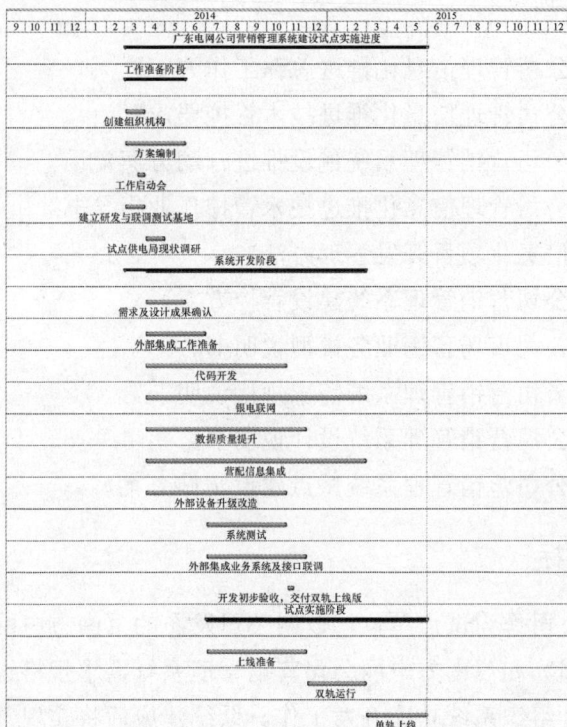

广东电网公司营销管理系统
开发阶段工作方案

1 工作背景

根据《南方电网公司管理信息化推进总体工作方案》和《南方电网公司营销管理系统建设推进行动方案》，广东电网公司被确定为"6+1"工程营销管理系统试点单位。为确保系统开发阶段各项工作按计划顺利推进、达到预期目标，结合网公司一体化管理要求"落地不走样、各阶段工作进度可控不滞后、系统建设成果普适易推广"的要求和《广东电网公司营销管理系统试点建设实施方案》的统一安排，特制定此开发工作方案。

2 参考范围

《南方电网公司管理信息化推进总体工作方案》
《南方电网公司管理信息化推进技术管控要求》
《南方电网公司营销管理系统建设推进行动方案》
《南方电网公司管理信息化推进技术管控作业指导书》
《南方电网信息化项目开发管理办法》
《南方电网公司营销管理系统建设管控方案》
《南方电网公司市场营销业务模型说明书》
《南方电网公司营销管理系统需求规格说明书》
《南方电网公司营销管理系统设计说明书》
《广东电网公司营销管理系统试点建设实施方案》

3 工作目标

广东电网公司作为试点单位，以网公司发布的《南方电网公司市场营销业务模型说明书》和《南方电网公司营销管理系统需求规格说明书》及设计说明书为基础，组织系统功能开发工作。系统建成后将实现营销管理系统在南方电网公司范围内的版本统一,将营销系统业务功能和相关需求进行集中、统一的规划和整合,在广东电网公司部署应用,并满足南方电网公司及其下属供电电网推广应用,满足南方电网公司"网点全应用"的需求。

本项目工作目标如下:

(1)2014 年 10 月完成系统开发,11 月完成系统开发初验。

(2)2014 年 12 月至 2015 年 2 月,公司三个试点供电局(佛山、中山、清远供电局)开展系统双轨试运行。

(3)2015 年 3 月启动三个试点供电局系统单轨运行。

(4)2015 年 5 月完成试点供电局实施竣工验收。

4 开发思路

4.1 以南方电网营销一体化管理成果为依据

营销管理系统的开发工作需要遵循前期需求分析和系统设计阶段的成果,严格做到"不变形、不走样"。营销管理系统将以市场营销一体化管理成果为依据,遵循网公司发布的《南方电网公司市场营销业务模型说明书》和《南方电网公司营销管理系统需求规格说明书》及设计说明书,对于设计成果中需要细化的部分,系统开发小组认真阅读并理解项目详细设计成果,包括架构设计、概要设计、功能详细设计、外部集成设计、数据模型设计、安全设计等,并基于一体化管理成果、业务模型和需求分析为依据进行分析研究,并向南方电网公司报审后才能进行细化调整。

4.2 遵循南方电网技术管控要求

营销管理系统的开发工作要遵循并落实"八遵从、十统一"的技术原则,做好整个项目过程中的技术管控工作,重点关注 EA 企业架构、SOA 体系结构、系统安全运维以及 4A 统一安全管理,使其符合公司整体信息化的技术路线和技术要求,同时集成项目前期阶段的,经过合理论证的技术成果,按照技术先进、理念先进和适度超前的原则进行建设。

4.3 系统采用瀑布模型和敏捷开发相结合的开发方法

采用"边开发边测试"的模式,在系统开发阶段选用基于事先设计的瀑布模型,在瀑布模型的基础上引入敏捷开发理念,采用瀑布模型和敏捷开发相结合的开发方法,保证开发的各个阶段有序衔接。

5 开发管理

5.1 开发管控流程

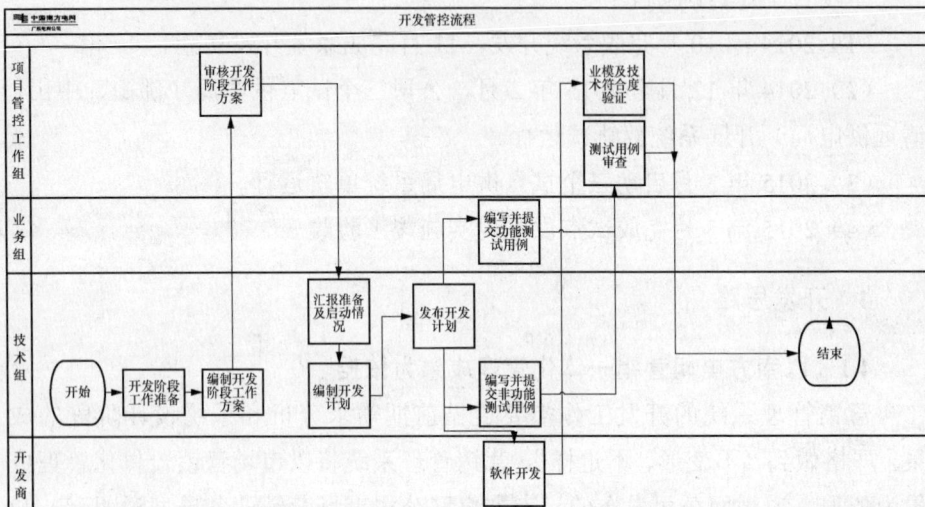

编号	流程环节名称	业务内容描述	管控点	管控点描述	责任部门
1	开发阶段工作准备	制定并发布开发阶段技术规范及开发审查标准	1．遵从技术架构标准 2．遵从性能设计审查标准 3．遵从数据模型审查标准 4．遵从代码质量审查标准 5．遵从功能审查标准	遵循《信息系统应用开发安全技术规范》和《IT 主流设备安全基线技术规范》要求，制定技术规范	技术组
2	编制开发阶段工作方案	根据开发阶段工作总体目标、要求，编制开发阶段工作方案	1．明确工作要求、工作目标及组织架构 2．制定关键里程碑及一级进度计划	根据工作方案模板的格式和内容要求编制开发阶段工作方案，制定里程碑及一级进度计划须符合南方电网公司管理信息化推进管理要求	技术组
3	审核开发阶段工作方案	开发阶段工作方案编制完成后提交审核	5 个工作日内完成审核工作	须按开发阶段工作方案审核要点及要求开展审核工作	项目管控工作组、技术组

编号	流程环节名称	业务内容描述	管控点	管控点描述	责任部门
4	汇报准备及启动情况	汇报开发阶段工作准备情况以及启动情况	汇报工作要求、工作目标及组织架构	无	业务组
5	编制开发计划	根据开发阶段工作方案编制开发计划	明确详细开发进度	制定开发进度符合南方电网公司管理信息化推进管理要求	技术组
6	发布开发计划	开发计划审核通过后发布	5个工作日内完成发布工作	审核通过后在规定时间内完成发布	技术组
7	编写并提交功能测试用例	按开发阶段工作方案编写功能测试用例	明确功能测试用例	无	业务组
8	编写并提交非功能测试用例	按开发阶段工作方案编写非功能测试用例	明确非功能测试用例	无	技术组
9	软件开发	按照开发阶段工作方案,组织开展代码开发、测试、审查工作	环境准备	开发测试所需环境和软硬件资源的准备,并按项目要求完成开发环境和测试环境的安装部署	技术组
			开发规范制定与审核	遵循相关技术规范、设计成果、实施方案要求,并审核开发规范文档	技术组
			代码开发测试	按技术规范进行代码开发工作,并进行单元、集成测试	承建商
			业务协同联合测试	1. 协同6+1系统间联合测试 2. 协同6+1系统与外部系统的联合测试	业务组、技术组
10	业模及技术符合度验证	按业务模型等验证符合度	无	无	项目管控工作组
11	测试用例审查	对功能测试用例和非功能测试用例进行审查	5个工作日内完成审核工作	须按开发计划审核要点及要求开展审核工作	项目管控工作组

5.2 变更管理流程

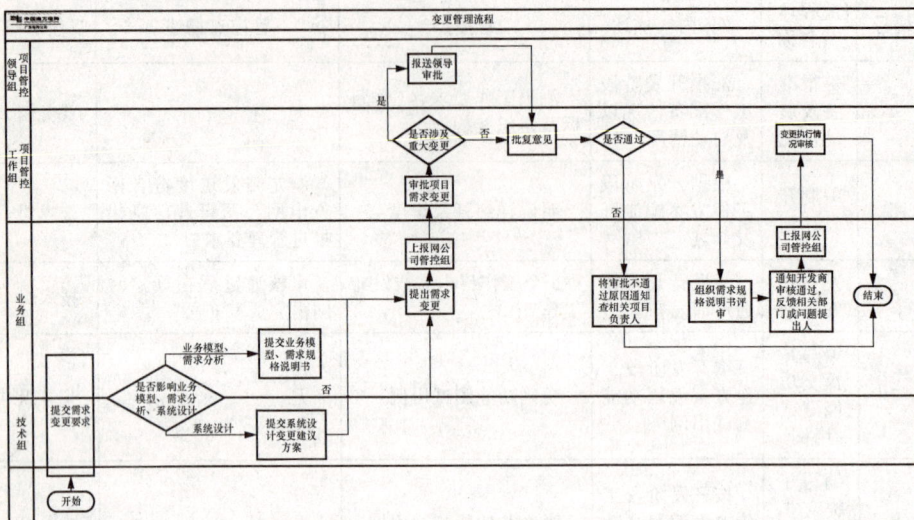

变更管理流程

领导组
报送领导审批

项目管控工作组
是否涉及重大变更 — 是 — 批复意见 — 是否通过 — 变更执行情况审核
审批项目需求变更
否

业务组
上报网公司管控组
提交需求变更
将审批不通过原因通知查相关项目负责人
组织需求规格说明书评审
上报网公司管控组
通知开发商审核通过，反馈相关部门或问题提出人
结束

技术组
提交需求变更要求
是否影响业务模型、需求分析、系统设计
业务模型、需求分析 — 提交业务模型、需求规格说明书
系统设计 — 提交系统设计变更建议方案
开始

编号	流程环节名称	业务内容描述	管控点	管控点描述	责任部门
1	提交需求变更要求	整理变更类别、性质、内容、原因并评估变更影响，提交审核	无	无	技术组业务组
2	是否影响业务模型、需求分析、系统设计	对提出的需求变更要求进行审核	明确变更对业务模型、需求分析、系统设计的影响	无	技术组业务组
3	提交业务模型、需求规格说明书	根据需求变更重新整理业务模型以及需求规格说明书	无	无	业务组
4	提交系统设计变更建议方案	根据需求变更整理系统设计变更建议方案	无	无	技术组
5	提出需求变更	汇总变更的业务模型、需求规格说明书以及系统设计变更建议，提交网公司管控组审核	无	无	业务组
6	审批项目需求变更	网公司管控组对需求变更进行审核	无	无	项目管控工作组
7	是否涉及重大变更	判断需求变更是否涉及重大变更	无	无	项目管控工作组

编号	流程环节名称	业务内容描述	管控点	管控点描述	责任部门
8	报送领导审批	涉及重大变更的报送领导进行审批	无	无	项目管控领导组
9	批复意见	整理出对需求变更的意见	3个工作日内批复处理意见	无	项目管控工作组
10	是否通过	判断需求变更要求是否通过	无	无	项目管控工作组
11	将审批不通过原因通知相关负责人	将审批不通过的需求变更及批复意见发送相关负责人	无	无	业务组
12	组织需求规格说明书评审	将审批通过的需求变更以及批复意见发送相关负责人，并组织进行需求规格说明书评审	无	无	业务组
13	通知开发商审核通过，反馈相关部门问题提出人	将变更后的需求规格说明书发送开发商	无	无	业务组
14	变更执行情况审核	根据变更内容调整后相应文档进行审核	变更执行后1个工作日审核	无	项目管控工作组

5.3 质量管理流程

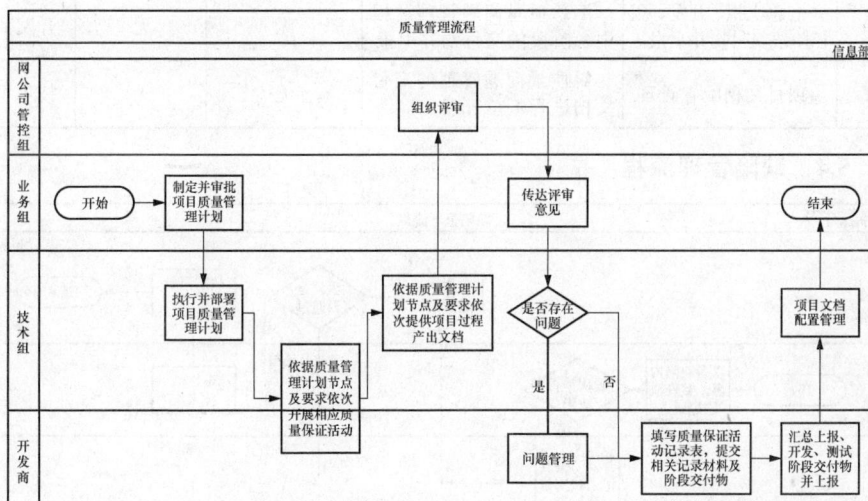

编号	流程环节名称	业务内容描述	管控点	管控点描述	责任部门
1	制定并审批项目质量管理计划	制定并审批项目质量管理计划	无	无	业务组
2	执行并部署项目质量管理计划	按照质量管理计划执行、部署工作	无	无	技术组
3	依据质量管理计划节点及需求依次开展相应质量保证活动	依据质量管理计划开展质量管理工作	无	无	技术组、开发商
4	依据质量管理计划节点及要求依次提供项目过程产出文档	对质量管理过程中产生的文档进行管理	无	无	技术组
5	组织评审	对各个节点产出的项目文档进行审批	无	无	网公司管控组
6	传达评审意见	整理评审意见并进行传达	5个工作日内完成传达工作	评审完成后在规定时间内完成传达	业务组
7	是否存在问题	根据评审意见判断是否存在质量问题	明确质量问题	无	技术组
8	问题管理	若存在质量问题,根据评审意见进行问题修正	无	无	开发组
9	填写质量保证活动记录表,提交相关记录材料及阶段交付物	质量问题修正完成后,填写质量保证活动记录表,并提交相关记录材料及阶段交付物	无	无	开发商
10	汇总上报、开发、测试阶段交付物并上报	汇总质量问题管理过程中各阶段的交付物并上报	无	无	开发商
11	项目文档配置管理	对质量问题管理的交付文档进行汇总管理	无	无	技术组

5.4 缺陷管理流程

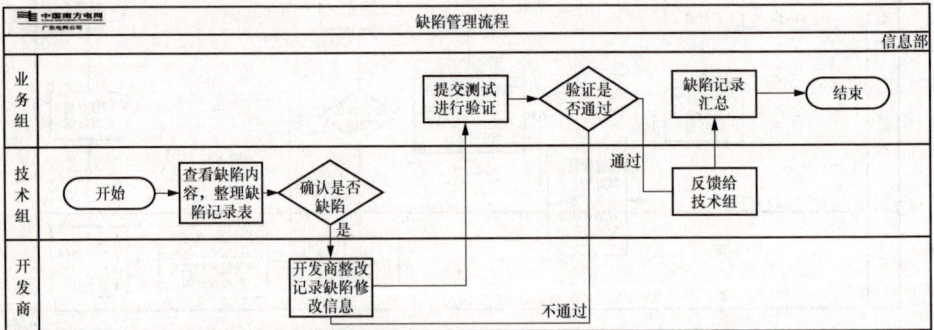

216

编号	流程环节名称	业务内容描述	管控点	管控点描述	责任部门
1	查看缺陷内容,整理缺陷记录表	收集查看缺陷内容,并整理形成缺陷记录表	无	无	技术组
2	确认是否缺陷	对缺陷记录表中的缺陷进行评审,确认是否为缺陷	明确是否缺陷	无	技术组
3	开发商整改记录缺陷修改信息	开发商对提交的缺陷或者验证不通过的缺陷进行整改,并整理缺陷修改记录信息	无	无	开发商
4	提交测试进行验证	提交到业务组,对已经整改完成的功能进行测试验证	无	无	业务组
5	验证是否通过	对功能进行测试验证并判断是否通过	无	无	业务组
6	反馈给技术组	将测试通过的功能反馈给技术组	无	无	技术组
7	缺陷记录汇总	对缺陷整改记录进行汇总	无	无	业务组

5.5 问题管理流程

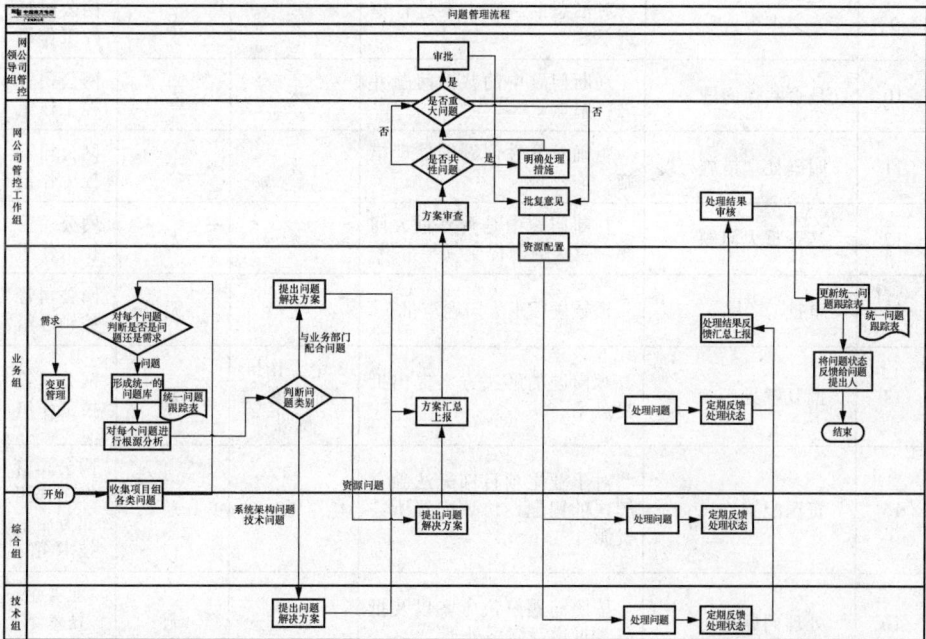

217

编号	流程环节名称	业务内容描述	管控点	管控点描述	责任部门
1	收集项目组各类问题	收集项目过程中出现的各类问题，形成问题记录表	无	无	业务组、综合组
2	对每个问题判断是否是问题还是需求	对问题进行判断，确认是问题还是需求变更	无	无	业务组
3	变更管理	如果是需求变更问题，转入到质量管理流程进行管理	无	无	业务组
4	形成统一的问题库及问题跟踪表	如果是问题，汇总问题整理出统一的问题库以及问题跟踪表	无	无	业务组
5	对每个问题进行根源分析	剖析问题产生的原因和机理，找到问题产生根源	无	无	业务组
6	判断问题类别	对问题类别进行判断	明确问题类别	无	业务组
7	提出问题解决方案	根据问题分析制定可操作的解决方案	3个工作日内提出问题解决方案	无	业务组、综合组
8	方案汇总上报	汇总问题解决方案，并进行上报	无	无	业务组
9	方案审查	对汇总的解决方案进行审查	无	无	网公司管控工作组
10	是否共性问题	判断问题中的共性问题并进行整理	无	无	网公司管控工作组
11	明确处理措施	明确对共性问题的处理措施	无	无	网公司管控工作组
12	是否重大问题	判断问题中是否有重大问题，重大问题提交领导审批	无	无	网公司管控工作组
13	审批	领导进行重大问题审批	无	无	网公司管控领导组
14	批复意见	对问题的解决方案提出批复意见	3个工作日内批复处理意见	无	网公司管控工作组
15	资源配置	对于业主项目部无法独立解决的问题，协调配置所需资源	无	无	网公司管控工作组、业务组、技术组
16	处理问题	按照问题解决方案以及批复意见进行问题处理	无	无	业务组、技术组、综合组

编号	流程环节名称	业务内容描述	管控点	管控点描述	责任部门
17	定期反馈处理状态	定期对问题的处理情况进行反馈	无	无	业务组、技术组、综合组
18	处理结果反馈汇总上报	对问题处理结果进行汇总并上报审批	问题处理后3个工作日内提交问题处理报告	无	业务组
19	处理结果审核	对问题处理结果进行审核	无	无	网公司管控工作组
20	更新统一问题库及问题跟踪表	根据处理结果以及审核结果对同一问题库及问题跟踪表进行更新	无	无	业务组
21	将问题状态反馈给问题提出人	将更新好的问题状态及时反馈给问题提出人	无	无	业务组

6 开发内容及进度

阶段	活动	工作任务	责任主体	完成时间	交付成果
开发准备	开发工作方案编制及审查	编制开发工作方案，主要包括工作目标、开发思路、开发内容及进度、风险及应对策略，提交网公司审批	业主项目部技术组	2014年4月1日至2014年4月30日	《系统开发工作方案》
	系统开发、测试环境搭建	分别搭建系统的开发环境及测试环境，满足系统建设的开发及现场测试要求	业主项目部技术组	2014年4月21日至2014年6月2日	《开发环境搭建报告》《测试环境搭建报告》
	系统开发启动工作报备	将系统开发启动工作的开展完成情况，报送南方电网公司备案	业主项目部	2014年5月12日至2014年5月15日	《系统开发准备情况报告》系统开发启动通知
	编制、审核功能测试用例（含外部集成）	编制系统功能测试用例，包括外部集成部分，同时核查功能测试用例的合理、正确及完整性	业主项目部业务组	2014年5月5日至2014年6月17日	《系统测试用例（初稿）》
	审核功能测试用例（含外部集成）	组织专家审查测试用例	业主项目部	2014年6月16日至2014年6月30日	《系统测试用例》

阶段	活动	工作任务	责任主体	完成时间	交付成果
开发准备	审查测试用例	组织专家审查测试用例	网公司营销建设管控组	2014年7月1日至2014年7月15日	《系统测试用例》
	测试数据准备	准备系统功能现场测试用的测试数据，为业务处理及流程环节传递做准备	业主项目部技术组	2014年6月2日至2014年7月1日	《测试数据准备报告》
开发及出厂前测试	开发现场检查	搭建广东电网开发环境，为开发工作做准备	业主项目部	2014年5月20日至2014年6月30日	《开发现场检查报告》
	第一批功能开发及出厂前测试	第一批（业扩管理、供用电合同管理、电价电费管理、资产管理、运行管理、服务渠道管理、客户关系管理、系统支撑功能）业务功能开发	承建商	2014年5月12日至2014年7月28日	应用系统源代码《详细设计说明书》配套的XSD文件、PDM文件操作手册
		第一批（业扩管理、供用电合同管理、电价电费管理、资产管理、运行管理、服务渠道管理、客户关系管理、系统支撑功能）单元测试	承建商	2014年5月12日至2014年7月28日	《单元测试计划》《单元测试报告》《单元测试用例》《单元测试记录》
		第一批（业扩管理、供用电合同管理、电价电费管理、资产管理、运行管理、服务渠道管理、客户关系管理、系统支撑功能）功能模块测试	承建商	2014年5月16日至2014年7月28日	《功能模块测试计划》《功能模块测试报告》《功能模块测试用例》《功能模块测试记录》
		第一批（业扩管理、供用电合同管理、电价电费管理、资产管理、运行管理、服务渠道管理、客户关系管理、系统支撑功能）集成测试	承建商	2014年5月19日至2014年7月28日	《集成测试计划》《集成测试报告》《集成测试用例》《集成测试记录》
		第一批（业扩管理、供用电合同管理、电价电费管理、资产管理、运行管理、服务渠道管理、客户关系管理、系统支撑功能）出厂测试	承建商	2014年5月19日至2014年7月31日	

阶段	活动	工作任务	责任主体	完成时间	交付成果
开发及出厂前测试	第二批功能开发及出厂前测试	第二批模块（管理线损管理、用电检查、稽查监控、营销统计与分析、客户停电管理、实验室管理、查询和管理功能、报表管理功能）业务功能开发	承建商	2014 年 8 月 1 日至 2014 年 9 月 25 日	应用系统源代码、《详细设计说明书》配套的 XSD 文件、PDM 文件操作手册
		第二批模块（管理线损管理、用电检查、稽查监控、营销统计与分析、客户停电管理、实验室管理、查询和管理功能、报表管理功能）单元测试	承建商	2014 年 8 月 4 日至 2014 年 9 月 26 日	《单元测试计划》、《单元测试报告》、《单元测试用例》《单元测试记录》
		第二批模块（管理线损管理、用电检查、稽查监控、营销统计与分析、客户停电管理、实验室管理、查询和管理功能、报表管理功能）功能模块测试	承建商	2014 年 8 月 4 日至 2014 年 9 月 26 日	《功能模块测试计划》、《功能模块测试报告》、《功能模块测试用例》、《功能模块测试记录》
		第二批模块（管理线损管理、用电检查、稽查监控、营销统计与分析、客户停电管理、实验室管理、查询和管理功能、报表管理功能）集成测试	承建商	2014 年 8 月 15 日至 2014 年 9 月 29 日	《集成测试计划》、《集成测试报告》、《集成测试用例》、《集成测试记录》
		第二批模块（管理线损管理、用电检查、稽查监控、营销统计与分析、客户停电管理、实验室管理、查询和管理功能、报表管理功能）出厂测试	承建商	2014 年 9 月 15 日至 2014 年 9 月 30 日	
	第三批功能开发及出厂前测试	第三批模块（市场交易计划管理、购电管理、跨区跨省电能交易管理、跨国（境）电能交易管理、新兴业务管理、有序用电管理、客户能效管理、班组标准化管理）业务功能开发	承建商	2014 年 10 月 1 日至 2014 年 10 月 20 日	应用系统源代码、《详细设计说明书》配套的 XSD 文件、PDM 文件操作手册

阶段	活动	工作任务	责任主体	完成时间	交付成果
开发及出厂前测试	第三批功能开发及出厂前测试	第三批模块（市场交易计划管理、购电管理、跨区跨省电能交易管理、跨国（境）电能交易管理、新兴业务管理、有序用电管理、客户能效管理、班组标准化管理）单元测试	承建商	2014年10月2日至2014年10月22日	《单元测试计划》、《单元测试报告》、《单元测试用例》、《单元测试记录》
		第三批模块（市场交易计划管理、购电管理、跨区跨省电能交易管理、跨国（境）电能交易管理、新兴业务管理、有序用电管理、客户能效管理、班组标准化管理）功能模块测试	承建商	2014年10月6日至2014年10月24日	《功能模块测试计划》、《功能模块测试报告》、《功能模块测试用例》、《功能模块测试记录》
		第三批模块（市场交易计划管理、购电管理、跨区跨省电能交易管理、跨国（境）电能交易管理、新兴业务管理、有序用电管理、客户能效管理、班组标准化管理）集成测试	承建商	2014年10月10日至2014年10月24日	《集成测试计划》、《集成测试报告》、《集成测试用例》、《集成测试记录》
		整体出厂测试并发布测试版	承建商	2014年10月20日至2014年10月31日	《出厂测试计划》、《出厂测试用例》、《出厂测试验证报告》、《出厂测试验证记录》
初步验收	初步验收	对系统业务功能进行初步验收	网公司营销建设管控组、业主项目部	2014年11月28日至2014年11月30日	《开发初步验收报告》

7 风险及应对措施

7.1 需求变更风险

风险描述

需求变更可能出现未按需求管理流程管控的情况，某些重大变更会导致投资增加、技术方案重大调整或者实施周期延长。

7.1.1 应对措施

严格遵守《南方电网公司营销信息化应用管理办法》相关条款。

为了加强需求的变更管理，建立需求跟踪矩阵（RTM）来映射需求与设计、编码、测试用例、文档等之间的关系，通过需求跟踪矩阵可以快速评估出需求变更带来的影响，从而能够做出比较合理的决策。严格按照系统运维的相关规范来执行变更。

对于已经确认的功能，如确需更改，需对每一项需求变更进行详细的记录，并提供相应的解决方案，严格按照变更管理流程执行。

7.2 设计质量风险

7.2.1 风险描述

业务功能设计对特殊应用场景考虑不全面所产生的风险，设计说明书提交延迟。

7.2.2 应对措施

（1）对于关键核心功能（如计费、收费等）要开展重点审查和测试，设计完整的测试用例，测试用例尽可能覆盖全部业务场景。如电费计算功能，模拟各类特征的用户档案进行电费计算功能测试，保证模拟数据的真实性、准确性、全面性。

（2）开展全网功能验证，保证系统功能的覆盖面。

7.3 开发进度风险

7.3.1 风险描述

营销管理系统覆盖10个一级业务和28项二级业务，含218个功能项、1122个功能子项，开发量大，时间紧，存在延期风险。

7.3.2 应对措施

（1）明确制定各阶段详细计划，将开发工作进行细分，对开发进度进行精确的监控和管理。

（2）通过周报、月报及专题报告汇报项目进度情况，审查进度完成情况。如果出现项目进度滞后超过一周，则启动问题管理流程。

8   附件：广东电网公司营销管理系统开发工作计划

1   引用

1.1   编制目的

本方案对南方电网营销管理信息系统（以下简称：营销系统）的测试工作进行总体安排，确保系统测试工作顺利开展、系统投运后能更好地支撑业务、稳定运行。

1.2   项目背景

营销系统是公司"十二五"发展战略和一体化战略的重要支撑平台，是落实公司市场营销职能战略的重要载体，是公司"十二五"信息化战略"6+1"系统建设的主要任务。营销系统将以市场营销一体化管理成果为依据，全面融合公司五省区营销业务和营销管理工作的创新成果，按照技术先进、理念先进和适度超前的原则进行建设。

1.3   适用范围

本文档适用于南方电网营销管理信息系统建设试点项目的现场测试与整体性测试工作内容。

1.4   术语及缩略语

出厂测试：简要介绍出厂测试以及其包含的内容。

业务场景测试：按照事先设计好的业务场景用例，对系统进行业务满足度的检测，主要包括适用性、正确性、便捷性等的指标。

功能测试：功能测试也叫黑盒子测试或数据驱动测试，只需考虑各个功能，不需要考虑整个软件的内部结构及代码。一般从软件产品的界面、架构出发，按照需求编写出来的测试用例，输入数据在预期结果和实际结果之间进行评测，进而提出更加使产品达到用户使用的要求。

非功能性测试：

性能测试：一系列与被测系统性能相关的互相关联的测试活动，如常规的性能测试、负载测试、压力测试、并发测试、大数据量测试等。

兼容性测试：验证被测系统是否可以在各种可能的运行环境中正常工作的测试活动，例如不同的 windows 操作系统，不同的浏览器环境下。

用户界面测试：验证系统界面是否与制定的界面设计规范相符合，是否人性化。

安全性测试：验证集成在系统内的保护机制是否能够在实际中保护系统不受非法的入侵。

1.5 参考依据

《南方电网营销管理信息系统业务模型说明书》

《南方电网营销管理信息系统需求规格说明书》

《南方电网公司营销管理系统需求规格说明书（附件 表单）》

《南方电网营销管理信息系统详细设计说明书》

《中国南方电网有限责任公司信息化项目开发管理办法》

《中国南方电网有限责任公司信息安全防护管理办法》

《广东电网公司信息系统入网安全测评管理办法》

1.6 阅读对象

南方电网营销管理信息系统建设项目系统测试工作相关人员。

2 总体方案

2.1 测试原则

项目组从网省地供电局分专业分批次抽调业务专家、关键用户、技术专家集中参与系统测试工作，确保系统现场验证实现对各模块的业务需求全覆盖及多角度评估。在系统非功能测试方面采用第三方机构进行专业测评。

2.2 测试范围

根据项目测试覆盖需求分析所涉及的各方面，力求准确地反应项目需求的完整性和可行性。

测试类型	测试项目	测试内容	时间区段	责任主体	备注
功能测试	第一批功能现场测试	现场集中对第一批功能（业扩管理、供用电合同管理、电价电费管理、资产管理、运行管理、服务渠道管理、客户关系管理、系统基础功能、工作流功能）进行功能验证、技术符合度验证			

测试类型	测试项目	测　试　内　容	时间区段	责任主体	备注
功能测试	第二批功能现场测试	现场集中对第二批功能（电费报表、电费算法验证、业务逻辑和规则验证、关联测试（业扩、运行、电量电费）、管理线损管理、用电检查、稽查监控、营销统计与分析、客户停电管理、实验室管理、查询和管理功能、报表管理功能）进行功能验证、技术符合度验证			包括第一批
功能测试	第三批功能现场测试	现场集中对第三批功能（市场交易计划管理、购电管理、跨区跨省电能交易管理、跨国（境）电能交易管理、新兴业务管理、有序用电管理、客户能效管理、班组标准化管理）进行功能验证、技术符合度验证			包括第一、二批
	整体性功能测试	对系统所有功能进行交付测试和试点局本地测试			
业务场景测试	第一批业务场景现场测试	现场集中对第一批交付的专业模块进行业务场景现场测试，并进行对应的业务模型符合度验证			第一批功能现场测试全部通过后
	第二批业务场景现场测试	现场集中对第二批交付的专业模块进行业务场景现场测试，并进行对应的业务模型符合度验证			第二批功能现场测试全部通过后
	第三批业务场景现场测试	现场集中对第三批交付的专业模块进行业务场景现场测试，并进行对应的业务模型符合度验证			第三批功能现场测试全部通过后
	集成联合测试	对系统所有专业模块进行联合测试通过后，广东电网公司本部与三个试点局进行联合测试			
非功能性测试	性能测试	负载测试、压力测试、容量测试等			
	安全性测试	网络、系统主机、数据库、中间件、应用系统、数据安全与备份恢复等			
	其他要求	兼容性测试和用户界面测试等			

2.3　测试设计

本次测试采用分批迭代式测试，分阶段从功能点、业务场景、性能、安全、兼容性等方面对营销管理系统进行测试，测试重点主要放在各子系统的功能实现上，核心业务、大数据量并发处理业务（例如电费计算、电费发行、统计报表等）、关键接口（例如银电联网等）、业务协同等则是重中之重。系统所有外联接口部分的测试方案详见《外部集成联调方案》。

其中功能测试主要采用等价类划分法、场景法和经验法等黑盒测试方法根据不同特性进行针对性测试，该项测试将涵盖该系统各功能模块，重点检测系统功能是否按其需求规定正确实现，数据能否按预定流程流转，在流转过程中能否保持数据连续和准确；性能测试则利用测试工具，通过加压和监控等手段对系统的性能进行检测；安全测试则利用测试工具进行应用、主机安全测试，并结合 SOA 系统等保护要求进行安全策略测试；兼容性测试主要结合功能测试，对系统在各类客户端环境下的展现进行检查。

通过功能测试后，再进行业务场景测试、集成联合测试。

3 测试资源及部署方式

3.1 测试工具

工具类型	工具名称	用途	生产厂商/自产	版本
测试管理工具	Excel	测试用例管理工具	Microsoft	2007+
	漫索	缺陷管理工具，对缺陷进行实时跟踪、统计分析	MainSoft	9.1.8
性能测试工具	LoadRunner	压力测试工具（1000 并发以上许可）	HP	11.5
	Http watch	网页分析工具	Simtec	7.0+
安全测试工具	AppScan	应用安全测试工具	IBM	8.7+
	Nessus	安全漏洞扫描工具	TNS	5.0+
兼容性测试工具	IE tester	IE 兼容性测试工具	Debugbar	0.4.8

3.2 测试环境

3.2.1 用户体验环境要求

功能测试服务端服务器最低配置建议：

设备名	CPU				内存	硬盘	网卡
	CPU 型号	CPU频率	CPU核数	CPU数目			
EJB 业务服务器	Intel（R）Xeon（TM）CPU E7-4820 2.0GHz	2.0GHz	8	4	16×16GB	2×100GB	2×1000M

227

设备名	CPU				内存	硬盘	网卡
	CPU 型号	CPU 频率	CPU 核数	CPU 数目			
前台 Web 服务器	Intel（R）Xeon（TM）CPU E7-4820 2.0GHz	2.0GHz	8	4	16×16GB	2×100GB	2×1000M
Tuxedo 业务 服务器	Intel（R）Xeon（TM）CPU E7-4820 2.0GHz	2.0GHz	8	4	16×16GB	2×100GB	2×1000M
接入服务器	Intel（R）Xeon（TM）CPU E7-4820 2.0GHz	2.0GHz	8	4	16×16GB	2×100GB	2×1000M
报表服务器	Intel（R）Xeon（TM）CPU E7-4820 2.0GHz	2.0GHz	8	4	16×16GB	2×100GB	2×1000M
数据库 服务器 01	Intel（R）Xeon（TM）CPU E7-4820 2.0GHz	2.0GHz	8	4	16×16GB	2×100GB	2×1000M
数据库 服务器 02	Intel（R）Xeon（TM）CPU E7-4820 2.0GHz	2.0GHz	8	4	16×16GB	2×100GB	2×1000M
数据库存储	3T						

编译、部署环境服务器最低配置建议：

设备名	CPU				内存	硬盘	网卡
	CPU 型号	CPU 频率	CPU 核数	CPU 数目			
数据库 中间库	PowerPC_POWER7	3.9GHz	4	16	64G	150G	2×1000M
版本管理服 务器	Intel Xeon E7-8870	2.4GHz	2	1	8G	150G	2×1000M
编译服务器	Intel Xeon E7-8870	2.4GHz	2	1	8G	150G	2×1000M
发布服务器	Intel Xeon E7-8870	2.4GHz	2	1	8G	150G	2×1000M
文档服务器	Intel Xeon E7-8870	2.4GHz	2	1	8G	150G	2×1000M
中间库存储	6.5T						

功能测试客户端最低配置建议：

PC 最低配置建议：

名　称	参　数	备　注
显示器	20 英寸	
CPU	3.2GHz	
内存	4GB DDR3	
硬盘	512G	
网卡	100Mbps 以太网卡	

PC 软件配置要求：

名　称	版　本	备　注
IE	8	
Office	2007	
Jdk	1.6	

打印机：

名　称	参　数	备　注
打印机	最大打印幅面：A3 最高分辨率：600×600dpi 网络打印:支持有线网络打印 双面打印：自动	

试点局测试是通过网络进行的远程测试，建议网络环境最低配置如下：
到地市不低于 10M 带宽专用,到区县不低于 5M 带宽专用,到供电所(营业厅)不低于 2M 带宽专用。

3.2.2　联调测试环境要求

（1）完成数据迁移工作。

（2）完成系统所有角色和权限设置工作。

（3）因联调测试环境至少需要能够支撑功能运行，建议按照功能测试与业务场景测试服务端服务器配置服务器。

3.2.3　非功能测试环境要求

非功能测试安排在生产环境进行，具体要求参见《系统部署方案》；性能测试压力测试机器最低配置建议如下：

设备名称	设备类型	配置要求	试点部署数量	全省部署数量	备注说明
Loadrunner控制台	中低档PC服务器	CPU 2.4GHz及以上，单CPU内核≥2，内存4G以上，2个内置15K RPM 300GB的热插拔硬盘，RAID1，网卡不低于1000M，至少一个冗余电源	1	2	Loadrunner控制台，利旧
Loadrunner压力机	普通PC服务器	CPU 2.4GHz及以上，单CPU内核≥2，内存4G以上，2个内置15K RPM 300GB的热插拔硬盘，RAID1，网卡不低于1000M，至少一个冗余电源	8	12	Loadrunner压力机，利旧

兼容性测试软件配置要求：

操作系统	浏览器	应用软件
Windows XP	IE7、IE8、IE9	Office2003
Windows 7	Firefox	Office2007
Windows 8	Google Chrome	Office2010

3.3 人力资源

根据《南方电网公司管理信息化推进总体工作方案》和公司"6+1"工程试点建设的总体安排，组成测试组，完成系统的各项测试工作。

根据《广东电网公司营销管理系统试点建设实施方案》组织结构及职责，功能测试由业务组负责，非功能测试由技术组负责，承建商配合。各小组职责如下。

3.3.1 业务组

（1）负责贯彻落实网省公司在系统开发和试点实施过程中的各项关于系统功能测试决定。

（2）负责贯彻落实业主项目部关于系统功能测试各项要求和决定。

（3）负责功能测试用例的编写并提交网公司建设管控组审核。

（4）负责组织开展营销系统功能测试工作。

（5）负责测试报告编制。

（6）负责协调、处理功能测试过程中各种问题。

（7）配合技术组完成非功能测试工作。

3.3.2 技术组

（1）负责贯彻落实网省公司在测试过程中的技术要求，及对技术问题的协调处理。

（2）负责贯彻落实网省公司在系统开发和试点实施过程中的各项关于系统非功能测试决定。

（3）负责贯彻落实业主项目部关于系统非功能测试各项要求和决定。

（4）负责非功能测试用例的编写并提交网公司建设管控组审核。

（5）负责组织开展营销系统非功能测试工作。

（6）负责非功能测试报告编制（场景由业务组选定）。

（7）负责系统非功能测试所需资源沟通协调。

（8）负责协调、处理非功能测试过程中各种问题。

（9）配合业务组完成功能测试工作。

3.3.3　承建商

（1）负责贯彻落实网省公司在系统开发和试点实施过程中的各项关于测试工作要求决定。

（2）配合测试组进行营销系统功能测试和非功能测试工作。

（3）对系统测试中发现的问题，提出合理的解决方案，并及时处理反馈。

4　测试要求及验证方法

4.1　测试要求

4.1.1　功能测试要求

功能测试基本要求如下：

（1）功能实现符合南网营销系统详细设计说明书的要求且满足实际业务需求。

（2）关键业务进行专项测试，如市场交易和抄表核算进行算法专项测试。

（3）测试用例覆盖所有业务且满足业务关联性要求（如业扩档案算费可用等）。

（4）测试所发现问题全程记录，及时反馈，跟踪问题直至问题解决。

（5）测试完成提交测试用例、测试报告等交付物。

（6）功能测试完成标准。

1）测试用例执行率为 100%。

2）测试用例通过率为 95%。

3）业务场景通过率为 100%。

4）严重缺陷修改率为 100%，普通级缺陷修改率为 90%。

（7）完成出厂交付测试且测试报告通过评审。

4.1.2　业务场景测试要求

业务场景测试基本要求如下：

实现符合南网营销业务模型、需求规格说明书、需求规格说明书（附件 表单）的要求且满足实际业务需求。

（1）关键业务进行专项测试，如市场交易和抄表核算进行算法专项测试。

（2）测试所发现问题全程记录，及时反馈，跟踪问题直至问题解决。

（3）测试完成提交业务场景测试用例、测试报告等交付物。

（4）业务场景测试完成标准。

（5）业务场景测试用例执行率为 100%。

（6）遗漏、错误、严重缺陷、影响业务的修改率为 100%，业务场景测试用例结果修改率及通过率为 100%。

（7）完成业务场景测试报告并通过评审。

4.1.3　非功能测试要求

4.1.3.1　性能要求

核心业务性能：普通业务（主要包括数据量较小的简单查询、单条数据记录更新等）处理的后台响应时间应小于 3 秒钟，复杂的业务处理（主要包括数据量较大、逻辑复杂的批量数据更新和复杂的统计查询处理业务等）后台响应时间应小于 5 分钟。

按系统特点，选取最影响性能的典型业务活动如下：

业务活动	活　动　特　点	影响性能因素
系统登录	高并发性，大部分用户集中在一个较短的时间内登录	服务的响应速度，系统的并发能力
欠费查询	高并发性，全网 9000 万用户，按每月结算一次，则每月至少需要查询 9000 万笔次	服务的响应速度，系统的并发能力
电费计算	业务逻辑复杂，数据量大，处理时限要求高	系统的并发能力，服务器 IO 和计算能力

业务活动	活 动 特 点	影响性能因素
电费缴纳	高并发性,营销管理系统核心业务,关系到电费回收率,9000万用户数每月,10天收费完成80%	服务的响应速度,系统的并发能力
生成应收	大数据量,先查询当前操作员管辖范围内能够生成应收的抄表区段,选中1个抄表区段来生成应收	大数据量处理能力,服务器IO能力
新装申请登记	表单复杂,需要工作流支持。新建一个高压新装申请,录入相应字段内容后保存,并通过工作流将工单传递到下一个处理环节	综合考察表单存取及工作流引擎性能
业务报表	大数据量,高并发。统计当前月份的上报报表,可以统计不同供电所、分局、市局报表,且大多集中在每月25号至次月1号	大数据量处理能力,服务器IO能力,系统的并发能力

对于这些典型交互式应用性能需求如下:

业务活动	数据规模	工作时间	最大并发	性能需求
系统登录	10万操作员	20分钟10万操作员登录完成,90%操作员集中在2分钟内登录	2250	<3秒
欠费查询	9000万用电客户,柜台收费单笔查询(输入用户编号后)	每月10天集中处理,每日业务量集中在4小时内完成	540	<1秒
电费缴纳	9000万用电客户,单月收费,输入一个用户户号,查询出此用户所有月份的欠费记录列表(小于5笔)。选择一个月份欠费,收取1元钱(部分收费)	每月10天集中处理,每日业务量集中在4小时内完成	1620	<3秒
新装申请登记	9000万用电客户,每年新增用户数450万	每月有效工作日22天,每日业务量集中在4小时内完成	4	<3秒
业务报表	区级报表,电费销售收入明细表	每月8天集中处理,每日业务量集中在4小时内完成	100	<5分钟

典型后端应用系统性能需求如下:

业务活动	数据规模	服务性能
电费计算	区域集中系统管理的用电用户总数9000万	支持1000以上并发,进程数线性增长,单进程不低于每秒5户
生成应收(电费归档)	9000万用电客户	支持1000以上并发,进程数线性增长,单进程不低于每秒5户

具体性能要求，根据性能测试用例要求执行，详见《性能测试用例》。

4.1.3.2 安全要求

系统运行的网络和系统环境须满足南方电网公司信息安全标准，参照《中国南方电网有限责任公司信息安全防护管理办法》的相关规定，确保安全防护强度达到《信息系统安全等级保护基本要求》的 3 级要求。应用系统安全要求如下：

（1）身份鉴别。

1）应提供专用的登录控制模块对登录用户进行身份标识和鉴别。

2）应对同一用户采用两种或两种以上组合的鉴别技术实现用户身份鉴别。

3）应提供用户身份标识唯一和鉴别信息复杂度检查功能，保证系统中不存在重复用户身份标识，身份鉴别信息不易被冒用。

4）应提供登录失败处理功能，可采取结束会话、限制非法登录次数、自动退出或锁定账号等措施。

5）如采用账户名/密码的方式，在进行身份鉴别时应附加随机码验证。

（2）访问控制。

1）应提供访问控制功能，依据安全策略控制用户对系统安全区域、功能权限和资源权限的访问控制。

2）应由授权主体配置访问控制策略，并严格限制默认账户的访问权限，并及时删除或禁用多余、过期账户。

3）应授予不同账户为完成各自承担任务所需的最小权限，并在它们之间形成相互制约的关系。

4）应对重要信息资源设置敏感标记，应用系统不支持敏感标记的，应在系统级生产敏感标记，使系统整体支持强制访问控制机制。

5）应依据安全策略严格控制用户对有敏感标记重要信息资源的操作。

（3）安全审计。

1）应提供覆盖到每个用户的安全审计功能，对系统重要安全事件进行审计。

2）审计记录的内容至少应包括事件日期、时间、发起者信息、类型、描述和结果等。

3）应保证无法单独中断审计进程，无法删除、修改或覆盖审计记录。

4）应提供对审计记录数据进行统计、查询、分析及生成审计报表的功能。

（4）通信完整性。

应采用校验码技术保证通信过程中数据的完整性。

（5）通信保密性。

1）在通信双方建立连接之前，系统应利用密码技术进行会话初始化验证。

2）应对通信过程中的整个报文或会话过程进行加密。

（6）剩余信息保护。

1）应保证用户鉴别信息所在的存储空间被释放或再分配给其他用户前得到完全清除，无论这些信息是存放在硬盘上还是在内存中。

2）应保证系统内的文件、目录和数据库记录等资源所在的存储空间被释放或重新分配给其他用户前得到完全清除。

（7）抗抵赖。

1）应具有在请求的情况下为数据原发者或接收者提供数据原发证据的功能。

2）应具有在请求的情况下为数据原发者或接收者提供数据接收证据的功能。

（8）软件容错。

1）应提供数据有效性检验功能，保证通过人机接口输入或通过通信接口输入的数据格式或长度符合系统设定要求。

2）应提供上传文件过滤功能，避免用户上传恶意文件。

3）应提供自动保护功能，当故障发生时自动保护当前所有状态，保证系统能够进行恢复。

（9）资源控制。

1）当系统的通信双方中的一方在一段时间内未作任何响应，另一方应能够自动结束会话。

2）应能够对系统的最大并发会话连接数进行限制。

3）应能够对单个账户的多重并发会话进行限制。

4）应能够对一个时间段内可能的并发会话连接数进行限制。

5）应能够对一个访问账户或一个请求进程占用的资源分配最大限额和

最小限额。

6）应能够对系统服务水平降低到预先规定的最小值进行检测和报警。

7）应提供服务优先级设定功能，并在安装后根据安全策略设定访问账户或请求进程的优先级，根据优先级分配系统资源。

（10）数据保密性。

应采用加密或其他保护措施实现系统敏感信息的存储保密性。

（11）代码质量。

1）应严格限制目录访问权限，避免路径遍历攻击。

2）提供下载功能时，需要严格限制用户下载文件的路径，避免用户非法下载系统其他文件。

3）为保证 cookie 安全，应设置 httponly，保护 cookie。

（12）后台安全。

1）系统的所有管理或者操作页面均需要进行登录认证，避免恶意攻击者通过绕过登录认证进行非法操作。

2）应限制系统后台的访问源，控制粒度为 IP、端口级别。

3）应避免使用开源的后台管理程序。

4）应将后台管理页面服务端口与应用系统页面服务端口分离。

（13）页面防篡改。

web 页面应具有不被恶意篡改的能力。

（14）数据安全及备份恢复。

1）应实现数据备份与恢复功能。

应根据数据种类和重要程度的不同将数据分为不同的类型，分别为每种类型的数据制定相应的数据保护措施。

4.1.3.3　其他要求

（1）系统满足主流操作系统、浏览器和分辨率兼容性要求。

（2）系统界面符合南网 UI 规范。

4.2　测试计划

测试工作分为出厂前测试、现场测试、整体性测试以及外部集成联调四个部分，整体测试工作以分阶段迭代测试审查的方式开展。

出厂前测试工作由承建商根据需求文档及设计文档完成单元测试、功能测试、集成测试、出厂测试（含性能、安全）等测试工作，业主项目部根据网省公司管控要求对承建商自测结果进行审查，工作计划、内容及要求详见《营销管理系统总体计划》和《营销管理系统开发阶段工作方案》。

现场测试分三个阶段分批开展，按测试类型可分为功能测试与非功能测试，在完成三个阶段的现场测试后，业主项目部开展整体性测试。

外部集成测试包括"6+1"协同测试、外部系统、外部设备等，详细内容见《广东电网公司营销管理系统外部集成联调方案》。

本测试计划从承建商交付出厂成果开始，具体计划见下表：

大纲级别	任 务 名 称	责任主体	开始时间	完成时间
1	工作准备阶段	市场营销部	2014 年 3 月 1 日	2014 年 5 月 30 日
2	工作方案编制	业主项目部	2014 年 3 月 18 日	2014 年 5 月 30 日
3	编制《系统测试方案》	技术组	2014 年 4 月 1 日	2014 年 4 月 30 日
2	编制营销系统业务场景	业主项目部	2014 年 5 月 5 日	2014 年 5 月 23 日
3	编制业务场景模板及工作计划	业主项目部	2014 年 5 月 5 日	2014 年 5 月 9 日
3	组织试点局业务人员配合业务场景编制	业主项目部	2014 年 5 月 7 日	2014 年 5 月 8 日
3	完成营销系统业务场景编制（业扩）	业主项目部	2014 年 5 月 12 日	2014 年 5 月 23 日
3	完成营销系统业务场景编制（电价电费）	业主项目部	2014 年 5 月 12 日	2014 年 5 月 23 日
3	完成营销系统业务场景编制（客服）	业主项目部	2014 年 5 月 12 日	2014 年 5 月 23 日
3	完成营销系统业务场景编制（停电）	业主项目部	2014 年 5 月 12 日	2014 年 5 月 23 日
3	完成营销系统业务场景编制（市场交易）	业主项目部	2014 年 5 月 12 日	2014 年 5 月 23 日
3	完成营销系统业务场景编制（稽查）	业主项目部	2014 年 5 月 12 日	2014 年 5 月 16 日
3	完成营销系统业务场景编制（用检）	业主项目部	2014 年 5 月 12 日	2014 年 5 月 16 日
3	完成营销系统业务场景编制（营配）	业主项目部	2014 年 5 月 12 日	2014 年 5 月 16 日
3	完成营销系统业务场景编制（计量）	业主项目部	2014 年 5 月 12 日	2014 年 5 月 23 日

大纲级别	任 务 名 称	责任主体	开始时间	完成时间
3	完成营销系统业务场景编制（线损）	业主项目部	2014年5月12日	2014年5月23日
1	系统开发阶段	业主项目部	2014年4月1日	2014年10月31日
2	开发准备	业主项目部	2014年4月1日	2014年7月15日
3	开发启动准备工作	业主项目部	2014年4月21日	2014年6月2日
4	系统开发、测试及客户体验环境搭建	技术组	2014年4月21日	2014年6月2日
3	编制功能测试用例	业务组	2014年5月5日	2014年6月17日
4	业务模型、需求说明书以及详细设计内容宣贯	业务组	2014年6月2日	2014年6月5日
4	电费算法专项培训	业务组	2014年6月4日	2014年6月5日
4	完成营销系统功能测试用例编制（业扩）	承建商	2014年5月5日	2014年6月15日
4	完成营销系统功能测试用例编制（电价电费）	承建商	2014年5月5日	2014年6月15日
4	完成营销系统功能测试用例编制（客服）	承建商	2014年5月5日	2014年6月15日
4	完成营销系统功能测试用例编制（停电）	承建商	2014年5月5日	2014年6月15日
4	完成营销系统功能测试用例编制（市场交易）	承建商	2014年5月5日	2014年6月15日
4	完成营销系统功能测试用例编制（稽查）	承建商	2014年5月5日	2014年6月15日
4	完成营销系统功能测试用例编制（用检）	承建商	2014年5月5日	2014年6月15日
4	完成营销系统功能测试用例编制（营配）	承建商	2014年5月5日	2014年6月15日
4	完成营销系统功能测试用例编制（计量）	承建商	2014年5月5日	2014年6月15日
4	完成营销系统功能测试用例编制（线损）	承建商	2014年5月5日	2014年6月15日
4	完成电费算法专项测试用例编制（电价电费）	业务组	2014年5月5日	2014年6月15日
4	完成电费算法专项测试用例编制（用检）	业务组	2014年5月5日	2014年6月15日

大纲级别	任务名称	责任主体	开始时间	完成时间
4	完成电费算法专项场景编制测试用例编制（业扩）	业务组	2014年5月5日	2014年6月15日
4	提交功能测试用例	业主项目部	2014年6月30日	2014年6月30日
4	接收审查测试用例意见	业主项目部	2014年7月12日	2014年7月12日
2	开发及出厂前测试	业主项目部	2014年5月12日	2014年10月31日
3	开发现场检查	业主项目部	2014年5月20日	2014年6月30日
3	第一批功能开发及出厂前测试	承建商	2014年5月12日	2014年7月31日
4	单元测试	承建商	2014年5月12日	2014年7月28日
4	单元测试审查（含SOA技术规范测试）	业主项目部	2014年7月28日	2014年7月31日
4	功能模块测试	承建商	2014年5月16日	2014年7月28日
4	功能模块测试审查	业主项目部	2014年5月21日	2014年7月31日
4	集成测试	承建商	2014年5月19日	2014年7月28日
4	集成测试审查	业主项目部	2014年5月23日	2014年7月31日
4	出厂测试（性能、安全）	承建商	2014年5月19日	2014年7月31日
4	非功能性测试审查	业主项目部	2014年7月31日	2014年7月31日
3	第二批功能开发及出厂前测试	承建商	2014年8月1日	2014年9月30日
4	单元测试	承建商	2014年8月2日	2014年9月25日
4	单元测试审查（含SOA技术规范测试）	业主项目部	2014年8月10日	2014年9月30日
4	功能模块测试	承建商	2014年8月4日	2014年9月26日
4	功能模块测试审查	业主项目部	2014年8月13日	2014年9月30日
4	集成测试	承建商	2014年8月15日	2014年9月29日
4	集成测试审查	业主项目部	2014年8月20日	2014年9月30日
4	出厂测试（性能、安全）	承建商	2014年9月19日	2014年9月30日
4	非功能性测试审查	业主项目部	2014年9月30日	2014年9月30日
3	第三批功能开发及出厂前测试	承建商	2014年10月1日	2014年10月31日
4	单元测试	承建商	2014年10月2日	2014年10月22日
4	单元测试审查（含SOA技术规范测试）	业主项目部	2014年10月7日	2014年10月31日

大纲级别	任 务 名 称	责任主体	开始时间	完成时间
4	功能模块测试	承建商	2014 年 10 月 6 日	2014 年 10 月 24 日
4	功能模块测试审查	业主项目部	2014 年 10 月 13 日	2014 年 10 月 31 日
4	集成测试	承建商	2014 年 10 月 10 日	2014 年 10 月 24 日
4	集成测试审查	业主项目部	2014 年 10 月 15 日	2014 年 10 月 31 日
4	整体出厂测试（安全、性能）并发布测试版	承建商	2014 年 10 月 20 日	2014 年 10 月 31 日
4	非功能性测试审查	业主项目部	2014 年 10 月 31 日	2014 年 10 月 31 日
1	系统测试阶段	业主项目部	2014 年 6 月 1 日	2014 年 11 月 30 日
2	提交测试工作方案审查	业主项目部	2014 年 6 月 1 日	2014 年 6 月 16 日
2	接收测试工作方案审查意见	业主项目部	2014 年 6 月 23 日	2014 年 6 月 27 日
2	第一批现场测试	业主项目部	2014 年 6 月 15 日	2014 年 9 月 18 日
3	集中用例、场景测试	技术组、业务组	2014 年 7 月 8 日	2014 年 8 月 24 日
4	业扩管理	业务组	2014 年 7 月 8 日	2014 年 8 月 24 日
4	供用电合同管理	业务组	2014 年 7 月 8 日	2014 年 8 月 24 日
4	电价电费管理	业务组	2014 年 7 月 8 日	2014 年 8 月 24 日
4	资产管理	业务组	2014 年 7 月 8 日	2014 年 8 月 24 日
4	运行管理	业务组	2014 年 7 月 8 日	2014 年 8 月 24 日
4	服务渠道管理	业务组	2014 年 7 月 8 日	2014 年 8 月 24 日
4	客户关系管理	业务组	2014 年 7 月 8 日	2014 年 8 月 24 日
4	系统基础功能	业务组	2014 年 7 月 8 日	2014 年 8 月 24 日
4	工作流功能	业务组	2014 年 7 月 8 日	2014 年 8 月 24 日
4	测试问题评审	业主项目部	2014 年 7 月 8 日	2014 年 8 月 25 日
4	功能测试问题跟踪处理	技术组	2014 年 7 月 8 日	2014 年 8 月 26 日
4	回归测试	业务组	2014 年 7 月 8 日	2014 年 8 月 28 日
4	全省远程测试准备	技术组	2014 年 8 月 6 日	2014 年 8 月 10 日
4	全省远程测试及问题收集反馈	业务组	2014 年 8 月 11 日	2014 年 8 月 17 日
4	全省远程测试问题评审	业主项目部	2014 年 8 月 18 日	2014 年 8 月 19 日
4	全省远程功能测试问题整改跟踪	技术组	2014 年 8 月 20 日	2014 年 8 月 24 日

大纲级别	任 务 名 称	责任主体	开始时间	完成时间
4	全省远程回归测试（第二次测试）	业务组	2014 年 8 月 25 日	2014 年 8 月 29 日
4	第一批功能确认	业主项目部	2014 年 8 月 25 日	2014 年 8 月 29 日
4	交付测试（含性能、应用安全）	推进办联调测试组	2014 年 7 月 1 日	2014 年 8 月 24 日
4	本阶段功能测试报告	业主项目部	2014 年 8 月 30 日	2014 年 8 月 31 日
4	提交功能业模及技术符合度审查报告	业主项目部	2014 年 8 月 31 日	2014 年 8 月 31 日
4	第一批功能业模及技术符合度验证	管控组	2014 年 9 月 1 日	2014 年 9 月 5 日
4	接收第一批功能业模及技术符合度验证意见	业主项目部	2014 年 9 月 1 日	2014 年 9 月 5 日
4	提交全网专家第一批功能测试	业主项目部	2014 年 9 月 8 日	2014 年 9 月 12 日
4	全网专家第一批功能测试	管控组	2014 年 9 月 12 日	2014 年 9 月 18 日
4	接收全网专家第一批功能测试意见	业主项目部	2014 年 9 月 14 日	2014 年 9 月 18 日
2	第二批现场测试	业主项目部	2014 年 8 月 15 日	2014 年 11 月 11 日
3	集中用例、场景测试	业务组	2014 年 9 月 8 日	2014 年 10 月 24 日
4	电费报表	业务组	2014 年 9 月 8 日	2014 年 10 月 24 日
4	电费算法验证	业务组	2014 年 9 月 8 日	2014 年 10 月 24 日
4	关联测试（业扩、运行、电量电费）	业务组	2014 年 9 月 8 日	2014 年 10 月 24 日
4	管理线损管理	业务组	2014 年 9 月 8 日	2014 年 10 月 24 日
4	用电检查	业务组	2014 年 9 月 8 日	2014 年 10 月 24 日
4	稽查监控	业务组	2014 年 9 月 8 日	2014 年 10 月 24 日
4	营销统计与分析	业务组	2014 年 9 月 8 日	2014 年 10 月 24 日
4	客户停电管理	业务组	2014 年 9 月 8 日	2014 年 10 月 24 日
4	实验室管理	业务组	2014 年 9 月 8 日	2014 年 10 月 24 日
4	查询和管理功能	业务组	2014 年 9 月 8 日	2014 年 10 月 24 日
4	报表管理功能	业务组	2014 年 9 月 8 日	2014 年 10 月 24 日
4	测试问题评审	业主项目部	2014 年 9 月 8 日	2014 年 10 月 25 日

大纲级别	任务名称	责任主体	开始时间	完成时间
4	功能测试问题跟踪处理	技术组	2014年9月8日	2014年10月26日
4	回归测试	业务组	2014年9月8日	2014年10月28日
4	远程测试发文	业主项目部	2014年10月6日	2014年10月10日
3	全省远程测试及问题收集反馈	业务组	2014年10月11日	2014年10月17日
4	专家配合试点局测试	业务组	2014年10月11日	2014年10月17日
4	推广单位远程测试	业务组	2014年10月11日	2014年10月17日
4	全省远程测试问题评审	业主项目部	2014年10月18日	2014年10月19日
4	全省远程功能测试问题整改跟踪	技术组	2014年10月20日	2014年10月24日
4	全省远程回归测试（第二次测试）	业务组	2014年10月25日	2014年10月29日
4	第二批功能确认	业主项目部	2014年10月25日	2014年10月29日
4	交付测试（含性能、应用安全）	技术组	2014年10月20日	2014年10月29日
4	本阶段功能测试报告	业主项目部	2014年10月20日	2014年10月21日
4	提交功能业模及技术符合度审查报告	业主项目部	2014年10月31日	2014年10月31日
4	第二批功能业模及技术符合度验证	管控组	2014年10月31日	2014年11月5日
4	接收第二批功能业模及技术符合度验证意见	业主项目部	2014年10月31日	2014年11月5日
4	提交全网专家第二批功能测试	业主项目部	2014年11月1日	2014年11月3日
4	全网专家第二批功能测试	管控组	2014年11月3日	2014年11月6日
4	接收全网专家第二批功能测试意见	业主项目部	2014年11月7日	2014年11月11日
2	第三批现场测试	业主项目部	2014年10月1日	2014年11月25日
3	集中测试	业务组	2014年10月8日	2014年11月7日
4	市场交易计划管理	业务组	2014年10月8日	2014年11月7日
4	购电管理	业务组	2014年10月8日	2014年11月7日
4	跨区跨省电能交易管理	业务组	2014年10月8日	2014年11月7日
4	跨国（境）电能交易管理	业务组	2014年10月8日	2014年11月7日

大纲级别	任 务 名 称	责任主体	开始时间	完成时间
4	新兴业务管理	业务组	2014年10月8日	2014年11月7日
4	有序用电管理	业务组	2014年10月8日	2014年11月7日
4	客户能效管理	业务组	2014年10月8日	2014年11月7日
4	班组标准化管理	业务组	2014年10月8日	2014年11月7日
4	测试问题评审	业主项目部	2014年10月8日	2014年11月8日
4	功能测试问题跟踪处理	技术组	2014年10月8日	2014年11月8日
4	回归测试	业务组	2014年10月8日	2014年11月8日
4	全省远程测试准备	业主项目部	2014年10月6日	2014年11月8日
4	全省远程测试及问题收集反馈	业务组	2014年10月11日	2014年11月8日
4	全省远程测试问题评审	业主项目部	2014年10月18日	2014年11月8日
4	全省远程功能测试问题整改	技术组	2014年10月20日	2014年11月8日
4	全省远程回归测试（第二次）	业务组	2014年10月25日	2014年11月8日
4	第三批功能确认	业主项目部	2014年10月25日	2014年11月8日
4	第三批功能业模及技术符合度验证	管控组	2014年11月8日	2014年11月10日
4	接收第三批功能业模及技术符合度验证意见	业主项目部	2014年11月9日	2014年11月10日
4	提交全网专家第三批功能测试	业主项目部	2014年11月11日	2014年11月11日
4	接收全网专家第三批功能测试意见	业主项目部	2014年11月12日	2014年11月14日
3	整体性测试	业务组	2014年10月1日	2014年11月19日
4	整体性集中测试培训	业务组	2014年10月1日	2014年10月10日
4	数据准备	业务组	2014年10月1日	2014年10月14日
4	权限配置检查确认	业务组	2014年10月1日	2014年11月14日
4	流程流转检查确认	业务组	2014年10月1日	2014年11月14日
4	模块间联调测试	业务组	2014年10月15日	2014年11月14日
4	6+1系统确认测试	业务组	2014年10月15日	2014年11月14日
4	接口确认测试	业务组	2014年10月15日	2014年11月14日
4	报表测试	业务组	2014年10月15日	2014年11月14日

大纲级别	任务名称	责任主体	开始时间	完成时间
4	整体性测试问题评审	业主项目部	2014年10月15日	2014年11月14日
4	整体性测试问题跟踪处理	技术组	2014年10月15日	2014年11月14日
4	省公司全系统回归测试	业务组	2014年10月15日	2014年11月19日
4	整体性交付测试（含性能、应用安全）	推进办联调测试组	2014年10月15日	2014年11月15日
4	试点局完成本地测试并提交测试报告	试点局	2014年10月10日	2014年11月15日
4	整体功能确认	业主项目部	2014年11月15日	2014年11月16日
4	编制测试报告及提交	业主项目部	2014年11月15日	2014年11月18日
4	提交功能测试报告审查	业主项目部	2014年11月18日	2014年11月18日
4	功能测试报告审查	管控组	2014年11月18日	2014年11月20日
4	提交非功能测试报告审查	业主项目部	2014年11月18日	2014年11月18日
4	非功能测试报告审查	管控组	2014年11月18日	2014年11月20日
4	提交全网专家功能测试请求	业主项目部	2014年11月20日	2014年11月20日
4	全网专家整体性功能测试并形成测试报告	管控组	2014年11月20日	2014年11月25日
4	接收全网专家整体性意见并形成测试报告	业主项目部	2014年11月21日	2014年11月25日
4	申请开发初验	业主项目部	2014年11月26日	2014年11月26日
4	组织系统开发初验	网公司管控领导小组	2014年11月28日	2014年11月30日
4	接收初验结果，交付上线交付版本	业主项目部	2014年11月30日	2014年11月30日
2	营配信息集成接口开发联调	业务组	2014年4月15日	2014年11月15日
3	准备工作	业主项目部	2014年4月15日	2014年9月30日
4	接收网公司设计成果	业主项目部	2014年4月15日	2014年5月31日
4	编制营配信息集成专项方案	技术组	2014年4月15日	2014年6月9日
4	提交专项方案评审	业主项目部	2014年6月10日	2014年6月20日
4	专项方案评审	管控组	2014年6月10日	2014年6月20日
4	确定接口协议	技术组	2014年5月1日	2014年6月16日

大纲级别	任 务 名 称	责任主体	开始时间	完成时间
4	业务场景选定	业务组	2014 年 5 月 12 日	2014 年 5 月 26 日
4	测试用例编制	业务组	2014 年 5 月 27 日	2014 年 6 月 20 日
4	测试用例评审	业务组	2014 年 6 月 23 日	2014 年 7 月 1 日
4	提交参与相关系统设计与计划审查	技术组	2014 年 4 月 17 日	2014 年 4 月 17 日
4	相关系统设计与计划审查	管控组	2014 年 4 月 17 日	2014 年 9 月 30 日
4	提交业务场景及测试用例专项评审	业务组	2014 年 7 月 2 日	2014 年 7 月 2 日
4	业务场景及测试用例专项评审	管控组	2014 年 7 月 2 日	2014 年 7 月 10 日
3	营配部分开发测试		2014 年 5 月 15 日	2014 年 9 月 30 日
4	营配第一批功能开发及出厂前测试	承建商	2014 年 5 月 15 日	2014 年 7 月 30 日
5	功能开发	承建商	2014 年 5 月 15 日	2014 年 7 月 21 日
5	功能测试	承建商	2014 年 7 月 21 日	2014 年 7 月 30 日
4	营配第二批功能开发及出厂前测试	承建商	2014 年 8 月 1 日	2014 年 9 月 30 日
5	功能开发	承建商	2014 年 8 月 1 日	2014 年 9 月 11 日
5	功能测试	承建商	2014 年 9 月 16 日	2014 年 9 月 30 日
3	现场联调	技术组	2014 年 10 月 1 日	2014 年 11 月 15 日
4	营配信息集成联通测试	技术组	2014 年 10 月 1 日	2014 年 10 月 31 日
4	接口功能测试	业主项目部业务组	2014 年 11 月 1 日	2014 年 11 月 15 日
4	营配信息集成测试结果报审	业主项目部	2014 年 11 月 17 日	2014 年 11 月 17 日
4	营配信息集成测试结果审查	管控组	2014 年 11 月 17 日	2014 年 11 月 21 日
1	试点局工作			
2	工作准备阶段	试点局	2014 年 3 月 1 日	2014 年 5 月 31 日
3	工作方案编制	试点局	2014 年 3 月 18 日	2014 年 5 月 31 日
4	配合编制营销系统业务场景	试点局	2014 年 5 月 12 日	2014 年 5 月 23 日
2	系统测试阶段	试点局	2014 年 5 月 5 日	2014 年 11 月 30 日
4	测试准备	试点局	2014 年 5 月 5 日	2014 年 6 月 4 日

大纲级别	任 务 名 称	责任主体	开始时间	完成时间
3	第一批远程测试	试点局	2014 年 6 月 15 日	2014 年 8 月 31 日
4	配合应用部署	试点局	2014 年 7 月 1 日	2014 年 7 月 2 日
5	配合权限配置	试点局	2014 年 6 月 15 日	2014 年 7 月 2 日
5	配合数据准备	试点局	2014 年 6 月 15 日	2014 年 7 月 2 日
5	配合集中测试人员准备	试点局	2014 年 7 月 1 日	2014 年 7 月 5 日
5	参加集中测试	试点局	2014 年 7 月 5 日	2014 年 7 月 7 日
4	配合远程测试	试点局	2014 年 7 月 8 日	2014 年 8 月 24 日
5	业扩管理	试点局	2014 年 7 月 8 日	2014 年 8 月 24 日
5	供用电合同管理	试点局	2014 年 7 月 8 日	2014 年 8 月 24 日
5	电价电费管理	试点局	2014 年 7 月 8 日	2014 年 8 月 24 日
5	资产管理	试点局	2014 年 7 月 8 日	2014 年 8 月 24 日
5	运行管理	试点局	2014 年 7 月 8 日	2014 年 8 月 24 日
5	服务渠道管理	试点局	2014 年 7 月 8 日	2014 年 8 月 24 日
5	客户关系管理	试点局	2014 年 7 月 8 日	2014 年 8 月 24 日
5	系统基础功能	试点局	2014 年 7 月 8 日	2014 年 8 月 24 日
5	工作流功能	试点局	2014 年 7 月 8 日	2014 年 8 月 24 日
5	配合回归测试	试点局	2014 年 7 月 8 日	2014 年 8 月 28 日
5	配合全省远程问题收集反馈	试点局	2014 年 8 月 11 日	2014 年 8 月 17 日
5	配合全省远程回归测试	试点局	2014 年 8 月 25 日	2014 年 8 月 29 日
5	配合第一批功能确认	试点局	2014 年 8 月 25 日	2014 年 8 月 29 日
3	第二批远程测试	试点局	2014 年 8 月 15 日	2014 年 10 月 31 日
4	配合应用部署	试点局	2014 年 8 月 15 日	2014 年 9 月 2 日
5	配合权限配置	试点局	2014 年 8 月 15 日	2014 年 9 月 2 日
5	配合数据准备	试点局	2014 年 8 月 15 日	2014 年 9 月 2 日
5	配合集中测试准备	试点局	2014 年 9 月 1 日	2014 年 9 月 5 日
5	参加集中测试	试点局	2014 年 9 月 5 日	2014 年 9 月 7 日
4	配合远程测试	试点局	2014 年 9 月 8 日	2014 年 10 月 24 日
5	电费报表	试点局	2014 年 9 月 8 日	2014 年 10 月 24 日

大纲级别	任务名称	责任主体	开始时间	完成时间
5	电费算法验证	试点局	2014 年 9 月 8 日	2014 年 10 月 24 日
5	业务规则验证	试点局	2014 年 9 月 8 日	2014 年 10 月 24 日
5	关联测试（业扩、运行、电量电费）	试点局	2014 年 9 月 8 日	2014 年 10 月 24 日
5	管理线损管理	试点局	2014 年 9 月 8 日	2014 年 10 月 24 日
5	用电检查	试点局	2014 年 9 月 8 日	2014 年 10 月 24 日
5	稽查监控	试点局	2014 年 9 月 8 日	2014 年 10 月 24 日
5	营销统计与分析	试点局	2014 年 9 月 8 日	2014 年 10 月 24 日
5	客户停电管理	试点局	2014 年 9 月 8 日	2014 年 10 月 24 日
5	实验室管理	试点局	2014 年 9 月 8 日	2014 年 10 月 24 日
5	查询和管理功能	试点局	2014 年 9 月 8 日	2014 年 10 月 24 日
5	报表管理功能	试点局	2014 年 9 月 8 日	2014 年 10 月 24 日
5	配合回归测试	试点局	2014 年 9 月 8 日	2014 年 10 月 28 日
4	配合全省远程问题收集反馈	试点局	2014 年 10 月 11 日	2014 年 10 月 17 日
5	试点局测试	试点局	2014 年 10 月 11 日	2014 年 10 月 17 日
5	配合全省远程回归测试	试点局	2014 年 10 月 25 日	2014 年 10 月 29 日
5	配合第二批功能确认	试点局	2014 年 10 月 25 日	2014 年 10 月 29 日
3	第三批远程测试	试点局	2014 年 10 月 1 日	2014 年 11 月 15 日
4	配合应用部署	试点局	2014 年 10 月 1 日	2014 年 10 月 5 日
5	配合权限配置	试点局	2014 年 10 月 1 日	2014 年 10 月 5 日
5	配合数据准备	试点局	2014 年 10 月 1 日	2014 年 10 月 5 日
5	配合集中测试准备	试点局	2014 年 10 月 1 日	2014 年 10 月 5 日
5	参加集中测试	试点局	2014 年 10 月 5 日	2014 年 10 月 6 日
4	配合远程测试	试点局	2014 年 10 月 8 日	2014 年 11 月 14 日
5	市场交易计划管理	试点局	2014 年 10 月 8 日	2014 年 11 月 14 日
5	购电管理	试点局	2014 年 10 月 8 日	2014 年 11 月 14 日
5	跨区跨省电能交易管理	试点局	2014 年 10 月 8 日	2014 年 11 月 14 日
5	跨国（境）电能交易管理	试点局	2014 年 10 月 8 日	2014 年 11 月 14 日
5	新兴业务管理	试点局	2014 年 10 月 8 日	2014 年 11 月 14 日

大纲级别	任 务 名 称	责任主体	开始时间	完成时间
5	有序用电管理	试点局	2014年10月8日	2014年11月14日
5	客户能效管理	试点局	2014年10月8日	2014年11月14日
5	班组标准化管理	试点局	2014年10月8日	2014年11月14日
5	配合回归测试	试点局	2014年10月8日	2014年11月14日
5	配合全省远程问题收集反馈	试点局	2014年10月11日	2014年11月8日
5	配合全省远程回归测试	试点局	2014年10月21日	2014年10月21日
5	配合第三批功能确认	试点局	2014年10月25日	2014年11月14日
4	配合整体性测试	试点局	2014年10月1日	2014年11月11日
5	参加整体性集中测试培训	试点局	2014年10月1日	2014年10月10日
5	配合数据准备	试点局	2014年10月1日	2014年10月3日
5	配合接口确认测试	试点局	2014年10月1日	2014年10月31日
5	配合报表测试	试点局	2014年10月1日	2014年10月31日
5	配合权限配置检查确认	试点局	2014年10月1日	2014年10月31日
5	配合模块间联调测试	试点局	2014年10月13日	2014年11月11日
5	配合流程流转检查确认	试点局	2014年10月1日	2014年10月31日
5	配合回归测试	试点局	2014年10月8日	2014年11月2日
5	配合整体功能确认	试点局	2014年10月29日	2014年10月31日
5	配合整体性交付测试（含性能、应用安全）	试点局	2014年10月15日	2014年11月15日
5	试点局完成本地相关测试并提交测试报告	试点局	2014年10月10日	2014年11月15日
5	配合功能测试报告审查	试点局	2014年11月15日	2014年11月15日
5	配合非功能测试报告审查	试点局	2014年11月10日	2014年11月17日

4.3 功能测试

4.3.1 功能测试用例

各模块功能测试用例详见附件《营销管理系统功能测试用例》（《营销管理系统功能测试用例》编制工作按计划正在开展）。

4.4 非功能测试

4.4.1 非功能测试清单

（1）性能测试场景清单。

详见《非功能测试用例》。

（2）兼容性测试清单。

兼容性测试结合功能性测试同时进行，用例如下：

用例名称	需求名称	测试点说明	通过标准	验证方法
操作系统兼容性测试	操作系统兼容	验证系统在各版本操作系统下使用是否兼容	• 使用 windows XP、windows 7、windows 8 下使用系统，样式显示正确且无乱码出现 • 加载控件无异常 • 页面无 JS 脚本错误信息 • 系统内导出文件/数据无错误	结合功能测试进行
浏览器兼容性测试操作系统兼容性测试	浏览器兼容	验证系统在各类浏览器下使用是否兼容	• 使用 IE7、IE8、IE9、firefox、Google Chrome 浏览器使用系统，样式显示正确且无乱码出现 • 加载控件无异常 • 页面无 JS 脚本错误信息 • 系统内导出文件/数据无错误	结合功能测试进行
办公软件兼容性测试	办公软件兼容	验证系统在各版本办公软件下使用是否兼容	• 使用 office2003、office2007、office2010 办公软件在线浏览系统文档，样式显示正确且加载数据无乱码 • 系统内导出的数据可使用各版本办公软件展现及编辑	结合功能测试进行
操作习惯兼容性测试	操作习惯兼容性	验证系统功能在操作习惯上的兼容性	• 公共功能的操作方式相同（如增删改查） • UI 设计风格一致 • 基础数据、专有术语等命名相一致	结合功能测试进行

（3）按照南网 UI 规范组织用户界面测试。

（4）按照《信息系统安全等级保护基本要求》组织测试，达到 3 级的要求。

4.4.2 非功能测试用例

详见《非功能测试用例》。

5 风险及应对策略

5.1 进度风险

本次项目范围庞大，项目时间相对较为紧张，要完成测试规范的制定、整套测试用例的设计和测试，时间进度非常紧张，可能导致测试用例设计工作不够完善。

应对策略：制定各阶段详细的测试计划，配置合理人数的熟练系统测试人员，在人力上进一步保证测试的进度。

5.2 沟通风险

本次项目涉及的干系人众多，因此有效的沟通是在系统测试时，保证能够及时发现问题、反馈问题、分析问题和解决问题的关键因素之一，如何保障有效的沟通，保证系统测试工作有序地开展，是系统测试工作成败的关键因素之一。

应对策略：制定合理的沟通计划，建立合理的日例会、周例会、月例会制度，明确问题的反馈机制。编制严格的沟通及责任制度，提高干系人的责任感和积极性。合理有效的沟通才是加快测试进度的有效保障。

5.3 第三方配合风险

本次项目的测试工作除了涉及承建商之外，还涉及大量的第三方厂家，如第三方的测评机构、几十个接口厂家等，任何一个环节出现问题，都会影响到测试工作的进度，进而影响到整个项目的进度和系统的实用性及稳定性。如何使第三方能够配合到项目的整体测试工作中，也是需要考虑的重要工作之一。

应对策略：针对需要第三方配合的工作要提前定好具有针对性的第三方配合测试计划，并针对每个细节制定操作方案，充分考虑无法联系第三方的情况下的应急测试方案。

5.4 需求变更风险

本次项目是业务模型的 IT 落地，存在业务模型没有全部需求或者需求不细致的情况，导致开发功能与业务不符合或者部分细节不符合问题，按照管控要求，这类问题需要按照需求变更流程进行处理。

应对策略：开发前与承建商要仔细研究和理解业务模型，提出相关问题并进行沟通和评审，修订好业务模型。实际开发、测试和实施过程中碰到需求变更情况，严格按照网公司需求变更流程进行变更申请。

广东电网公司营销管理系统
切换工作方案

1 综述

根据网公司营销管理系统建设推进工作方案要求,2014 年 11 月 30 日前完成南方电网公司营销管理信息系统的开发工作,2014 年 12 月完成营销管理系统在试点单位(广东电网佛山供电局、中山供电局、清远供电局)上线试运行,2015 年 3 月完成营销管理系统在试点单位局单轨运行。为确保系统切换工作按计划顺利推进、达到预期目标,保证试点局于 2015 年 3 月 3 日 8:00 起上线单轨运行,特制定此投运工作方案。

1.1 背景

在南方电网公司"服务型定位、经营型管控、集团化运作、一体化管理"发展战略目标的指导下,南方电网"十二五"信息化规划及《南方电网公司一体化管理推进总体工作方案》,均明确提出了建设营销一体化信息系统的目标。建设营销管理系统是南方电网公司一体化战略的一项重要工作,是一体化营销组织机构、业务流程、技术标准固化的重要保障,是营销一体化子战略实施的最终落脚点。

根据网公司《营销一体化信息系统建设工作方案》,网公司于 2011 年正式启动全网范围内营销管理系统建设工作,以广东电网公司为试点建设单位,通过需求分析、系统设计、试点开发及推广应用四个阶段,在 2015 年 11 月底完成全网营销管理系统建设及推广应用。

1.2 范围

本方案适用于广东电网公司本部及佛山、中山、清远三个试点供电局。

2 工作目标

根据《广东电网公司营销管理系统试点建设实施方案》要求,2014 年 11 月下旬进行双轨运行前提条件确认、数据迁移和外部集成接口接入等工作,以保证 12 月 1 日双轨运行可顺利启动；双轨运行的系统功能覆盖 10 个一级业务和 28 项二级业务，含 218 个功能项、1122 个功能子项。

2015 年 2 月 23 日—2015 年 3 月 3 日完成数据预迁移、外部集成接入和新旧系统切换工作，为系统单轨运行提供保证。

2015 年 3 月 2 号完成新旧系统切换工作，确保营销管理系统 2015 年 3 月 3 日正式上线运行顺利进行。

根据南方电网公司营销一体化项目要求，确定广东电网公司营销管理系统投运工作目标：保证按时、高效、保质、保量地完成系统投运工作。

3 工作思路

遵循"统一管理、分工明确、周密计划、严格测试、保质保量"的原则，由广东电网公司统一组织，在充分理解南方电网公司数据模型、需求分析的基础上，确保系统投运后能安全、高效的运行，并按照《广东电网公司营销管理系统试点建设实施方案》要求制订投运工作计划，按计划合理、有序开展工作，通过精心组织、多方协作、有效沟通的方式确保投运工作准时、高效、安全完成。

4 组织措施

按《广东电网公司营销管理系统试点建设实施方案》中组织机构及职责开展投运过程中的各项工作。

5 系统投运

新营销系统投运工作从 2014 年 12 月开始双轨试运行，2015 年 3 月 3 日开始单轨运行。

5.1 双轨阶段

5.1.1 双轨工作

双轨阶段各部门业务操作同时在新系统进行录入，并保证每种典型业务都经过新系统的操作实践，试点局应每月提交《电费试算及整改报告》、《原系统与新系统核心数据核对报告》、《新系统应用情况统计表》，对发现的各种问题进行分类，按流程进行整改，业务组和技术组对试点局提交的报告和统计表进行监督核查，并有对新系统各子系统的意见和建议，应及时反馈本部门系统管理员、业务管理员，汇总后集中提交业务组处理，涉及技术部分的则由技术组协助处理。

工作如下：

（1）系统培训工作确认。

（2）档案准确性验证。

（3）电费算法验证。

（4）报表验证。

（5）业务流程验证。

（6）主要功能验证（营业网点前台收费、更改客户服务信息等功能）。

（7）外围设备验证。

（8）双轨问题整改。

5.1.2 双轨时间

双轨正式实施时间拟定为 2014 年 12 月 1 日开始到 2015 年 2 月 28 日结束，完成双轨试运行验收工作，并形成《试点局双轨试运行验收报告》。

5.1.3 双轨工作流程图

5.2 系统切换

5.2.1 切换工作

完成广东电网公司试点局营销管理信息系统 V2.0（以下简称旧系统）向南方电网公司营销管理信息系统（以下简称新系统）切换工作，旧系统停止除客户服务、快速复电接口以外的所有业务（抄表、收费、算费、发起工作单、修改档案、银电业务等）操作。

投运期间 95598 呼叫中心、停电抢修保障工作：为保证 95598、停电抢修在系统切换期间正常工作，将采用增量补录切换期间产生的数据，当完成投运后，在新系统补录入 2015 年 2 月 28 日 17:30 至 3 月 2 日 17:00 期间产生的业务数据。

投运后运行模块为电力市场建设及电力交易、业扩管理、电价电费管理、管理线损管理、用电检查、客户关系管理、客户停电管理、需求侧管理、计量资产管理、计量运行管理、计量实验室管理、营销稽查、市场开发、服务渠

开始

环境准备

是否完成 —否→ (返回环境准备)

是

数据准备

是否完成 —否→ (返回数据准备)

是

外部集成接口接入准备

是否完成 —否→

是

业务准备

是否完成 —否→

是

培训情况确认

是否通过

问题整改

是否通过

档案准确性验证

是否通过

外围设备验证

是否通过

电费算法验证

是否通过 —否→ 问题整改 —是否通过→

是

业务流程验证

是否通过 —否→ 问题整改 —是否通过→

是

主要功能验证

是否通过 —否→ 问题整改 —是否通过→

是

双轨验收

是否通过 —否→

是

结束

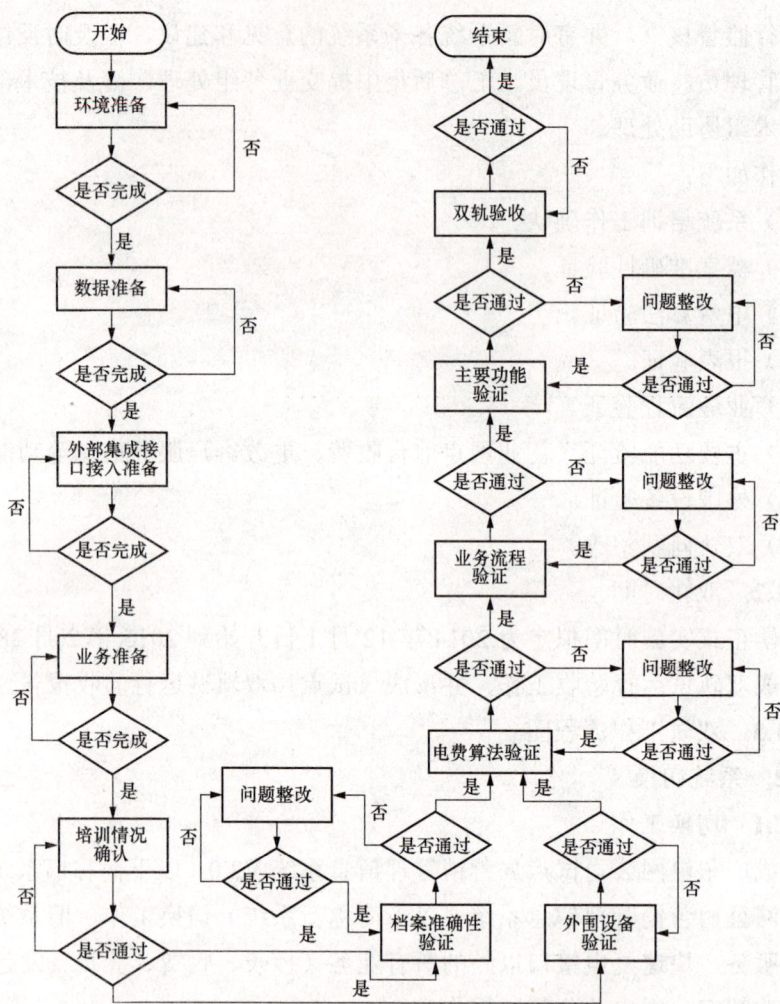

道管理、信息发布管理、客服工作管理、客户服务监控管理、网上营业厅、掌上营销和移动作业、文档管理、班组标准化和系统支撑及通用功能等，其他业务模块由广东电网公司统筹安排实施。

5.2.2 切换时间

双轨阶段向单轨阶段的系统切换时间为 2015 年 2 月 28 日 17:30 至 3 月 2 日 24:00。

5.2.3 切换工作流程图

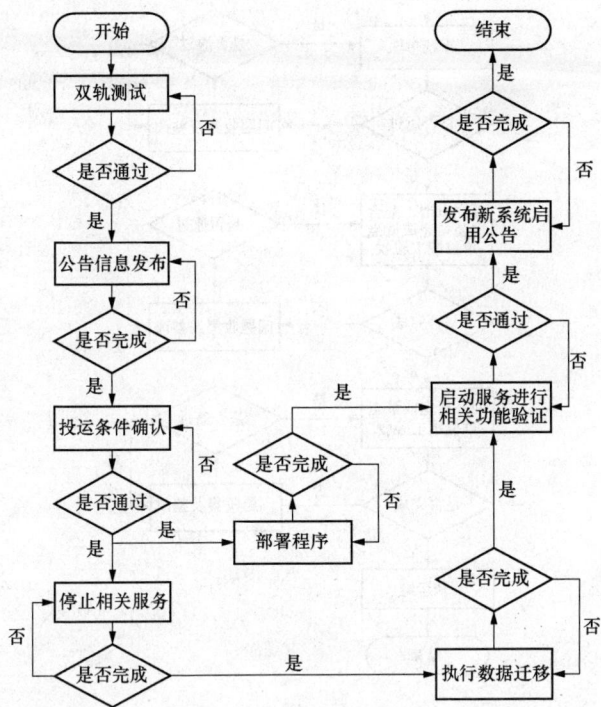

开始 → 双轨测试 → 是否通过（否→双轨测试）是→ 公告信息发布 → 是否完成（否→公告信息发布）是→ 投运条件确认 → 是否通过（否→投运条件确认）是→ 停止相关服务 → 是否完成（否→停止相关服务）是→ 执行数据迁移 → 是否完成（否）是→ 启动服务进行相关功能验证 → 部署程序 → 是否完成（否）是→ 是否通过（否）是→ 发布新系统启用公告 → 是否完成（否）是→ 结束

5.3 单轨阶段

5.3.1 单轨工作

单轨阶段主要保障系统稳定运行。出现问题及时解决，定期对问题进行集中分析，给出解决方案，杜绝类似问题的再次发生。监控系统应用情况。对业扩、抄表、收款、算费、计量、客服等常用功能进行重点监控，必要时进行功能优化。跟踪培训，提高应用水平。通过监控系统应用情况，对由于系统操作不熟练导致的问题进行针对性的培训，快速提高操作人员系统应用水平，从而提高工作效率。

5.3.2 单轨时间

单轨正式实施时间为 2015 年 3 月 3 日三个试点局实现单轨运行，2015年 5 月底完成试点单位竣工验收，形成《竣工验收报告》。

5.3.3 单轨工作流程图

```
                    ┌──────────┐
                    │   开始    │
                    └────┬─────┘
                         │
                         ▼
    ┌─────────┐    是  ┌──────────┐
    │ 系统单轨 │◄───────│ 是否通过  │
    └────┬────┘        └────┬─────┘        否
         │                  ▲              │
         ▼                  │              │
    ┌─────────┐   否   ┌──────────┐        │
    │ 是否通过 │───────►│问题收集及整改│◄──────┘
    └────┬────┘        └──────────┘
         │是
         ▼
  ┌──────────────┐   是 ┌──────────┐
  │ 提交申请、配合 │◄──────│ 是否通过  │
  │ 网公司完成试点 │       └────┬─────┘        否
  │ 单位竣工验收   │            ▲              │
  └──────┬───────┘            │              │
         │              ┌──────────┐         │
         ▼          否  │问题收集及整改│◄────────┘
    ┌─────────┐─────────►└──────────┘
    │ 是否完成 │
    └────┬────┘
         │是
         ▼
  ┌──────────────┐   是 ┌──────────┐
  │ 网公司完成试点 │◄──────│ 是否通过  │
  │ 单位竣工验收   │       └────┬─────┘        否
  └──────┬───────┘            ▲              │
         │              ┌──────────┐         │
         ▼          否  │问题收集及整改│◄────────┘
    ┌─────────┐─────────►└──────────┘
    │ 是否完成 │
    └────┬────┘
         │是
         ▼
    ┌─────────┐
    │  转运维  │
    └────┬────┘
         ▼
    ┌──────────┐
    │   结束    │
    └──────────┘
```

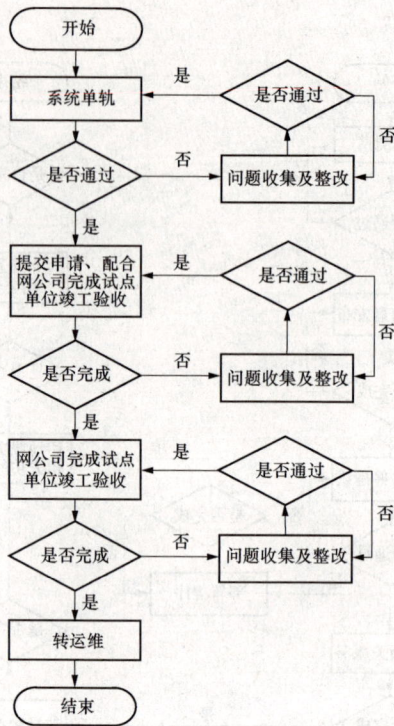

6 总体工作计划

6.1 营销系统集成厂商现状

目前三试点局外围集成厂商与营销系统的接口方式主要有 socket、webservice、dblink、文件、dll、中间库和 etl 等方式。

各个地市局接口方式以实际情况为准。

6.2 系统投运计划

序号	时间	项目	工作描述	负责单位	配合单位	输出物
			双轨前期准备			
1	11月10日—11月30日	环境准备	按《系统安装部署方案》在双轨运行前对新系统运行所需的网络环境、数据库配置、应用服务器配置、客户端配置等进行核查及确认	业主项目部、承建商		《生产环境调试报告》

序号	时间	项目	工作描述	负责单位	配合单位	输出物
2	11月24日—12月1日	数据准备	完成系统双轨运行的数据迁移工作	业主项目部、承建商		《数据迁移报告（双轨）》
3	11月24日—12月1日	外部集成接口接入准备	分批分步骤将"6+1"系统接口、银电联网接口、营配信息集成、其他外部集成等接口应用接入	业主项目部、承建商、各外围集成厂家		《外部集成接口联调报告》
4	11月17日—11月21日	业务准备	进行整体性功能测试验证	业主项目部、承建商		《系统功能测试报告》
5	11月28日	准备工作检查确认	对双轨运行准备工作进行检查	业主项目部、承建商		《双轨运行条件确认单》
系 统 双 轨						
6	11月28日	系统培训情况确认	对系统培训的情况进行确认	业主项目部、承建商		
7	12月1日—12月31日	档案准确性验证	在数据迁移工作完成后需要对基础档案数据进行验证	业主项目部、承建商		
8	12月10日—2月10日	电费算法验证	按现有系统正常业务流程在营销管理系统中进行电量电费试算	业主项目部、承建商		
9	12月25日—2月26日	报表验证	检验报表统计方式是否正确，报表功能是否符合需求	业主项目部、承建商		
10	12月1日—2月20日	业务流程验证	对业务流程的准确性进行验证	业主项目部、承建商		
11	12月20日—2月25日	主要功能验证	针对营业网点前台收费、更改客户服务信息等功能进行验证	业主项目部、承建商		
12	12月1日—2月28日	外围设备验证	对营销管理系统的功能操作、业务指导的技术支持，外围设备的连接调试	业主项目部、承建商		
13	12月1日—2月28日	双轨问题整改	对差错进行分析，找出差错原因，并对差错进行归类，提交相关人员进行整改	业主项目部、承建商		
14	2月28日	双轨试运行验收	对试点局进行双轨试运行验收工作	业主项目部、承建商		《试点局双轨试运行验收报告》

序号	时间	项目	工作描述	负责单位	配合单位	输出物
15	2月27日	确定单轨运行条件	确定双轨完成符合业务要求	业主项目部、承建商		《试点双轨运行报告》、《用户报告》、《运维报告》
切换前期准备						
1	2月19日	通知停止银电联网相关服务	通知各银行、银联、支付宝等代收费机构，于2月28日17：30至3月3日8：00停止银电联网业务	试点局		
2		通知各个单位做好切换准备	通知各单位于2月28日17：30至3月3日8：00停止营销业务。对外做好客户宣传工作	试点局		

序号	时间	项目	工作描述	负责单位	配合单位	输出物
3	2月19日	通知外部接口厂家	试点局通知外部接口厂家于2月28日17：30至3月3日8：00时停止营销业务，以及何时相关新系统联调日期	试点局		
4		营业厅、掌厅、网厅及微信发布暂停服务公告	通知客户于2月28日17：30至3月3日8：00时停止营销业务	业主项目部		
5	2月20日	开启网络策略	开启新系统服务器的网络策略各试点局进行测试	业主项目部		
6	2月24日	搭建临时客服数据库	完成对临时客服数据库的搭建	试点局		
7	前期准备工作确认，确定通知到位情况，网络策略开通确认和临时数据库的搭建完成情况，见4.3.1准备工作确认表，完成单轨运行条件确认，确认工作完成后方可进行系统切换			试点局		
系统切换						
8	2月28日	切换客服应用到临时数据库	17:30完成切换临时环境并测试功能	试点局		

序号	时间	项目	工作描述	负责单位	配合单位	输出物
9	2月28日	切换语音平台到临时数据库	17:30 完成切换语音平台到临时环境并测试功能			
10		停止银行相关服务	17:30 关自助缴费服务	试点局		
11			17:30 关网厅服务、电话缴费			
12			17:30 关闭银电服务			
13		停止应用程序	18:00 停止旧系统应用程序及算费服务（相关辅助应用）	承建商试点局		
14		数据备份	18:30 进行数据库全备			
15		关闭试点局数据库	数据库全备后，关闭营销数据库			
16		确认切换客服应用、停止银行服务、停止应用程序和数据库等工作是否完成，见 4.3.2 停服务确认表，确认后方可进行数据迁移				
17	3月1日至3月2日	数据迁移	3月1日 8:00 开始按数据迁移方案执行	承建商		《数据迁移报告（单轨）》
18	3月2日	新系统程序部署	16:00 部署新系统程序，进行功能、接口测试与检查	承建商		
19		启动银电联网服务	16:00 启动银电联网服务，测试单笔扣款（批扣业务测试与银行协商）	承建商		
20			16:30 启动自助缴费服务			
21			16:50 启动网厅服务、电话缴费			
22		切换语音平台	17:00 切换语音平台到新系统	承建商试点局		
23		客服系统数据补录	18:00 承建商将 2月27日 17:30 至 3月1日 17:00 期间产生的业务数据导入正式库	承建商试点局		
24		确认数据迁移、程序部署等工作完成情况，完成后方可进行系统验证阶段工作，见 4.3.3 启动服务确认表				

序号	时间	项目	工作描述	负责单位	配合单位	输出物
系 统 验 证						
25	3月2日	程序全面检查	1. 外部集成接口测试 2. 各应用单位进行功能检查	业主项目部		《外部集成接口接入报告（单轨）》、原系统与新系统切换确认单
26		确认接口测试和功能测试通过情况，见4.3.5接口服务确认表、《04广东电网公司营销管理系统测试方案》4.3.1功能测试清单和《外部集成接口接入报告（单轨）》		承建商业主项目部		
27	3月3日	发布新系统启用公告	8：00 发布新系统启用公告	业主项目部		
28	3月3至3月7日	问题收集及处理	收集各类问题，进行功能消缺	承建商业主项目部		
单 轨 阶 段						
1	2015年3月3日—2015年5月29日	新系统单轨运行	营销管理系统正式上线。做好系统运行维护工作，保障业务操作顺利、系统算费、报表正确。按月提交新系统应用情况统计表	试点局		新系统应用情况统计表
2	2015年5月18日—2015年5月22日	提交申请、配合网公司完成试点单位竣工验收	提交试点实施《竣工验收申请》，配合网公司完成系统开发竣工和试点实施竣工验收工作	业主项目部		《竣工验收申请》
3	2015年5月18日—2015年5月22日	网公司完成试点单位竣工验收	网公司完成试点单位竣工验收，形成《竣工验收报告》	网公司营销建设管控组		《竣工验收报告》
4	2015年5月25日—2015年5月27日	转IT运维	系统转运维移交申请及移交的相关资料，并形成《信息系统移交申请表》	技术组		《信息系统移交申请表》转运维相关资料

6.3 切换工作确认表

6.3.1 准备工作确认表

序号	确认时间	项目	工作描述	完成情况	确认单位
1		通知停止银电联网相关服务	通知各银行、银联、支付宝等代收费机构，于2月28日17：30至3月3日8：00停止银电联网业务	是否完成	信息中心
2		通知各个单位做好切换准备	通知各单位于2月28日17：30至3月3日8：00停止营销业务。对外做好客户宣传工作	是否完成	信息中心
3	2月26日	通知外部接口厂家	试点局通知外部接口厂家于2月28日17：30至3月3日8：00停止营销业务，以及何时相关新系统联调日期	是否完成	信息中心
4		营业厅、掌厅、网厅及微信发布暂停服务公告	通知客户于2月28日17：30至3月3日8：00停止营销业务	是否完成	省地市场部
5		开启网络策略	开启新系统服务器的网络策略各试点局进行测试	是否完成	省地信息中心
6		搭建临时客服数据库	完成对临时客服数据库的搭建	是否完成	信息中心

6.3.2 停服务确认表

序号	确认时间	项目	工作描述	完成情况	确认单位
1		切换客服应用到临时数据库	17:30 完成切换临时环境并测试功能	是否完成	试点局
2		切换语音平台到临时数据库	17:30 完成切换语音平台到临时数据库	是否完成	试点局
3	2月28日	完成客服应用和语平台功能验证	完成客服应用平台和语音平台的功能验证	是否完成	试点局客服中心
4		停止银行相关服务	12:00 完成银电服务批扣任务的执行日期的修改，并重启银电服务。或者数据库层面调整批扣过程，不生成批扣	是否完成	试点局
5			17：30 关闭 gdws 程序	是否完成	试点局
6			17：30 关闭 ydws 程序	是否完成	试点局
7			17：30 关自助缴费服务	是否完成	试点局

序号	确认时间	项目	工作描述	完成情况	确认单位
8		停止银行相关服务	17：30 关网厅服务	是否完成	试点局
9			17：30 关电话缴费	是否完成	试点局
10			17：30 关闭银电服务	是否完成	试点局
11		关闭客服监控 etl	关闭客服监控 etl 抽取工具	是否完成	试点局中山
12		关闭在线稽查 etl	关闭在线稽查 etl 抽取工具	是否完成	试点局佛山
13	2 月 28 日	关闭邮政派单服务	关闭邮政派单服务	是否完成	试点局中山
14		关闭单联发票服务	关闭单联发票程序	是否完成	试点局
15		停止应用程序	18：00 停止旧系统应用程序	是否完成	试点局
16			18：00 停止算费程序	是否完成	试点局
17		数据备份	18：30 进行数据库全备	是否完成	试点局
18		关闭试点局数据库	数据库全备后，关闭营销数据库	是否完成	试点局
19		数据迁移	完成数据迁移工作	是否完成	承建商

6.3.3 启动服务确认表

序号	确认时间	项目	工作描述	完成情况	确认单位
1		部署新程序	SOA 程序部署	是否完成	承建商
2			业务程序部署	是否完成	
3			业务流程部署	是否完成	
4			报表程序部署	是否完成	
5			银行联网程序部署	是否完成	
6	3 月 2 日		算费程序部署	是否完成	
7			收费程序部署	是否完成	
8		切换语音平台	17:00 切换语音平台到新系统	是否完成	承建商、试点局
9		客服系统数据补录	18：00 承建商将 2 月 28 日 17：30 至 3 月 1 日 17：00 期间产生的业务数据导入正式库	是否完成	承建商、试点局

6.3.4 接口服务确认表

序号	确认时间	项目	工作描述	完成情况	确认单位
1			银电服务	是否完成	
2			营配集成	是否完成	
3			财务系统	是否完成	
4			资产管理系统	是否完成	
5			决策支持系统	是否完成	
6			4A 平台	是否完成	
7			企业门户系统	是否完成	
8			知识管理系统	是否完成	
9			数据资源管理平台	是否完成	
10			GIS 平台	是否完成	
11			邮件系统	是否完成	
12			短信平台	是否完成	
13			计量自动化系统	是否完成	
14	3 月 2 日	接口调试	电力调度管理系统	是否完成	承建商与接口厂家
15			呼叫中心语音平台	是否完成	
16			充值卡系统	是否完成	
17			自助服务终端	是否完成	
18			手持抄表器	是否完成	
19			封印手持终端	是否完成	
20			电能计量设备现场检验装置	是否完成	
21			电能计量设备室内检定装置	是否完成	
22			自动检定流水线	是否完成	
23			营业厅服务评价器和排队机	是否完成	
24			营业厅 POS 机	是否完成	
25			代收费系统	是否完成	
26			税控系统	是否完成	
27			派送外包系统	是否完成	
28			有线电视	是否完成	

序号	确认时间	项目	工作描述	完成情况	确认单位
29			税务单联发票	是否完成	
30			支付宝代收	是否完成	
31			微信客服平台	是否完成	
32			营配现场作业系统	是否完成	
33			营销业务全过程监控系统	是否完成	
34			低压预售电	是否完成	
35			市民网站	是否完成	
续36			电话支付	是否完成	
37			营销数据普查平台	是否完成	
38			对外网站系统	是否完成	
39	3月2日	接口调试	客户细分分析模块	是否完成	承建商与接口厂家
40			客户服务监控系统	是否完成	
41			在线稽查	是否完成	
42			自动外呼系统	是否完成	
43			电网经济运行支撑系统	是否完成	
44			绩效系统	是否完成	
45			节能系统	是否完成	
46			需求侧管理系统	是否完成	
47			客户服务支持系统	是否完成	
48			OAK办公系统	是否完成	
49			电能量管理平台	是否完成	
50			停电自动匹配管理	是否完成	
51			中国移动无线城市	是否完成	

7 问题反馈

7.1 业务问题解决

对业务人员碰到的问题建议先报道到各班组长处，再由班组长反馈到各业务专业小组负责人处，业务专业小组长负责协调相关问题的处理。操作问题由内训师解决。

7.2 技术问题解决

7.2.1 网络问题

使用人员发现客户端故障（如程序打不开，打印不正常，网络连通问题），联系信息服务中心（1000）处理。

7.2.2 功能实现和操作问题

如发现问题是程序功能实现问题，形成问题记录提交承建方分析处理；如是业务问题，转各业务部门负责人员进行解答处理。

对一般功能问题，在3个工作日内完成功能修改并在测试系统上由提出人员进行测试确认，于功能确认当天下班后进行功能发布。

对紧急问题和重大的功能问题，在当天完成功能修改并在测试系统上由提出人员进行测试确认，于功能确认当天下班后进行功能发布。

对不影响正常功能使用可延期解决的问题，在一周内完成功能修改并在测试系统上由提出人员进行测试确认，于功能修改确认当天下班后进行功能发布。

7.3 系统运行使用跟踪

在系统上线后的一周内，各部门必须落实专人负责每天收集新系统使用情况，将有关情况汇总报告业务组和技术组，通报业主项目部。

业主项目部落实系统承建商系统部署方案要求，每天跟踪记录系统主机平台运行情况。

业主项目部汇总相关情况报告项目工作领导小组。

营销系统项目工作小组每周定期举行例会，对本周发现问题的解决情况进行汇总，跟踪解决进度，协调跨专业问题。

各部门（单位）及时将发现的问题由各专业小组长审核，统一按照《南方电网公司营销管理信息系统应用意见反馈表》（见附件1）格式提交业主项目部，业务问题由业务组负责解答，系统技术问题由技术组跟进处理。

附件 1：

南方电网公司营销管理信息系统应用意见反馈表

一、系统缺陷	问题描述	解决意见和建议	回复意见和建议
1．业扩类			
（1）			
（2）			
2．电价电费类			
（1）			
（2）			
3．……			
二、功能完善	功能菜单项名称	需求详细描述	回复意见和建议
1．业扩类			
（1）			
（2）			
2．电价电费类			
（1）			
（2）			
3．……			
三、其他			

联系人：   联系电话：

广东电网有限责任公司关于印发广东电网有限责任公司营销管理系统推广实施方案（修订版）的通知

广电市〔2015〕27 号

直属各供电局、电力科学研究院（计量中心）、信息中心：

为确保营销管理系统全省推广工作目标的按期完成，根据营销管理系统试点建设的推进进度，公司组织编制了《广东电网有限责任公司营销管理系统推广实施方案（修订版）》（见附件），并经网公司营销管理系统建设管控工作组同意，现予以印发，请各单位认真贯彻落实。

特此通知。

附件：广东电网有限责任公司营销管理系统推广实施方案（修订版）

广东电网有限责任公司

2015 年 6 月 9 日

广东电网有限责任公司营销管理系统
推广实施方案（修订版）

一、背景

广东电网有限责任公司营销系统已于 2015 年 4 月 27 日在佛山、中山与清远三个试点单位单轨上线，为确保 2015 年底完成单轨推广任务，特编制本方案。

二、目标

2015 年 12 月前完成营销系统在东莞等 16 个供电局的单轨上线推广工作，总体分为 2 个批次，2015 年 8 月完成第一批 6 个单位（东莞、惠州、江门、珠海、肇庆、阳江），2015 年 9 月完成第二批 10 个单位（汕头、揭阳、河源、韶关、湛江、茂名、梅州、云浮、潮州、汕尾）。

三、主要进度安排

营销管理系统的推广分为推广准备、双轨运行和单轨运行 3 个阶段。

（一）推广准备阶段

时间范围：2015 年 1 月至 2015 年 2 月

目标：完成组建推广实施项目组织机构及确立职责。（已完成）

（二）双轨运行阶段

时间范围：2015 年 5 月下旬至 2015 年 8 月

目标：完成 16 个地市局营销管理系统双轨上线运行。组织实施六项专项任务和四项重点工作。

（三）单轨运行阶段

时间范围：2015 年 8 月至 2015 年 12 月

目标：实现 16 个地市局营销管理系统单轨上线运行。其中第一批地市局单轨上线运行（2015 年 8 月），第二批地市局单轨上线运行（2015 年 9 月）

四、项目组织及职责

（一）推广业主项目部

根据《南方电网公司管理信息化推进总体工作方案》和公司"6+1"工

程推广建设的总体安排成立推广业主项目部。

职责如下：

（1）负责落实网公司营销管理系统推广管控领导组和公司管理信息化推进领导小组对营销管理系统的推广要求，汇报营销管理系统推广推进情况，协调解决本单位重大决策问题。

（2）负责组建覆盖业务部门、信息部门、推广单位的项目实施团队。

（3）负责审查推广过程中制定的有关方案和关键成果并报送网公司审批。

（4）负责配合公司管理信息化推进领导小组制定考核方案，并对本项目部有关单位和个人进行管理考核。

推广业主项目部下设综合管理组、业务管理组、技术运维组。

（1）综合管理组。

职责如下：

1）综合组在业主项目部领导下开展工作，具体承接网公司管控工作组相关工作要求。

2）负责建立业主项目部的工作管理机制，保证业主项目部的工作能够高效有序地进行；负责项目的日常管理、考勤管理和会议管理。

3）负责汇总编制日/周/月报并向网公司及相关单位通报；负责组织撰写相关汇报材料。

4）负责对项目的总体质量进行管理，确保交付成果及进度符合要求。

5）负责项目总体进度情况汇总与资料管理，包括项目里程碑成果物的收集、组织评审及归档等。

6）负责组织项目各阶段验收。

7）负责编制《广东电网公司营销管理系统推广实施方案》。

8）负责组织系统上线运行的各项准备工作。

9）负责组织宣传工作。

10）负责网公司派驻专家和公司各地市局抽调专家的人员的各项支持保障工作。

11）负责完成业主项目部交办的其他各项任务。

（2）业务管理组。

职责如下：

1）在业主项目部领导下开展工作，具体承接网公司业务管控工作组中业务小组的工作要求。

2）负责落实业务管控要求，确保系统符合一体化业务需求。

3）负责需求变更的收集、审查和确认。

4）组织对关键用户和地市局内训师开展培训。

5）负责公司范围内的其他"6+1"系统业主项目部进行跨部门的业务协同工作。

6）负责组织系统功能测试，配合技术组进行系统数据整理与迁移、上线试运行工作。

7）负责完成业主项目部交办的各项任务。

（3）技术运维组。

职责如下：

1）在业主项目部领导下开展工作，具体承接网公司业务管控工作组中技术小组的工作要求。

2）负责根据营销管理系统专项方案修订的工作，提出具体修订意见。

3）负责组织系统测试、数据整理与迁移、管理员培训、上线试运行工作，进行质量管理和现场管理。

4）负责组织外部集成系统及设备厂商开展升级改造工作；负责开展"6+1"系统联调测试，负责银电联网、营配信息集成平台、营业厅排队机等外部集成接口的开发与联调工作。

5）负责完成业主项目部交办的各项任务。

（二）公司所辖各推广单位实施组织机构及职责

16个推广单位由分管营销的领导牵头成立项目实施组织机构，编制并实施本单位推广方案，对工作中出现的问题及时反馈，确保营销管理系统的平滑切换、稳定运行。

职责如下：

（1）负责贯彻落实网、省公司关于实施工作的要求。

（2）负责向公司营销系统建设业主项目部汇报工作。

（3）负责制定本单位实施方案并组织实施，严格按照推广计划要求完成系统实施的各项任务，如组建内训师队伍、操作人员培训等。

（4）负责及时发现并消除由于信息系统升级给营销业务带来的风险，确保营销系统的平滑切换。

（5）保证营销管理系统中各类数据准确性和完整性，提高数据质量和系统实用化水平。

（6）负责完成属地服务器、客户端及网络设备、策略的安装与配置工作。

（7）及时向公司推广业主项目部反映实施过程中的有关问题。

五、项目实施进度与工作内容

（一）推广准备阶段

1．组建营销管理系统推广实施项目部

按照公司管理信息化推进总体工作方案的要求，组建公司推广单位及各推广单位负责组建营销管理系统推广实施项目部，确定组织结构、工作成员和工作职责。（已完成）

2．编制系统推广修订工作方案

公司推广项目部负责组织编制系统推广应用工作方案修订稿，确认推广应用工作内容和时间安排，以及相关工作的责任人，并提交网公司营销建设管控组审批。（2015 年 5 月完成）

3．编制营销管理系统推广单位工作方案

推广单位负责编制本单位营销管理系统工作方案，确定组织架构及人员，明确推广实施工作的工作计划与任务。（2015 年 6 月 15 日前完成）

（二）双轨运行阶段

双轨期间，推广单位根据公司推广业主项目部的统一安排，完成抄表、算费、收费、报表核对、数据验证、业扩工作单流转等业务在新旧系统的双轨运行。特别要求推广单位完成以下六项专项任务及四个重点工作（内容详见方案附件 1 推广单位工作任务及考核指标表，要点如下。

1．六项专项工作任务

（1）权限配置。

各推广单位负责按照公司营销业主项目部工作要求，完成对本单位的用户权限进行优化与配置。（2015 年 6 月 5 日前完成）

（2）数据质量提升。

根据网公司《营销管理系统数据质量提升和清理指导意见》的要求，推广单位在双轨期间，完成营销管理系统的数据质量提升工作，确保旧系统中的当前数据和历史数据的完整性、准确性达到数据质量要求。（2015 年 7 月完成）

（3）系统培训。

推广单位负责组织进行营销管理系统上线前的培训工作，组建内训师团队。各推广单位基层人员系统操作由内训师负责。依据发布的培训安排，开展各推广单位的基层人员系统培训工作，并进行考核，各推广单位负责将考核结果提交推广单位。（2015 年 7 月完成）

（4）银电联网。

推广单位负责除省级集中银行外的本地区域银行的通信链路建设、银电联网协议签订、本地银行与新营销系统的接口功能开发、现场联调及用户银行账号在银行方系统代扣协议的初始化工作。（第一批推广单位 2015 年 7 月 10 日前完成，第二批推广单位 8 月 10 日前完成）

（5）外部设备升级改造。

各推广单位负责完成本单位与营销管理系统相关设备和外部系统的接口的升级和改造，为营销管理系统上线提供保障。（第一批推广单位 2015 年 6 月完成，第二批推广单位 7 月完成）

（6）外部集成接口现场调试。

各推广单位负责完成“6+1”系统和平台、外部设备、外围系统等其他外部集成业务的双轨运行和接口现场联调等工作。（2015 年 7 月完成）

2．四项重点工作任务

（1）三户模型业务。

为适应网公司新的三户模型，在新营销系统上线前，推广单位需要在双轨期间完成旧营销系统在结算户改造、用电户改造、发票打印方式调整和发票分群等四个方面业务数据的梳理，为数据迁移做好准备。

（2）新旧系统抄表业务调整。

为适应新营销管理系统在抄表方面的要求及兼顾原有抄表人员的工作习惯，推广单位需要做好与原抄表号的兼容、线损相关的台区总表抄表、计费相关用户的区段合并等三方面的业务准备工作。

（3）与计量自动化的衔接。

在双轨期间，推广单位必须做好省级集中的计量自动化系统单轨运行准备工作。包括计量自动化与营销资料的匹配、抄表表码的核对等工作。

（4）新旧系统电费比对。

为确保电费计算正确性，推广单位做好各种抄表方式的数据整理及电量电费比对。

（单轨第一批单位 2015 年 7 月中旬前完成，单轨第二批单位 2015 年 8 月中旬前完成）

（三）单轨运行阶段

1．单轨切换

推广业主项目部负责完成数据单轨迁移工作，将系统推广到各个推广单位，做好系统运行维护工作，保障业务操作顺利、系统算费、报表正确。各推广单位负责配合。

（单轨第一批单位 2015 年 7 月下旬完成，单轨第二批单位 2015 年 8 月下旬完成）

2．单轨运行

各推广单位负责全业务应用系统，运维单位负责新系统单轨运行的监控与问题处理。

（单轨投运后开始至长期）

六、保障机制

（一）沟通机制

建立常态沟通机制、工作周报月报机制、例会机制和信息报送管理，确保各层级、各业务之间有效沟通。

（二）风险管控机制

营销管理系统建设是一项系统性工程，推广工作时间紧任务重，存在外部集成接口联调不同步、系统切换不顺利等风险，需要采取必要的措施予以规避。

（三）阶段性评价机制

对实施准备、双轨运行、单轨运行 3 个阶段以及专项工作进行项目阶段评价。根据项目阶段评价的结果，为下一阶段的工作顺利开展提供科学有效的管理支持。

考 核 指 标 表

序号	业务分类	指标名称	实际指标数	目标指标数	通报时间	备注
1	综合类	登录人次				
2		菜单点击数				
3		发起流程数				
4	数据质量	新旧系统资料核对—高压用户				
5		新旧系统资料核对—低压非住宅用户				
6		新旧系统资料核对—低压住宅用户				
7		计费关系用电户合并抄表区段				
8		客户合并				
9		结算户合并				
10		趸售用户资料整理				
11		"站-线-变-户"关系清理				
12		用户违约金减免日清理				
13	数据质量	配合计量自动化系统进行数据整改				
14		数据质量提升				
15	抄表类	抄表员抄表覆盖率				
16		非自动化抄表部分用户抄表				
17		计量自动化抄表率				
18	电费比对	新旧电量电费比对				
19	核算收费	核算数				
20		发行户数				
21		收费笔数（每人）				
22		对账数				
23	业务工单日报	业扩				
24		计量				
25		客服				
26		稽查				
27		用检				
28		停电				
29		线损				
30		市场及交易				

序号	业务分类	指标名称	实际指标数	目标指标数	通报时间	备注
31	业务工单周报	业扩				
32		计量				
33		客服				
34		稽查				
35		用检				
36		停电				
37		线损				
38	外部接口	其他外部接口联调				

说明：推广阶段通报指标八大项 38 个分指标。绿色 9 项由各局上报，其他指标由业主项目按照通报周期发布。